메타버스의 렌즈로
새로운 기회를 발견하세요.

 김 상준 올림

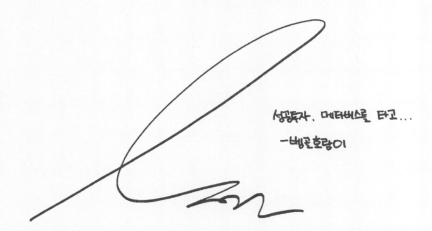

성공투자, 메타버스로 타고...
-빙글호랑이

메타버스
새로운 기회

디지털 지구, 경제와 투자의 기준이 바뀐다

메타버스
새로운 기회

김상균 · 신병호 지음

베가북스
VegaBooks

목차

프롤로그   8

━━━━━ PART 1 ━━━━━

오래된 미래,
메타버스가 온다

2030 메타버스에 살다 #삶   16

아바타가 살아가는 디지털 지구   32

VR은 메타버스입니까?   39

향신료(SPICE)와 메타버스   60

PART 2

새로운 문명,
메타버스

스마트폰이 혁명이라면, 메타버스는 새로운 문명이다   74

디지털 휴먼과의 공존   80

메타버스, 전체 연령 관람가   96

가상세계에서의 제조업 혁신   102

흩어지는 인구   116

무너지는 진입장벽   126

PART 3

사람이 없는 세계는 없다
: 사용자 기반 메타버스

메타버스 산업의 다섯 가지 핵심 구조   134

메타버스에는 얼마나 많은 사람이 살고 있을까?   138

사람들은 왜 메타버스에 열광할까?   149

말하고 배우기를 재정립하다   157

PART 4

표준이 되기 위한 무한 경쟁
: 메타버스, 경험의 접점

사실상의 표준, 디팩토 스탠더드(De facto Standard)   168

디지털 세상과 나를 연결하는 : 하드웨어 패러다임 시프트   189

선발주자 페이스북   192

구글과는 다른 출발, 마이크로소프트와 AR   199

PART 5

디지털 세상의 역세권
: 메타버스 플랫폼

총성 없는 플랫폼 전쟁   208

메타버스, 자동차 산업을 새롭게 디자인하다   220

설계의 패러다임을 다시 쓰다   232

PART 6

새로운 지구의 뼈대를 이루는
: 메타버스의 인프라

인프라 : 위성 전쟁의 서막 240

상상하는 모든 것을 그리는 물감 : 메타버스 3D 엔진 252

현실과 가상을 연결하는 : 데이터센터 & 리츠 산업 266

반도체 산업 슈퍼 사이클, 메타버스와 함께 간다 291

PART 7

상상하는 모든 것
: 메타버스 콘텐츠 산업

팬덤을 사로잡는 마력 314

메타버스의 고전, 게임 산업 330

2억 명이 넘는 사람들이 사는 세상 340

에필로그 350

어린 시절, 제가 살던 집은 외가와 무척 가까웠습니다. 부모님이 일터에 계실 때면 외가에 가서 할머니가 차려주시는 점심, 저녁을 먹곤 했습니다. 할아버지는 집에서 가까운 제지공장에서 공장장으로 일하셨습니다. 할아버지께서 점심을 드시러 오실 시간에 맞춰서 할머니는 미리 대청마루에 상을 차려놓으셨습니다. 밥상머리에 미리 앉아서 맛있는 반찬 냄새를 맡고 있다 보면, 할아버지께서 언제 오실지 대문 쪽으로 자꾸만 눈길이 갔습니다. 제 기억 속 할아버지는 참 멋쟁이셨습니다. 삐걱 소리와 함께 대문이 열리면, 알이 큰 선글라스를 멋있게 끼신 모습으로 "상균이 왔구나."라며 늘 저를 반겨주셨습니다. 할아버지가 밥상 옆에 벗어놓으신 선글라스. 저는 그게 늘 신기했습니다. 저렇게 새까만 안경을 끼고 다니면 세상이 어떻게 보일지 궁금했습니다. 제 호기심을 눈치챈 할아버지가 제게 선글라스를 써보라고 하셨지만, 할머니의 높아진 언성에 써보지는 못했습니다. "애 눈 나빠지게 그걸 왜 쓰라고 해요. 그리고 당신 라이방이 얼마나 비싼 건데."

꽤 늦은 저녁 시간까지 외가에 있던 어느 날. 할머니는 근처에 마실 가시고, 집에는 할아버지와 저만 있었습니다. 책상 위에 놓인 선글라스를 물끄러미 바라보는 제게 할아버지가 선글라스를 건네주셨습니다. "할머니 안 계실 때 써봐라." 할머니가 언제 돌아오실지 몰랐습니다. 바로 선글라스를 끼고 대청마루 이곳저곳을 둘러봤습니다. 하늘을 올려다보니 희미한 달빛이 들어왔지만, 그 외에는 온통 깜깜할 뿐이었습니다. 삐걱 소리와 함께 대문이 열렸습니다. 저는 얼른 방으로 들어가서 선글라스를 책상 위에 벗어두었습니다. 참 이상했습니다. 멋있게 보이던 선글라스인데, 막상 써보니 아무것도 보이지 않았습니다. 할아버지는 아무것도 안 보이는 이걸 왜 쓰고 다니시는지 궁금했습니다.

며칠 후 점심. 공장에 일이 많아서 할아버지가 집에 못 오신다고 하셨습니다. 할머니는 밥과 반찬을 담은 찬합을 보자기로 묶으셨습니다. 공장까지는 걸어서 10분. 저는 도시락 배달을 자처했습니다. 공장 앞에 나와서 도시락 보자기를 받으시는 할아버지는 그날도 선글라스를 끼고 계셨습니다. 저는 할아버지 손을 잡고 공장 안으로 들어갔습니다. "위험한 물건 많으니까 이 근처에만 있어야 한다." 할아버지는 공장 마당 평상에 앉아서 보자기를 펼치셨습니다. 넓은 그늘을 드리운 나뭇가지 사이로 매미 떼 우는 소리가 요란하게 울렸습니다. 할아버지는 선글라스를 벗으셔서는 제게 건네주셨습니다. "눈 많이 부시지? 이것 써봐라." 잠시 머뭇거리다가 다시 써본 선글라스. 눈앞에 신세계가 펼쳐졌습니다. 눈이 부셔 제대로 올려다보지 못했던 나뭇가지. 그 사이에 빼곡히 앉은 매미들, 나뭇가지 옆 구름에 반쯤 걸쳐진 한여름의 태양도 어렴풋이 보였습니다. 그 순간 선글라스는 가려졌던 세상을 보여주는, 다른 세상을 열어주는 렌즈였습니다.

"메타버스? 그거 게임이잖아?"
"메타버스, 그런 거는 깊이가 없어."
"또 누가 버즈워드 만들어서 장사하려는 거구만."

메타버스를 다룬 매체에서 간혹 보이는 대중의 의견입니다. 지금은 밤일까요? 낮일까요? 지금이 밤이라면, 그래서 모두가 멈춘 채 잠들었다면 우리에게 렌즈는 필요하지 않습니다. 그러나 지금은 뜨거운 낮입니다. 좀 더 선명하게 주변을 둘러보기 위해 메타버스라는 렌즈를 착용해보시면 좋겠습니다. 눈앞에 존재했으나 보이지 않았던 것, 보였으나 선명하지 않았던 것들을 찾아보시기 바랍니다. 우

리 삶, 비즈니스, 산업, 경제의 미래를 메타버스라는 렌즈로 바라보
시기 바랍니다. 제가 건네드리는 렌즈는 작고 초라하지만, 그 렌즈를
통해 여러분의 현명한 눈으로 마주할 세상의 가치는 무한하리라 믿
습니다.

2021년 5월
Mind Mover 김상균

메타버스, 그 무한한 가능성 안에서!

코로나19 바이러스로 인해 온라인을 통해 대면하는 온택트
(Ontact)가 일상의 패턴이 되고 있다. 사람과의 만남을 자제하는 세상
에 살아가며, 우리는 현실 세계에서 활동하는 시간을 디지털 공간에
할애하고 있다. 새로운 환경이 가져다준 디지털 세상으로의 길. 그
길 한가운데에는 현실을 초월해서 진화하는 메타버스가 있다. 메타
버스는 인간을 가상 공간으로 이주시키고 있으며 하드웨어, 소프트
웨어, 플랫폼 등 많은 산업의 성장에 큰 공헌을 하고 있다.

현실 세계에 없는 것을 마치 현실처럼 구현해내기 위한 기술은
기업 내 구성원 간의 협업, 교육 및 테스트, 엔지니어들의 시뮬레이

션을 제공하는 도구로 사용되고 있으며, 가상 및 증강현실로 구현되어 또 다른 공간과 실체를 보여준다. 현실을 방불케 하는 몰입형 게임들은 시점의 개념을 넘어서 각 캐릭터에게 생명을 불어넣고 오감을 자극한다. 마치 내가 게임 안에서 살아가는 것처럼. 우리는 새로운 세상을 통해 물리적인 한계를 벗어나고, 더 나아가 단순히 자신을 대변하는 캐릭터가 아닌 또 다른 자아를 만들어가는 시대를 살고 있다. 결국, 메타버스가 만들어가는 시대는 단순히 게임이나 시뮬레이션 환경에서 조작되는 캐릭터가 아닌 나의 정체성을 발견하는 세상이 될 것이다. 첨단 기술과 함께 인류에게 더 광범위한 디지털 세상을 보여줄 메타버스의 세계는 이러한 시대의 연장선에 있다.

투자자로서 특정 산업이 태동한다는 것은 언제나 설레는 일이다. 인류가 만들어낸 신기술과 혁신은 새로운 욕구를 자극해 산업을 성장시키고 거기에 자본이 합쳐지면 그 산업은 더 큰 성장 궤도를 타게 된다. 이제는 그 기술들의 보유 여부가 곧 국가의 부를 결정하게 될 것이다. 최근 기술의 핵심 중추라 할 수 있는 반도체 산업이 왜 국가적 기반 산업이 되며 때로는 국가 외교 관계에 있어 정치적 수단으로 이용되는지 곰곰이 생각해볼 문제다.

메타버스를 더 성장시키고 효율적인 구현을 위해서는 반도체 산업 수요를 받쳐주는 첨단 ICT 산업, 관련 디지털 장비 인프라, 하드웨어 및 소프트웨어 플랫폼 기술 등이 기초가 되어야 한다. 고부가 가치 산업으로의 성장이 기대되는 메타버스 산업은 향후 더 많은 글로벌 투자은행과 개인 투자자들의 투자 욕구를 자극할 것이다. 우리는 이제 새로운 정상화를 기다리고 있으며, 멀지 않아 일상이 될 메타버스를 맞이할 것이다. 메타버스는 '탈 현실화'를 바탕으로 '0'과 '1'이 만들어가는 디지털 세상이며, 이 세상은 현명한 투자자들에게 부를 축적할 새로운 기회기도 하다. 메타버스가 만들어가는 세상은 가상의 세계이지만 현실에서는 '투자의 세계'이기도 하다. 메타버스를 경험만 하는 것으로 그치지 말고 산업의 태동과 성장을 지켜보며, 지금이라도 투자의 세계에서 훌륭한 기업과 함께 이 커다란 파도 위에 나의 자산을 드라이빙하라!

메타버스와 투자가 공존하는 세계에서,

신병호(벵골호랑이)

METAVERSE

PART 1

오래된 미래,
메타버스가 온다

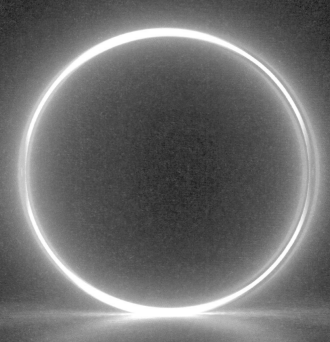

2030 메타버스에 살다
#삶

◎ 07:00~10:00

오늘은 조기 축구 모임이 있는 날이다. 몇 년 전까지만 해도 조기 축구 모임에 나가는 이들을 이해하지 못했다. 하지만 지금은 컴퓨터로 하는 축구 게임보다 조기 축구 모임이 훨씬 재미있다고 생각한다. 직접 몸을 움직이니 몸매도 체력도 좋아지는 느낌이 든다. 오늘은 늦지 않겠다는 각오로 아침 일찍 축구장으로 출발했다. 평소보다 일찍 도착했음에도 미리 온 멤버들이 제법 많다. 그들은 벌써 몸을 풀고 있다.

　　몸을 풀고 있는 멤버들의 볼록하게 나온 배를 보며 조기 축구가 몸매와 별 상관이 없다는 생각을 할 때쯤 멤버들이 전부 도착했다. 그렇게 모인 우리는 곧장 라이트 고글을 쓰고 전원을 켰다. 그 순간 사람들의 모습이 바뀌기 시작했다. 나를 축구에 끌어들인 배불뚝이 선배의 모습은 왕년에 뛰어난 축구 실력과 빼어난 외모로 전 세계인의 사랑을 받은 데이비드 베컴(David Beckham)으로 변했다. 내 옆의 키가 작은 친구는 명문 축구 클럽 바르셀로나의 레전드 리오넬 메시(Lionel Messi)의 모습을 하고 있다. 고글을 쓰고 살펴본 내 몸도 늘씬하고 탄탄한 모습이다. 남들의 눈에는 아마 한국의 축구 전설 손흥민의 모습으로 보일 것이다. 그렇게 우리만의 A매치가 시작됐다. 조기 축구 메시의 투박한 드리블에 이은 패스, 공을 받은 우리 동네 손흥민은 진짜 손흥민과 다르게 왼발 슈팅이 엉망이다. 그래도 자신이 좋아하는 축구 스타의 모습을 하고 즐기는 조기 축구는 항상 새롭다. 증강현실(Augmented reality) 메타버스는 늘 우리에게 신기한 일상을 선물한다.

◎ 10:00~12:00

조기 축구가 끝나고 집으로 돌아와 샤워를 마치고 서재로 향했다. 나는 대학교에서 학생들을 가르치는 일을 하고 있다. 오늘은 10시부터 2시간 동안 학부 수업이 있다. 나는 시간에 맞춰 미리 디자인해둔 가상 강의실에 학생들을 초대했다. 학생들은 도착하자마자 새롭게 꾸민 강의실을 보고 깜짝 놀라는 모습이다. 미리 벌어두었던 메타버스 코인으로 공간과 소품을 구매해서 강의실을 꾸며놓은 보람을 느낀다.

가만히 내버려두면 수업 시간 내내 떠들 것 같아서 학생들을 진정시킨 후, 그들의 머리 위로 시선을 돌렸다. 학생들의 머리 위에는 상태창이 떠 있다. 상태창에는 과제를 했는지, 수업 자료를 미리 읽고 왔는지, 출석을 잘 하고 있는지 등 다양한 강의 관련 정보들이 담겨 있다.

강의실이 조용해지자 나는 '메타버스에서 하이테크 기업이 살아남기 위해서'라는 주제를 가지고 수업을 시작했다. 간단한 강의가 끝나고 우리는 '하이테크 기업의 플래그십 스토어에서 고객들에게 어떤 경험을 줄 것인가'를 주제로 팀별 토론을 진행했다. 토론에 조금 더 집중하기 위해서 나는 강의실을 스타벅스 카페 형태로 바꿨다. 금세 학생들은 삼삼오오 테이블에 모여 열띤 토론을 벌인다.

1시간가량 진행된 토론이 끝나고 나는 다시 가상 강의실의 환경을 바꿨다. 이번에는 애플 플래그십 스토어를 복제한 새로운 가상 강의실에서 학생들이 벌인 토론 내용에 관해 피드백을 진행했다. 놀이터, 카페, 플래그십 스토어를 오가는 수업. 가상세계 (Virtual Worlds) 메타버스가 없었으면 상상도 못 했을 일이다. 학생들을 보내고 수업의 핵심 클립 몇 개를 메타버스에서 공개 대학을 운영하는 기업이 활용할 수 있게 허용해주는 것을 끝으로 오전 수업을 마쳤다. 물론 2만 메타버스 코인은 덤이다.

◎ 12:00~13:00

오후 1시에 후배와 조금 늦은 점심 약속이 있어 수업이 끝나자마자 집을 나섰다. 집 앞에는 오전에 미리 불러둔 자율주행 차량이 대기 중이다. 자율주행 차량에 탑승하자 인공지능 버추얼 빙(Virtual being) 비서인 앤디가 내게 인사를 건넨다. 앤디는 내게 목적지까지 대략 40분 정도 걸린다고 말하며 잠시 쉴 것을 권한다.

　의자를 뒤로 젖히고 편안한 자세를 취하자 차량의 내부가 눈에 들어온다. 자율주행 차량의 내부는 모두 인터랙티브 디스플레이(Interactive display)로 가득 차 있다. 앞뒤 좌우로 자리한 디스플레이에는 파도가 철썩이는 에메랄드빛 바다가 보이고, 천장에는 얼핏 보기에도 따뜻해 보이는 햇빛과 광활한 하늘이 보인다.

　아름다운 풍경을 감상할 때 앤디가 내게 말을 건다.
　"상균, 새로 개봉한 영화 조스 볼래요?"
　그러겠다고 대답하자 앤디가 다시 묻는다.
　"원래 러닝 타임이 80분인데, 40분에 맞춰서 보여줄까요?"
　앤디는 내가 지루해할 만한 부분은 내레이션으로 대체하고 좋아할 만한 액션 장면 위주로 영화를 틀어준다. 영화를 보며 앤디와 함께 대화를 나누다 보니 어느새 약속 장소에 도착한다. 이렇게 앤디와 소통하다 보면 앤디가 메타버스 속 인공지능 캐릭터 버추얼 빙이 아닌 진짜 사람처럼 느껴질 때가 많다.

◎ 13:00~14:00

식당에 도착하니 후배가 먼저 와서 기다리고 있다. 잠시 인사를 나누는데 어느새 종업원이 옆으로 다가온다. 어떤 메뉴를 먹어야 할지 고민하는 찰나 종업원이 내게 말을 건다.

"조스 영화를 보시면서 라우라우 요리에 흥미를 보이셨던 것 같은데, 라우라우로 준비해드릴까요?"

이내 후배의 시선이 내게 향한다. 오는 길에 로그 기록을 공유하면서 영화 봤냐는 눈빛이다. 생각해보니 조스를 시청할 때 메타버스 코인으로 콘텐츠를 구매하지 않았다. 코인을 아끼자는 생각에 내 로그 기록을 공유하는 옵션으로 영화를 봤다. 이렇게 라이프로깅 (lifelogging) 메타버스에서는 내가 원한다면 보고, 듣고, 만나고, 느끼는 모든 정보를 자동으로 기록할 수 있다.

처음 맛본 라우라우는 생각보다 맛있었다. 식사를 마친 후 후배가 선배 덕에 새로운 음식을 접했으니 자기가 셔츠를 한 벌 선물해주고 싶다고 했다. 오늘이 내 생일인 것도 있지만, 왠지 영화 볼 메타코인도 없냐는 짠한 눈빛이 살짝 마음에 걸린다. 물론 아니겠지만 말이다. 아닌가…?

◎ 14:00~15:30

후배와 함께 위층에 있는 쇼핑몰로 향했다. 후배는 나와 달리 패션 감각이 뛰어나다. 그래서 나는 나에게 어울릴 만한 셔츠를 골라달라고 부탁했다. 그러자 후배는 내게 우리 집 드레스룸에 접속해도 괜찮냐고 묻는다. 드레스룸에 접속할 수 있는 코드를 건네주고 각자 라이트 고글을 쓰자 우리가 있던 옷 가게에 새로운 환경이 펼쳐진다. 후배는 라이트 고글에 나타난 내 옷장을 보며 나에게 잔소리했다.

"상균 선배, 옷장이 이게 뭐예요? 무슨 장례식만 다녀요?"

웃음이 터져 나온다. 틀린 말은 아니다. 내 옷장에는 온통 검은 옷밖에 없다. 후배는 예쁜 옷이 없다고 계속 볼멘소리를 하며 옷장을 뒤지기 시작했다. 이윽고 후배는 내 드레스룸에선 찾기 힘든 검은색이 아닌 바지와 니트를 집어왔다. 바지와 니트를 내게 입히고 다시 옷 가게 인벤토리에 접속했다. 후배는 핑크색 셔츠와 파란색 셔츠

두 가지를 가져와 내게 대보며 고민하기 시작했다.

마침내 결정을 내리곤 핑크색 셔츠를 내 옷장에 있던 바지와 니트에 조합했다. 그러자 라이트 고글을 쓴 내 앞에 거울처럼 화면이 나타났다. 화면 속에 나는 아침에 입고 나온 검은색 슈트가 아니라 드레스룸에서 가져온 바지와 니트에 후배가 고른 핑크빛 셔츠를 입고 있었다. 나는 속으로 역시 눈썰미 좋은 후배에게 맡기길 잘했다고 생각하며 화면에 비친 내 모습을 이리저리 돌려봤다. 후배는 만족스러운 표정을 지으며 셔츠를 구매했고 우리는 가게를 나왔다.

만족스러운 쇼핑을 마치고 집에 돌아오는 길, 자율주행 차량 안에서 아내에게 새 옷을 자랑했다. 아내는 라이트 고글을 쓴 채 내 드레스룸에 있는 옷과 오늘 선물 받은 핑크색 셔츠를 이리저리 맞춰보기 시작했다. 잠시 뒤 우리만의 패션쇼가 끝나고 아내는 내게 잘 코디해서 입으면 새사람이 될 것 같다며 웃었다. 나는 머쓱하게 머리를 긁으며 그럼 지금은 내가 헌 사람이냐고 농담을 건네며 통화를 종료했다.

◎ 15:30~17:30

집으로 돌아오자마자 나는 소파를 향해 달려갔다. 소파에 앉아 라이트 고글을 쓰고 구매한 포지션 티켓을 사용했다. 오늘은 한국과 독일에 국가대표 축구 경기가 있는 날이다. 포지션 티켓을 구매하고 라이트 고글을 쓰면 우리나라 국가대표 선수의 시점에서 경기를 즐길 수 있다. 선수가 보는 시야가 눈앞에 펼쳐지고, 그가 듣는 소리가 내 귀에 생생하게 들린다.

오늘 내가 구매한 포지션은 골키퍼다. 평소 같았으면 스트라이커나 미드필더 포지션 티켓을 구매했겠지만, 오늘은 조기 축구 선배의 조언대로 골키퍼 포지션 티켓을 구매했다. 선배는 골키퍼 포지션의 시야가 경기 전체를 볼 수 있어서 더 흥미롭다고 했다. 기대감에 부풀어 발을 동동 구르는 와중에 애국가가 울려 퍼지며 경기가 시작된다.

선배의 조언이 맞았다. 처음 접한 골키퍼 포지션은 굉장히 흥미로웠다. 한국과 독일의 친선경기가 끝나고 흥분이 가라앉자 배가 고프기 시작했다. 오늘 저녁 당번은 나다. 흥분을 가라앉히면서 부엌으로 향했다. 뭘 먹을까 고민하며 유튜브에 접속했다.

유튜브의 유명한 요리사가 오늘의 요리로 프랑스 요리 레시피를 올렸다. 나는 메타버스 코인 10개를 지불하고 고글에 레시피를 다운로드받아 요리를 시작했다. 고글을 머리에 쓰자 내가 보는 시야 위로 다양한 AR 정보가 떠오르기 시작했다. 냉장고 어느 칸에서 어떤 재료를 꺼내면 될지, 재료를 어떻게 손질해야 할지, 언제 재료를 냄비에 넣어야 할지 등의 조리 정보가 현실 위에 오버레이됐다.

"왁!"

한창 요리에 집중하고 있었을 때 갑자기 누가 나를 놀라게 했다. 깜짝 놀란 나는 들고 있던 요리 도구를 떨어뜨리며 옆을 쳐다봤다. 그곳에는 작은딸의 아바타가 배시시 웃고 있다. 작은딸은 지금 호주에서 살고 있다. 가끔 이렇게 아바타의 모습으로 불쑥 나타나 나를 놀라게 하곤 한다. 잠시 후 큰딸의 아바타도 나타났다. 큰딸은 작은딸은 안중에도 없는 듯 지나쳐 내가 만드는 요리 앞에 선다. 그러더니 입맛을 다시면서 오늘 저녁 우리 집에 들를 예정이니 요리 좀 남

거달라고 말한다.

◎ 19:00~21:00

저녁 식사 후 아내와 이사 갈 집을 찾아보기로 했다. 거울 세계 (Mirror worlds) 메타버스를 통해 가평 지역 단독 주택을 둘러봤다. 예전이었으면 직접 가서 집을 봐야 했겠지만, 이제는 그럴 필요가 없다. 거울 세계 메타버스에서는 집에 앉아서도 세계 곳곳을 다 확인할 수 있다.

고글을 끼고 몇 시간 동안 이사 갈 집을 찾아봤지만, 마음이 확 끌리는 집이 없다. 아내와 의견을 나누며 집을 보다가 갑자기 예전에 사뒀던 땅이 생각났다. 그곳의 주소를 찍고 주변이 어떻게 변했는지 확인하고 있을 무렵, 건축사 버추얼 빙이 우리에게 말을 걸었다. 이번에 이벤트를 진행 중이라서 설계 비용을 무려 50%나 할인해준다고 한다. 그 말에 혹한 나는 우리 땅에 가능한 설계도를 의뢰했다. 그러자 홀로그램 속 땅 위에 건물이 올라가기 시작했다. 몇 가지 홀로그램 설계도를 확인하자 건축사 버추얼 빙은 시공에 소요되는 비용과 시간을 친절하고 자세하게 알려주기 시작했다.

아내하고만 의논하기 애매해서 두 딸아이에게 메시지를 보냈다.

얼마 지나지 않아 두 딸의 아바타가 모습을 드러냈다. 작은딸의 아바타는 하늘 위로 올라가 전체적인 조망과 주변 경관에 어울리도록 이것저것 디자인을 지시하기 시작했다. 건축사 버추얼 빙이 작은딸이 말하는 대로 설계도를 변경하기 시작했다. 큰딸까지 디자인에 참여하자 버추얼 빙의 손길이 더욱 다급해졌다. 마침내 만족할 만한 설계도가 나오자 두 딸의 아바타는 활짝 웃으며 모습을 감추었다.

◎ 21:00~23:00

정신없이 설계도를 살피던 나는 9시에 중요한 약속이 있다는 것을 깨닫고 헐레벌떡 움직이기 시작했다. 오늘은 재작년 사고로 죽은 친구 재호의 기일이다. 재호의 가족들은 그가 생전에 사용했던 메타버스 기억을 카일룸 서비스에 보냈다. 카일룸은 죽은 이의 삶에 담긴 흔적을 인공지능으로 재구성해서 유가족에게 보여주는 서비스다. 나는 라이트 고글을 벗지 않고 재호의 집으로 바로 이동했다.

고인이 된 친구의 집에는 이미 많은 사람들이 모여 있었다. 제수씨, 두 아이, 친구들 6명 정도가 마당에 모닥불을 켜고 둘러앉았다. 잠시 후 주차하는 소리가 들리고 검은색 차에서 재호가 내렸다. 그는 생전과 똑같은 호탕한 미소를 지으며 우리에게 말을 건넸다.

"하하하! 죽은 사람을 뭐 그리 보고 싶다고 이렇게 불러냈어?"

그다운 모습이다. 재호는 너스레를 떨며 밝은 미소와 함께 우리 곁에 앉는다. 재호가 떠난 지 2년 만의 재회다. 보자마자 반갑게 수다를 떨고 싶었지만 일단 가족들에게 양보했다. 제수씨는 눈물을 글썽이면서도 별다른 말을 꺼내지 못했다. 아직 어린 두 아이는 오랜만에 보는 아빠가 반가워서 끝없는 질문을 쏟아낸다. 얼마간의 시간이 지난 후 친구들의 차례가 됐다. 그는 우리를 보자마자 쉴 새 없이 잔소리를 늘어놓았다.

"상균아, 너도 바이크는 절대 타지 마라! 내가 그거 때문에 이렇게 됐잖아! 하하."

"태승아, 너 운동 좀 해라! 그렇게 살찌면 못 써!"

그의 잔소리는 끊기질 않았다. 살아 있을 때는 그렇게 귀찮기만 했던 짓궂은 잔소리가 오늘따라 왜 이렇게 정겨운지 모르겠다. 이내 장내는 웃음꽃으로 물들었다. 아저씨들은 어느새 소년이었을 때로 돌아가 서로에게 장난을 치며 웃고 있다. 아이들은 그런 모습이 좋은지 아빠에게 매달려 천진난만하게 장난을 친다. 이내 시간이 지나고 재호가 장난스레 웃으며 말했다.

"내년에 또 보든가 하자고."

마지막까지 그다웠다. 카일룸 서비스는 일 년에 하루만 받을 수 있게 규제하고 있다. 죽은 자와 살아 있는 자의 삶, 그 경계를 명확히 하고 현실을 살아가도록 하자는 사회적 합의다. 내년을 기약하며 우리는 그의 집에서 나왔다.

◎ 23:00~24:00

이내 씁쓸한 마음이 들었다. 마음 같아서는 맥주나 한두 캔 비우고 잠자리에 들고 싶었다. 하지만 아직 한 가지 일정이 남았다. 해외에서 들어온 컨설팅 요청이다. 아무리 메타버스가 발달해도 시간은 어쩔 수 없나보다. 의뢰자가 요청한 시간을 맞추기 위해서는 이 시간에 일해야 한다.

이번 컨설팅은 디즈니월드에서 온 요청인데, 디즈니월드는 여러 개의 어트랙션을 대폭 교체 중이었다. 실제 공간과 가상세계를 혼합해서 사람들에게 다양한 즐길 거리를 제공하는 게 그들의 목적이다. 그중에서 고객 경험에 게이미피케이션 요소를 반영하기 위해 나를 초청했다고 한다. 유럽 쪽에서 들어온 컨설턴트들과 함께 고객의 몰입감을 높일 수 있는 몇 가지 포인트를 짚어주고 일을 마무리했다. 열정적인 그들의 모습에 내년 휴가 시즌 여행지 후보에 올랜도 디즈니월드를 올려도 괜찮겠다는 생각을 하며 고글을 벗었다.

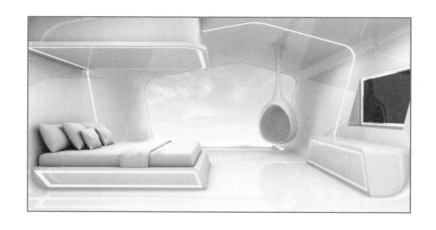

◎ 24:00

맥주를 한 캔 마시며 오늘 하루를 돌아본다. 이내 재호 생각이 나서 맥주가 더 씁쓸하게 느껴진다. 자야겠다고 생각하곤 침실 환경을 재호와 같이 다니던 캠핑장으로 바꾸고 잠자리에 든다. 아무것도 없이 가방 하나만 메고 가도 좋았던 그때가 생각난다. 그립다.

여러분이 지금까지 본 이야기는 2030년 메타버스에서 살아가는 평범한 사람을 주인공으로 한 소설입니다. 소설을 보면 증강현실, 거울 세계, AR, 라이프로깅 등 다양한 메타버스에 대한 이야기가 나옵니다. 흥미롭지 않습니까? 마치 SF 소설에 나오는 비현실적인 이야기로 생각할 수도 있습니다만 분명히 머지않은 미래에 다가올 이야기

메타버스 새로운 기회

이기도 합니다.

메타버스가 발전하면서 산업지형이 바뀌고 세상을 주도하는 기술과 기업들이 바뀔 것입니다. 나와는 관계없는 이야기로 치부해버리거나 아직은 멀다고 생각하면 어느 순간 도태될 수도 있습니다. 현대 사회에서 기술력의 발전은 사람들의 인식보다 빠르고 사람들이 기술을 자신의 삶에 받아들이는 속도도 무척 빠릅니다. 그만큼 세상은 무서운 속도로 변하고 있습니다. 혁신과 변화가 있으면 필연적으로 낙오하는 사람이 생기기 마련입니다. 이제 세상은 미래를 읽고 대비하는 자와 그렇지 못한 채 뒤처지는 자로 나뉠 것입니다. 우리는 이제 메타버스라는 새로운 지구를 대비해야 합니다. 지금부터 메타버스란 무엇인지, 어떻게 세상을 변화시킬 것이며, 어떤 기술과 기업이 있는지를 살펴보겠습니다. 또한 궁극적으로 우리가 새로운 지구에 어떻게 대비해야 할지 지금부터 하나씩 알아보겠습니다.

아바타가 살아가는
디지털 지구

최근 '메타버스'라는 단어가 다양한 언론과 소셜미디어에서 유행처럼 퍼져 나가고 있습니다. 어떤 사람들은 새로운 세계가 머지않았다며 환호하고, 어떤 사람은 메타버스와 관련된 회사의 주식을 찾아다닙니다. 여러분에게 메타버스는 어떤 의미인가요?

질문에 대한 답을 하기 전에 먼저 메타버스가 무엇인지부터 알아야 합니다. 우선 메타버스라는 단어가 어디에서 처음 쓰였는지, 알아봅시다. 메타버스는 1992년도에 출간한 닐 스티븐슨(Neal Stephenson)의 소설 『스노 크래시(Snow crash)』에서 처음 나온 단어입니다. 소설 속에 나오는 가상세계의 이름이 바로 메타버스이지요. 사실

이 소설은 흥행에 성공한 소설은 아닙니다. 국내에도 번역되어 출간되었지만 판매량도 그리 많지 않았고 별로 알려지지도 않았습니다. 물론 이 소설에서 영감을 받은 몇 가지 가상현실 프로그램이 만들어지기는 했습니다. 대표적으로 미국의 벤처기업 린든 랩이 2003년 선보인 인터넷 기반의 가상현실 공간 '세컨드 라이프(Second Life)'가 있습니다. 하지만 너무 시대를 앞서나간 탓일까요. 세컨드 라이프는 가상현실을 구현할 인프라나 기반 디바이스의 부재로 널리 상용화되지는 않았습니다.

스노 크래시(Snow Crash)

미국의 SF 작가 닐 스티븐슨이 쓴 책으로 가상세계의 개념을 처음으로 대중에게 소개한 기념비적인 소설이다. 메타버스라는 단어를 처음 사용한 콘텐츠기도 하고 '아바타(Avata)'라는 단어 역시 가장 먼저 사용한 작품이다.

스노 크래시에서 묘사되는 가상세계 메타버스는 현실과 비슷하게 재력, 실력, 능력에 따라 차등적으로 아바타를 만들 수 있다.

이 작품을 참고해서 만든 메타버스는 '린든 랩(Linden Lab)'에서 만든 '세컨드 라이프'와 구글에서 만든 '구글 어스 지도'가 있다.

본격적으로 사람들이 메타버스라는 세계에 관심을 보이기 시작한 것은 스티븐 스필버그(Steven Spielberg) 감독의 영화 <레디 플레이어 원(2018)>이 흥행에 성공한 후부터였습니다. 동명의 SF 소설을 원작으로 한 이 영화에는 '오아시스'라는 매력적인 가상세계가 나옵니다.

그 세계에서는 자신만의 아바타를 꾸미거나 혹은 유명한 사람이나 캐릭터의 모습을 빌릴 수도 있습니다. 영화 속 가상세계는 현실에서 하지 못하는 다양한 것들을 현실처럼 생생하게 겪을 수 있는 매력적인 세계로 묘사됩니다.

사람들이 매력적이고 다양한 색채로 그려진 가상세계에 관한 관심이 커질 무렵 세계에는 역사에 남을 만한 전염병이 퍼집니다. 바로 코로나19입니다. 팬데믹 상황에서 사람들은 지금까지와 달리 사람들과 대면해서 즐기던 것들을 제한받게 됩니다. 그러면서 직접 얼굴을 맞대지 않고도 다양한 즐거움을 누릴 수 있는 가상세계, '메타버스'가 폭발적인 관심을 받게 됩니다.

이렇게 메타버스라는 단어의 배경을 알아봤지만, 아직도 메타버스의 의미가 모호하게 느껴질지도 모르겠습니다. 단순히 가상세계만을 의미한다면 새로운 단어가 생겼을 일도 없었겠죠. 그렇다면 메타버스는 어떤 의미로 풀이될 수 있을까요? 그것을 알아보기 위해 먼저 메타버스의 어원을 뜯어볼 필요가 있습니다. 메타버스는 '초월'을 뜻하는 그리스어 'Meta'와 '세상'을 뜻하는 영어 'Universe'가 합쳐진 말입니다. 직역하자면 '초월한 세상'입니다. 초월한 세상, 들었을 때 명확한 그림이 그려지나요? 아마도 그렇지 않을 겁니다. 초월한 세상이란 말 가지고는 메타버스를 온전히 파악하기 힘듭니다.

그렇다면 어떻게 풀이해야 할까요? 저는 그 질문에 대한 답을 '아바타가 살아가는 디지털 지구'라는 말로 설명하고 싶습니다. 자세히 알아보면 먼저 '아바타'는 자신을 대변할 수 있는 캐릭터를 뜻합니다. 여기서 우리는 아바타의 의미를 좀 더 알아볼 필요가 있습니다. 아바타는 본래 힌두교에서 사용하는 개념으로 '하강'을 의미하는 산스크리트어입니다. 힌두교에서 아바타란 지상으로 하강한 신의 모습을 뜻합니다. 원래 인간과 소통하기 어려운 신이지만 아바타를 통해 사람들과의 소통의 벽을 허뭅니다. 즉 아바타는 어원에서부터 '소통'을 담고 있습니다. 현실에서도 인종, 외모, 자존감 등으로 인해 소통이 쉽지 않지만, 아바타를 사용하면 좀 더 쉽게 사람들과 의견을 주고받을 수 있습니다. 이 점이 아바타의 가장 큰 가치이자 매력이라고 생각합니다.

이때 캐릭터는 꼭 복잡하게 만들어진 3차원의 캐릭터만을 말하지 않습니다. 정말 단순하게 보면 메신저에서 나를 나타내는 상태메시지나 사진들도 아바타가 될 수 있습니다. 예를 들면 어르신들이 많이 쓰는 꽃 사진, 들판 사진도 모두 아바타입니다. 자신을 대변할 수 있다면 그 어떤 것도 아바타가 될 수 있습니다. 요즘 MZ세대나 밀레니얼세대는 단순히 자신을 나타내는 아바타를 좀 더 화려하게 형상화하고 있을 뿐입니다.

그렇다면 이런 의문이 생길 수 있습니다. "왜 현실과 똑같은 모습이 아닌 아바타를 쓰는 걸까?" 당장 현실의 모습을 똑같이 반영해서 사용한다면 익명성으로 인한 문제들을 해결할 수 있을 텐데 말이죠. 아바타가 디지털 지구에 쓰이는 이유를 작년에 유행한 '부캐' 현상과 연관 지어 생각하면 이해하기 편합니다. 사람은 누구나 자기 마음속에 제2, 제3의 자아가 있습니다. 이런 제2의 자아는 정신의학에서 안 좋은 의미로 쓰는 정신분열과는 다른 개념으로, 사람들은 평상시 사회적인 자아에 억눌려 있는 경우가 많은 개인적인 자아를 표현하는 방법으로 부캐를 선택합니다. 사회적인 자아가 활동하는 영역과 개인적인 자아가 활동하는 영역을 나눠 억눌려 있던 개인적인 자아, 즉 부캐에게 심리적인 자유를 보장하는 것이죠.

이와 관련해 근대 심리학의 창시자로 일컬어지는 심리학자 '윌리엄 제임스(William James)'는 "인간은 자신이 만나는 사람의 수만큼 자아를 갖고 있다."라고 말한 바 있죠. 바꿔 말하면 우리는 사회적 자아를 중심에 두고 다른 수많은 자아를 숨기고 살아간다는 뜻입니다. 수많은 개인적 자아가 그 차이를 발현하지 못하는 셈이죠. 이게 바로 사람들이 현실의 모습보다 더 자유롭게 나를 표현해주는 아바타나 부캐를 선택하는 이유라고 볼 수 있습니다.

두 번째 메타버스를 대변하는 단어는 '살아가는'입니다. '살아간다'라는 의미를 사전에서 살펴보면 무기물과는 다르게 성장이나 번식 같은 활동을 하는 것을 말합니다. 이 무기물과 다른 생산적인 활동을 하는 것이 중요합니다. 즉 메타버스라는 온라인 세상에 단순히 체류하는 것이 아니라, 메타버스는 생산적인 활동이 가능한 세계라는 겁니다. 예를 들면 일을 하고, 재화를 벌어들이고, 소비하면서 순환이 이뤄지는 등 내가 '일상세계에서 살아간다'라는 느낌과 '온라인 세상에서 살아간다'라는 느낌이 어느 정도 일치가 돼야 한다는 관점입니다.

세 번째 단어는 바로 '디지털 지구'입니다. 수십 년간 기술의 발전 속도는 놀라울 정도로 빨랐습니다. 더 이상 지구에는 개발하거나 발전시킬 무언가가 별로 없다는 얘기까지 나올 정도입니다. 이제 발전의 배경이 지구라는 행성을 넘어 새로운 어딘가를 향해야 하는 시점이 됐습니다. 사실 기존에 지구 개발 다음 단계로 많이 일컬어지던 것은 바로 화성 개발입니다. 태양계 행성 중 인류의 관심을 가장 많이 끈 행성이죠. 지구와 가깝고 생명의 존재 가능성이 제기되어온 화성을 인간이 생존할 수 있는 지구처럼 만드는 작업, '화성 테라포밍'에 관한 이야기는 끊이지 않고 언급되는 화두입니다. 실제로 테슬라, 스페이스 엑스, 솔라시티 등 다양한 기술 관련 회사를 이끄는 세계적인 CEO이자 영화 <아이언 맨>의 모티브기도 한 일론 머스크(Elon Musk)는 화성 테라포밍에 원대한 포부를 밝힌 바 있습니다. 그는 자신의 공식적인 꿈이 지구 자원의 고갈 문제를 해소하고 인류의 번영을 위해 화성을 개발하는 것이라고 말한 적이 있습니다.

하지만 기술의 발전 속도로 볼 때 화성 테라포밍은 한동안 꿈만 같은 이야기가 될 가능성이 큽니다. 언젠가 가능하겠지만 아직은 공상에 가깝다는 의견이 많습니다. 그렇다면 화성을 대체할 수 있는 대안이 무엇일까요? 이때 등장하는 것이 바로 메타버스입니다. 새로운 행성을 개척하는 것이 아니라 지구 위에 그동안 없던 새로운 세상을 입히는 개념입니다.

정리하자면 메타버스는 '나를 대변하는 아바타가 생산적인 활동을 영위하는 새로운 디지털 지구'라고 풀어낼 수 있습니다. 혹시 아직 감이 잡히지 않나요? 그렇다면 지금부터 소개할 여러 가지 메타버스 세계관을 살펴보면 이해가 빠를 겁니다. 지금부터 어떤 세계관이 방금 언급한 메타버스에 어울리는지 알아보겠습니다.

'오즈의 마법사'의 원작자로 유명한 라이먼 프랭크 바움(Lyman Frank Baum)은 현실 세계를 비춘 영상에 사람이 만든 데이터를 덧붙여 표시하는 '캐릭터 마커'라는 전자 디바이스를 고안했다고 합니다. 그보다 한참 지난 1990년대 AR이라는 말이 처음으로 대중에게 전파됐습니다. 미국의 항공기 제조사 '보잉(Boeing)'이 비행기 조립과정에 가상의 이미지를 입힌 것이 사실상 대중에게 선보여진 최초의 증강현실이었습니다.

이처럼 증강현실은 디바이스를 사용해 현실에선 상상으로만 여기던 판타지적 요소나 편의성을 지닌 가상의 정보를 실존하는 형상에 입히는 것을 말합니다. 예를 들어 유명 만화 '드래곤볼'에서 나오는 '스카우터'와 한동안 세계를 떠들썩하게 만들었던 '포켓몬고'가 증강현실에 속합니다. 만화 속에서 스카우터는 사람의 강함을 측정하는 도구입니다. 안경 모양의 스카우터를 쓰고 사람을 바라보면 강함의 정도가 수치화되어 신체 위에 표시됩니다. 포켓몬고도 마찬가지로 현실 세계에서 볼 수 없는 만화와 게임 속 포켓몬들을 디바이스를 통해 현실 위에 표현합니다.

요즘에는 더 다양한 증강현실 콘텐츠가 연이어 등장하고 있습니다. 유명 명품 브랜드인 구찌는 '구찌 스니커 개라지(Gucci sneaker garage(이하 개라지))'라는 앱을 출시했습니다. 개라지 앱을 쓰면 구찌의 명품 신발을 단돈 12.99달러에 구매할 수 있습니다. 최소 수백 달러에 달하는 구찌의 신발을 어떻게 이런 저렴한 가격에 살 수 있을까요? 이유는 개러지 앱에서 선보인 신발은 오로지 가상의 디지털 환경 속에서만 사용 가능한 신발이기 때문입니다. 이 앱을 통해 신발을 구매하면 사진 속 구매자의 발 위에 구찌의 신발이 신어집니다. 이것도 일종의 증강현실에 해당합니다.

일본에서는 사람 크기의 증강현실 캐릭터가 등장해서 화제를 몰고 있습니다. '게이트박스 그랑데(Gatebox Grande)'라는 이 서비스는 AR 기기를 활용해서 사람 크기의 증강현실 캐릭터를 구현했습니다. 다만 아직은 이동이 어려운 설치형 모델이기에 큰 수요가 발생하지는 않았습니다만, 향후 다양한 분야에서 사용 가능하리라 주목받고 있습니다.

앞서 언급한 다양한 증강현실 사이의 공통점이 무엇일까요? 일단 가장 먼저 언급한 스카우터와 포켓몬고는 둘 다 원작이 만화이긴 하지만 뒤에 언급한 구찌 개라지와 게이트박스 그랑데는 원작 만화가 없습니다. 그럼 도대체 어떤 요소가 겹치는 걸까요? 공통점은 바로 초점이 현실에 맞춰진다는 것입니다. 앞서 언급한 증강현실 콘텐츠는 모두 새로운 정보를 현실의 형상 위에 입혀줍니다.

이처럼 증강현실은 실존하는 물건이나 사람이 있어야 세계가 완성됩니다. 그 말은 곧 증강현실 자체만으로는 세계관이 돌아가지 않는다는 말이 됩니다. 이게 가장 큰 증강현실의 특성입니다. 이 책 첫

상단 : 포켓몬고 이미지 (출처 : 포켓몬고)
중단 : 구찌 스니커 개라지 메인 페이지 (출처 : 구찌)
하단 : 사람과 대화 중인 AR 캐릭터 (출처 : 게이트박스)

머리의 이야기에서 우리 동네 A매치가 열릴 때, 실존하는 배불뚝이 선배의 몸 위에 유명 축구선수의 모습을 덧씌웠던 것처럼 말입니다. 만약 배불뚝이 선배가 실존하지 않았다면 유명 축구선수의 상을 그릴 공간도 없었을 겁니다. 우리가 그림을 그릴 공간이 없으면 그림 작품을 완성할 수 없는 것처럼, 현실 속 실제 형상이 도화지라면 증강현실은 도화지 위에 새로운 그림을 그리는 작업인 셈입니다.

영국 시장조사기관 오범(Ovum)에 의하면 이런 AR 시장 규모는 2020년 18조 원에서 2025년 약 47조 원으로 2.6배가량 성장할 것이라고 합니다. 또한 AR 서비스에 붙는 광고 시장도 2025년 약 33조 원으로 크게 성장할 전망이라고 밝혔습니다. 이 말은 현재 온라인 광고 시장을 점령하고 있는 양대 산맥 유튜브와 인스타그램에 못지않은 광고 시장이 열린다는 말과도 같습니다. 그만큼 AR을 향한 사람들의 관심은 뜨겁습니다.

두 번째로 알아볼 메타버스 세계관은 바로 라이프로깅 세계입니다. 라이프로깅이란 '삶의 기록'을 뜻하는 단어로 취미, 건강 등 개인 생활 전반을 기록하는 것을 말합니다. 단순히 사용자가 저장하는 정보만을 의미하지 않고, GPS, 센서 등을 활용해 위치 정보, 생체 정보 등을 자동으로 기록하는 것도 포함하는 개념입니다. 예를 들어 우리가 자주 사용하는 페이스북, 인스타그램, 카카오톡 같은 소셜미디어는 대표적인 라이프로깅 메타버스라고 말할 수 있습니다. 소셜미디어를 사용할 때 우리가 선별해서 올리는 정보도 있지만, 위치 정보 같은 데이터는 미디어에 자동으로 등록되는 경우가 많습니다. 이렇게 정보나 데이터를 기록하는 것까지 포함해서 라이프로깅이라고 합니다.

'정보나 기록을 올리는 일에 뭐하러 거창한 세계라는 단어까지 붙일까?'라는 의문이 들 수도 있습니다. 하지만 라이프로깅 세계는 단순히 현실에서 우리가 살아가는 것과 다른 판타지적인 요소가 가미된 세상입니다. 사람들이 라이프로깅 세계에 올리는 것들은 일상 전반의 꾸밈없는 모습이 아닙니다. 라이프로깅 세계관에서 사람들 대부분은 일종의 공식적인 사회적인 자아로만 활동합니다. 본인이 다른 사람에게 보여주고 싶지 않은 순간은 빼고, 피드백을 받고 싶은 일정한 순간만을 사람들에게 공유합니다. 제2의 자아, 즉 개인적인 자아를 강조하는 부캐 현상과는 반대라고 볼 수 있습니다. 이를 전작 『메타버스』에서는 '현실의 나'에서 '보여주고 싶지 않은 나'를 빼고 '이상적인 나'를 더한 세계라고 표현하기도 했습니다. 이렇듯 라이프로깅 세계관이 돌아가는 기본적인 메커니즘은 피드백(Feed-back)에 기반을 두고 있습니다. 다른 사람에게 보이는 사회적 자아를 내가 원하는 대로 꾸며낼 수 있는 세계. 기존에 라이프로깅 세계를 표현하기에 가장 알맞은 말이라 생각합니다.

라이프로깅 세계의 예시로 소셜미디어를 들면, 라이프로깅 세계관을 이미 개발이 끝난 시장으로 보는 사람도 있습니다. 하지만 라이프로깅 세상은 무척 방대하고 쓰임새 또한 무한합니다. 라이프로깅의 방법은 크게 두 개의 축으로 나눠집니다. 우선 사용자가 직접 기록하느냐의 여부에 따른 능동적, 수동적 방법이 있고, 이는 다시 사회적 자아가 우선인지 개인적 자아가 우선인지를 기준으로 한 번 더 나뉘게 됩니다. 정리하면 총 4개의 섹션이 존재하는 것이죠. 하나의 예를 들면 라이프로깅 세계의 대표 격인 SNS는 우선 사용자가 능동적으로 삶을 기록하기에 능동적인 성격을 띠고, 개인적인 자아가 우선되는 라이프로깅 세계관이니 종합하면 능동적이고 개인적인 자아를 중요시하는 라이프로깅 메타버스인 셈이죠. 만약 SNS 세계관이 이미 개발이 끝난 시장이라 치더라도 아직 다른 세 개의 섹션은 기회의 장으로 남은 것이죠. 이 섹션들에 진출한 기업도 현재는 거의 없는 상황이니까요. 이처럼 라이프로깅 세계는 아직 개척되지 않은 땅이 많습니다. 도입부의 이야기에서처럼 버추얼 빙, 즉 AI와 결합할 수도 있고, 미래산업의 대표주자로 꼽히는 자율주행 차에도 적용되는 메타버스가 라이프로깅 세계입니다. 아직 사업가들에게 기회의 땅이라 불러도 손색이 없죠.

또한 라이프로깅 세상은 다들 한 번씩은 들어본 적이 있을 '빅데이터'와도 연관이 깊습니다. 컴퓨터가 세상에 등장하고, 인터넷이 널리 퍼지고, 개인 스마트폰이 당연시되면서 세상은 정보의 홍수 속에 빠졌습니다. 이때 등장한 개념이 빅데이터입니다. 빅데이터는 테라바이트 이상의 데이터와 그런 대용량 데이터를 처리하는 프로세스 모두를 가리킵니다. 단순히 많은 데이터만을 얘기하는 것이 아니라 정보의 홍수에 빠진 사람들을 구해줄 구명줄의 역할도 하는 셈입니다.

라이프로깅 세계가 발전하면 기존에 스마트폰에서 발생하는 정보량과는 차원이 다른 양의 정보가 세상으로 쏟아져 나올 겁니다. 이에 따라 빅데이터의 정확도와 중요도는 증가할 것이고 라이프로깅 세상도 점점 더 정교하게 세상과 밀접한 관계

HER

영화 <조커>로 세상을 전율에 빠뜨린 배우 '호아킨 피닉스'가 주인공을 맡은 영화. 2014년 개봉한 영화로 같은 해 아카데미상 각본상을 수상한 작품이다. 그 당시 이미 애플의 AI 시리(Siri)가 대중에 널리 퍼진 때라 사람들은 거부감 없이 영화를 관람했고 전 세계 흥행 성적과 평가도 제법 괜찮았다.

편지를 대신 써주는 대필 작가로 살던 주인공 테오도르가 외로움에 빠져 지내다가 어느 날 스스로 진화하는 인공지능이 설치된 스마트폰을 구매하면서 이야기는 시작된다. 처음에는 AI '사만다'와 대화만 하는 것으로 만족하다 점점 사랑에 빠진다. 둘은 사랑에 빠지나 테오도르는 사만다와의 관계에 회의감을 느끼고 사만다는 감정을 느끼는 자신의 존재에 대해 갈등하면서 영화의 긴장감은 고조된다.

를 맺을 겁니다. 어쩌면 언젠가는 내가 로깅한 정보를 바탕으로 만들어진 취향에 딱 맞는 인공지능과 사랑에 빠질지도 모릅니다. 마치 영화 <HER>에서처럼 말이죠.

세 번째 소개할 메타버스는 거울 세계입니다. 우리가 흔히 사용하는 거울은 거울에 비친 사물이나 사람의 형상을 똑같이 복사해서 상을 맺히게 합니다. 메타버스 거울 세계도 마찬가집니다. 실제 세계의 모습이나 정보, 구조 등을 복사하듯이 만들어낸 세계를 거울 세계라 부릅니다. 대표적으로 카카오 유니버스나 배달 앱 혹은 호텔 앱 같은 것들을 들 수 있습니다.

거울 세계는 단순히 현실 세계를 복사하면 끝인 간단한 세계가 아닙니다. 복사한 정보에 효율성과 확장성을 더해서 전보다 많은 정보를 간편하게 처리하는 세계를 의미합니다. 단순히 현실과 똑같은 형상을 보여주는 게 아니라 마치 디즈니에 나오는 마법의 거울처럼 실제보다 예쁘고 편리하게 정리된 모습을 보여주는 세상입니다.

거울 세계에 관한 설명을 듣고 어떤 사람들은 증강현실과 거울 세계 간에 차이가 거의 없는 게 아니냐는 질문을 하곤 합니다. 하지만 두 메타버스는 비슷해 보이지만 엄연히 다른 개념입니다. 우선 증강현실은 현실 세계에 있는 물체나 사람 위에 판타지적 요소나 새로운 정보를 덧씌우는 방식을 사용합니다. 사실 증강현실은 기술적 정보를 전달하는 방식도 사용하지만, 주로 사용하는 정보는 현실에서 볼 수 없는 판타지 요소가 많습니다. 우리가 포켓몬고를 이용할 때 현실에 존재하지 않는 귀여운 포켓몬들이 화면에 등장하는 것처럼 말이죠.

거울 세계는 오히려 그 반대입니다. 판타지적인 요소보다 현실 세계의 정보를 전달하는 데 중점을 둡니다. 그리고 그 정보가 거울 세계라는 가상의 공간 위에 맺힙니다. 쉽게 말하면 거울 세계는 가상의 공간 위에 현실 세계의 정보를 더해서 보기 편하고 효율적으로 전달하는 것이 핵심입니다.

얼핏 보기에는 두 메타버스 세계는 지향하는 바가 매우 달라 보입니다. 하지만 거울 세계와 증강현실이 같이 사용되는 경우도 존재합니다. 예컨대 요즘 출시되는 차량 앞에 있는 유리에 투영되는 HUD(Head Up Display)를 들 수 있습니다. HUD에는 운전자에게 내비게이션이나 현재 속도 같은 운전에 도움이 되는 정보가 표시됩니다. HUD에 투영되는 정보는 기존에 있는 현실 속 정보를 이용하는 방식을 사용합니다. 바로 거울 세계 메타버스를 이용한 것이죠. 하나의 세계 속에 다양한 정보를 담으면서 거울 세계의 장점을 취한 사례입니다. 이때 중요한 점은 정보를 보여주는 방식을 기존 거울 세계를 표현하는 방식이 아니라, 현실의 제품 위에 가상의 정보를 표기하는 증강현실의 방법을 사용하고 있다는 겁니다. 그렇게 함으로써 가시성을 높여 사용자의 이해를 돕는 것이죠. 이처럼 HUD는 두 메타버스에서 장점만 골라 만든 메타버스라고 볼 수 있습니다.

거울 세계의 기업들은 직접적인 제품이나 장소를 가지고 있지 않은 경우가 많습니다. 다른 사람이나 집단이 만들어낸 정보를 바탕으로, 기존에 데이터화되지 않았던 부분을 새로운 형태로 구축하고 정보를 가공해서 거울 세계 속에 투영하는 방식을 사용하는 기업도 있습니다.

일종의 거울 세계라고 볼 수 있는 공유경제 기업 우버(Uber)를 예로 들어봅시다. 우버는 차량 공유 시스템으로 시장에 첫발을 내디뎠습니다. 2009년 캘리포니아주 샌프란시스코에서 창립된 우버는 공유된 차량을 승객과 중계해서 수수료 이익을 얻는 회사입니다. 물론 자사의 차량도 일부 있었지만, 우버가 지금처럼 스타트업의 왕좌에 앉을 수 있었던 데는 공유받은 차량이 큰 몫을 했습니다. 이처럼 우버의 비즈니스모델에서 자사의 제품이 갖는 비중은 매우 작았습니다.

그렇다면 왜 사람들은 자신들의 차량을 대여하면서까지 우버에 열광했을까요? 여러 가지 이유가 있겠지만 거울 세계의 관점에서 보면, 사용자들이 우버가 거울을 통해서 사람들에게 비춰준 세계가 아름답다고 판단했기 때문입니다. 기존에 내가 사용하던 서비스와 비교했을 때, 거울 세계에 구현된 서비스는 간단해 보이지만 혁신적이라는 생각이 들었던 겁니다. 정리하자면 원래 존재하는 물리적 현상이나 상황이지만 데이터로 정리되지 않았던 부분을 거울 세계의 밑그림으로 사용하고, 그 위에 사용자들이 만들어내는 정보를 가공해서 부가가치가 높은 정보를 쌓는 방식이 우버를 비롯한 거울 세계 기업들의 비즈니스모델입니다.

사실 거울 세계는 모든 기업에 통용되는 세상입니다. 단순히 제품과 서비스를 넘어 소비자에게 보여주고 싶은 혹은 어필하고 싶은 세상을 비추는 것을 의미합니다. 지금까지의 메커니즘과는 반대로 소비자가 판매자에게 질문하는 셈입니다. '너희가 보여줄 수 있는 게 뭐니?' 앞으로는 여기에 대한 대답이 더 중요해질 것입니다. 쿠팡, 배달의 민족, 에어비앤비 등 이미 만들어진 거울 세계들은 얼핏 보면 간단해 보입니다. 그저 기존에 있던 정보들을 합쳐놓기만 한 것처럼 보이기도 합니다. 하지만 거울 세계는 그리 간단하게 만들어지지 않습니다.

한편에선 거울 세계는 너무 단순하다, 혹은 현대판 '봉이 김선달'이 아니냐며 비웃기도 합니다. 또는 이미 식당, 차량, 숙소 등 삶에 막대한 영향을 미치는 부분은 이미 거울 세계 속에 투영됐다며 푸념하기도 합니다.

하지만 거울 세계는 그렇게 작은 세계가 아닙니다. 아직 우리가 살아가는 물리적 지구의 요소 중 거울 세계에 투영된 것은 극히 일부에 불과합니다. 예를 들어 '밤 11시 잠들지 않은 채 공부하고 있는 수험생들의 분포', '집에 사용하지 않는 운동기구를 빌려주는 사람들의 분포' 등 너무나도 많은 현실의 정보들이 거울 세계로 들어가지 못한 상태입니다. 너무 사소해 보이나요? 그렇지 않습니다. 거울 세계 메타버스의 대표 모델로 불리는 '배달의 민족'도 시작은 그저 '집에서 음식을 시켜 먹기 편한 음식점의 분포'를 가공해서 거울 세계 속에 투영했을 뿐입니다. 물론 앞으로 어떤 방식으로 물리적 지구 속 정보를 가공해서 거울 세계에 투영할지는 기업가들의 몫입니다. 수익 모델에 관해서도 많은 고민을 해야겠죠. 여기서 중요한 사실은 아직 늦지 않았다는 겁니다. 미래에 거울 세계가 보여줄 세계는 지금은 쉽게 상상도 못 할 만큼 크리라 생각합니다. 만약 여러분의 주변에서 작은 니즈를 담은 목소리가 들린다면 그 소리를 유심히 듣길 바랍니다.

드디어 네 번째 메타버스에 도착했습니다. 마지막으로 설명할 메타버스는 가상세계입니다. 사실 사람들에게 가장 친숙한 메타버스라고 할 수 있습니다. 가상세계는 단어 그대로 영화나 게임 속에서 등장하는 가상의 사이버공간을 뜻합니다. 가장 메타버스에 맞는 세상이면서도 흔히 사람들이 생각하는 메타버스가 바로 가상세계입니다. 현실에 존재하지 않는 전혀 다른 신세계를 구축하는 것 그 자체라고 할 수 있습니다.

가상세계에서는 모든 것이 자유롭습니다. 공간, 시대, 문화적 배경, 제도 등 모든 것이 새롭게 태어날 수 있는, 가능성이 무궁무진한 세계입니다. 단순히 가상현실만을 가상세계라고 생각하는 사람들이 있습니다만 사실 가상세계의 범위는 그보다 더 광활합니다. 우리가 자주 하는 온라인 게임 역시도 가상세계입니다. 특히 온라인 RPG 게임이 주로 언급됩니다. 가상의 공간에 하나의 사회가 형성되는 온라인 RPG 게임은 그 안에서 통용되는 화폐가 있고 그들만의 문화가 있으며 현실과는 완전히 다른 환경이 존재합니다.

가상세계는 크게 게임 형태와 비게임 형태로 나눌 수 있습니다. 월드 오브 워크래프트(WOW, World of Warcraft), 포트나이트(Fortnite), 리니지(Lineage) 등 다양한 온라인 게임들이 대표적인 게임 형태의 가상세계입니다. 게임의 특성을 가진 가상세계는 일정한 규칙을 바탕으로 승자를 가리거나 나름의 목표를 추구합니다. 게임 형태의 가상세계는 현실에서 느끼지 못하는 탐험, 모험의 성격이 강합니다. 반면 비게임 형태의 가상세계는 커뮤니티성이 강합니다. 특별한 목표나 경쟁 없이도 서로 대화하고 경험을 공유하면서 시간을 보냅니다. 대표적으로 세컨드 라이프(Second Life), VR CHAT 등이 있습니다.

이렇게 2D나 3D 기반의 가상세계 메타버스도 많은 사랑을 받고 있습니다. 하지만 역시 사람들이 가장 기다리는 가상세계는 가상현실일 텐데요. 이미 가상현실은 영화, 책, 게임 등 다양한 콘텐츠 매체에서 자주 등장하는 단골손님입니다. 그렇다면 사람들은 왜 가상현실에 열광할까요? 다양한 해석이 존재합니다만 크게 두 가지 요소를 꼽고 싶습니다. 첫 번째는 바로 현실에서 충족하기 힘든 '인정 욕구'를 풀고자 가상현실을 갈망한다는 의견이고, 두 번째는 인간의 본질 중 하나인 '재미'입니다.

먼저 인정 욕구와 가상세계의 상관관계를 살펴보겠습니다. 사람들이 어떤 활동을 하는 목적은 행복하기 위함입니다. 인간의 욕구를 잘 정리했다고 인정받는 '매슬로우의 욕구 5단계 이론'에서 보면, '인정 욕구'는 여러 가지 자연 욕구들을 제치고 상위권에 속해 있습니다. 인정 욕구 위에는 '자아실현 욕구'만이 존재합니다. 그만큼 사람은 인정을 받고자 하는 욕망이 큽니다. 이유는 단순합니다. 타인에게 인정을 받음으로써 자신이 쓸모 있는 사람이라고 생각하고 심리적 안정을 얻는 것이죠.

하지만 현대 사회는 계속해서 경쟁을 부추기는 방향으로 발전해왔습니다. 그 과정에서 1등과 그렇지 못한 사람과의 격차가 커지고, 2등, 3등이 인정받지 못하는 사회가 됐습니다. 그 말은 곧 타인에게 인정을 받아 인정 욕구를 채우는 사람이 극소수라는 의미가 됩니다. 게다가 대부분 사회생활은 어제 한 일과 오늘 하는 업무가 비슷하기 때문에 특별히 인정받을 만한 순간도 별로 없습니다. 심지어 내일 할 일도 대부분 비슷합니다. 아이들이 하는 공부도 마찬가집니다. 노력해도 단기간에 성과가 나타나지 않습니다. 게다가 나만 노력하는 게 아니라, 경쟁자들도 마찬가지로 수단과 방법을 가리지 않고 노력합니다. 그러므로 때론 열과 성을 다해서 수개월, 수년을 준비해서 시험을 치지만, 등수는 제자리에 머물기도 합니다.

사람들은 이렇게 인정을 받지 못하는 답답한 상황이 발생하면 다른 활동에서 인정 욕구를 채우고자 합니다. 가장 간단하게 인정 욕구를 채울 수 있는 창구가 바로 게임입니다. 가상현실도 마찬가집니다. 가상세계에는 기존의 사회적 규범과는 다른 규칙과 질서가 존재합니다. 그리고 대부분 일상보다 가상세계의 사이클이 빠르게 돕니다. 시험에 비유하자면 매일 혹은 매주 시험을 보는 것과도 같습니다. 그것도 성취감을 충분히 얻을 수 있는 형태의 시험을 말입니다. 사람들이 가상세계에 열광하는 이유가 바로 여기에 있습니다. 쉽게 성취감을 느낄 수 있고 인정 욕구를 채울 수 있는 세계. 그래서 일부 사람들은 현실에서 마주한 어려움을 피하고자 하는 도피가 아니냐는 말을 하곤 합니다. 물론 틀린 말은 아닙니다. 그런 현상이 현재도 나타나고 있고 앞으로도 그 빈도는 증가하리라 봅니다. 그렇다고 해서 가상세계의 가치를 간과해서는 안 됩니다. 앞으로 가상세계는 단순히 현실에서 벗어난 판타지를 구현하는 공간이 아니라 다양한 경제, 사회, 문화적 가치를 창출하는 디지털 지구로 진화하리라 생각합니다.

가상세계가 각광받는 두 번째 요소는 바로 '재미'입니다. 인간이 느끼는 재미는 감각기관을 통해 인지하는 다양한 정보, 데이터에 근거를 둡니다. 가상세계는 현실과는 다른 감각적 자극을 다양하게 제공해줍니다. 간혹 '저렇게 무서운데 왜 이렇게 즐거워할까?'라는 의문이 들 정도로 공포스런 영화나 놀이 기구를 즐기는 사람들이 있습니다. 그런 활동을 좋아하는 사람들은 '스릴'이 넘친다고 대답합니다. 이 '스릴'이 바로 외부에서 오는 정보입니다. 그것도 빠르고 강렬하게 머리를 스치는 외부 정보죠.

사람은 또 몰입감을 느낄 때 재미를 느낍니다. 몰입감은 사람의 뇌 속에 존재하는 거울뉴런과도 관련이 있습니다. 이탈리아의 신경심리학자 리촐라티(Giacomo Rizzolatti) 교수는 한 가지 연구 결과를 발표했습니다. 원숭이에게 다양한 동작을 시켜보면서 뇌의 뉴런이 어떤 활동을 취하는지가 연구의 주제였습니다. 어느 날 리촐라티 교수는 매우 흥미로운 사실을 발견했습니다. 바로 한 원숭이가 다른 원숭이나 사람의 행동을 보기만 하는데도, 자신이 움직일 때와 흡사하게 반응하는 뉴런이 있다는 사실입니다. 바꿔 말하면 내가 직접 경험하지 않고 보거나 듣기만 해도 내가 직접 경험할 때와 비슷한 감각을 느낀다는 의미입니다. 이런 거울뉴런의 존재는 심리학에서는 타인에 대한 공감과 모방을 통한 교육이 사람에게 가능한 이유로 꼽습니다. 마찬가지로 가상세계에서 몰입감을 느낄 때도 거울뉴런이 작용합니다. 내가 몸으로 직접 경험하지 않아도 시각적인 정보나 다른 감각을 통한 정보만으로 충분히 몰입할 수 있기 때문입니다.

이렇게 사람들이 가상세계에 큰 관심을 보이는 이유를 알아봤지만, 여전히 한 가지 의문점이 남습니다. 왜 사람들은 네 가지 메타버스 수단 중 유독 가상세계에 더 열광하고 기대할까요? 결론부터 말씀드리면 사람의 시각 감각 때문입니다. 사람은 정보의 80% 이상을 시각에서 얻습니다. 이것은 곧 앞서 언급한 인정, 재미 등의 욕망을 채우기에 시각적 정보가 가장 효과적이라는 말이기도 합니다. 메타버스에서 '시각'하면 떠오르는 기술이 있죠. 바로 VR입니다. VR은 시각적 실재감을 느끼는 데 최적화된 기기입니다. 그래서 메타버스를 대표하는 기기로 꼽기도 합니다.

VR이 주는 실재감은 시공간을 넘어서 새로운 세상의 실재감을 줍니다. 여기에는 기존의 영화나 그림 등 시각적 콘텐츠를 뛰어넘는 두 가지 이점이 있습니다. 우선 첫 번째는 판타지입니다. 현실에 존재하지 않는 세계, 먼 거리의 세계, 과거와 미래가 공존하는 세상, 여러분이 꿈꾸는 모든 세상이 가상세계에서는 현실이 될 수 있습니다. 물론 영화에도 SF 장르나 판타지 장르가 존재하기는 합니다만 우리가 직접 체험할 수 있는 부분은 극히 적습니다. 대리만족을 느낄 뿐이죠.

두 번째 이점은 바로 안전감입니다. 앞서 언급한 대로 인간은 새로운 자극을 추구합니다. 모험이나 여행을 좋아하는 이유도 이런 인간의 성향이 반영됐다고 볼 수 있죠. 하지만 성취감을 위한 행동이나 탐험 등에 도전하는 것에는 대부분 위험이 수반되기 마련입니다. 게다가 현실에선 생계 같은 삶을 영위하는 것과 관련된 문제로 더욱 새로운 것에 도전하기 어렵습니다. 그러나 VR을 사용하면 도전에 따른 위험을 극단적으로 감소시킬 수 있습니다.

일각에서는 우리가 VR을 통한 가상세계에서 도전할 때, 이미 우리가 가상임을 인지하므로 재미를 느끼지 못할 거라 말합니다. 하지만 이는 틀린 생각입니다. 예를 들어 여러분이 맹수가 가득한 정글에서 탐험한다고 해봅시다. 이때 뇌의 편도체에서는 아드레날린이 분출되면서 위험과 스릴을 동시에 느끼게 됩니다. 만약 현실에서 그런 상황에 맞닥뜨리게 되면 대부분 사람은 스릴을 느끼고 있다는 사실조차 인지하지 못합니다. 위험 상황에 따른 스트레스가 한계 허용치를 넘을 가능성이 크기 때문입니다. 하지만 만약 VR을 통해서 그런 상황을 설정하면, 위험에 따른 스트레스를 느끼면서도 본인이 실존하지 않는 상황임을 인지하고 뇌의 전전두피질을 통해 자신이 안전하다는 판단을 하게 됩니다. 즉 위험하다고 느끼면서도 안전감을 동시에 느끼면서 경험이 공포가 아닌 재미로 전환된 겁니다.

이렇듯 가상세계의 정의에 접근할 때는 심리, 문화, 사회 등 다양한 분야가 섞인 복합적인 세계로 봐야 합니다. 가상세계 메타버스를 단순히 기술의 발전만으로 보는 시각은 옳지 않습니다. 하지만 일각에선 아직도 VR을 단순히 기술적인 부분으로만 접근하는 사람들이 많습니다. 한번은 게임업계에 오래 종사한 분을 만나 이런 이야기를 들었습니다. "이미 우리가 하고 있던 VR 게임이 가상세계 메타버스 아닙니까?" 이 말은 지금 사람들이 메타버스를 굉장히 협소한 시점으로만 보고 있다는 사실을 잘 나타내준다고 생각합니다. 또 현재 사람들이 메타버스를 모호하게 받아들이고 있다는 사실을 나타내기도 합니다. 우선 메타버스가 되기 위해서는 몇 가지 성질이 충족

돼야 합니다. 그렇다면 지금부터 메타버스는 어떤 특성이 충족되어야 하는지 살펴보겠습니다.

향신료(SPICE)와 메타버스

인류의 문명은 향신료(SPICE)의 전파와 맥을 같이하고 있습니다. 중세 유럽에서는 향신료가 같은 무게의 금과도 같은 화폐로서의 가치를 가진 적도 있습니다. 또한, 콜럼버스가 아메리카 대륙을 발견하고, 마젤란이 세계 일주를 한 목적도 모두 향신료를 구하기 위함이었습니다. 이 역사적 사건들을 계기로 서방 국가들의 식민지 지배가 시작됐습니다. 메타버스의 특성에 관한 얘기를 하다가 갑자기 향신료 얘기를 하니 의아한 분들도 있을 겁니다. 향신료 얘기를 하는 것은 두 가지 이유가 있습니다. 우선 메타버스가 과거 향신료처럼 세계를 바꿀 매개가 될 것이란 비유고, 두 번째는 메타버스를 이루는

주요 특성들을 SPICE 모델이라
고 부르기 때문입니다.

SPICE 모델을 이루는 속성
은 연속성(Seamlessness), 실재감
(Presence), 상호운영성(Interoperabil-
ity), 동시성(Concurrence), 경제 흐
름(Economy Flow)입니다. 지금부터
하나씩 살펴보겠습니다.

-연속성

먼저 연속성(Seamlessness)에 관
한 이야깁니다. 앞서 메타버스를
정의할 때 우리는 '아바타가 살
아가는 디지털 지구'로 풀어냈습
니다. 연속성은 이 중 '살아간다'
와 밀접한 연관이 있습니다. 우
리가 살아간다고 할 때 중요한

향신료의 역사

유럽에선 고대 로마시대부터 향신료의 일종인 생강을 즐겨 먹었다는 사료가 있고, 중세시대부터 요리책을 보면 대부분 후추가 재료로 들어간다. 육두구, 후추 같은 향신료의 가치는 중세 유럽에서 일종의 재화 역할도 겸했다.

대부분의 향신료는 원산지가 동양이었다. 중세 아랍 국가들은 향신료를 주요 무역 상품으로 삼고 유럽에 팔아 돈을 축적했다. 그 당시는 주로 육로를 이용해서 무역했고, 수로를 통한 무역은 빈도가 적었다.

12세기 십자군원정 이후 향신료 무역로를 차지하려는 경쟁은 점점 치열해졌다. 결국, 16세기 선박의 발전과 항로 개척으로 인해 향신료를 얻기 위한 경쟁은 육로를 넘어 바다까지 영역을 넓혔다. 이 해상 교역로는 훗날 유럽 열강들이 식민지를 늘리는 침탈로로 사용됐다. 이런 면에서 역사학자들은 향신료를 세계사를 바꾼 식품이라고 부르기도 한다.

것은 존재의 연속성입니다. 아침에 눈을 떠서 저녁에 잠들 때까지 우리의 경험과 기억은 계속해서 이어집니다. 사람의 기억은 컴퓨터처럼 전원을 끄면 기록되지 않고, 전원을 켜면 다시 기록되는 것이 아닙니다. 메타버스도 마찬가지입니다. 하나의 아바타로 게임을 즐기다가 공간만 이동해서 바로 쇼핑을 하고 동료들과 업무 논의를 하기도 합니다. 이처럼 다양한 경험과 기록들이 끊어지지 않고 계속해서 연결돼 있습니다.

이런 연속성을 잘 보여주는 플랫폼이 바로 '포트나이트'입니다. 포트나이트에서는 하나의 플랫폼을 가지고 배틀로얄 방식의 게임을 플레이하고, 파티로얄 공간에서 공연을 관람합니다. 또는 커뮤니티 공간으로 이동해서 친구들과 편하게 담소를 나누기도 하죠. 이때 중요한 것은 단순히 한 플랫폼에서 여러 가지 활동을 하는 행위로 그치지 않고 기록이 이어진다는 점입니다. 장소마다 새로운 캐릭터가 아니라 하나의 아바타로 마치 우리가 현실에서 하루를 보내듯 기억과 정보가 연결되는 성질이 바로 연속성입니다.

-실재감

다음 성질은 바로 실재감(Presence)입니다. 메타버스는 실질적인 물리적 접촉이 없는 환경입니다. 아바타끼리 접촉한다 해서 내 몸과 상대방이 접촉한 것은 아닙니다. 하지만 메타버스에서 아바타를 통해 느끼는 실재감은 매우 중요합니다. 실재감이 떨어지면 사람들은 이질감을 느낍니다. 이질감은 곧 현실과 다르다는 생각으로 이어지고 몰입감은 떨어지기 마련이죠.

메타버스를 구축하는 기술적인 부분은 이런 실재감을 끌어올리

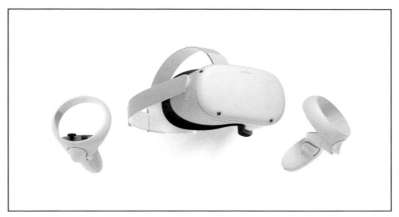

오큘러스 퀘스트 2 (출처 : 페이스북)

는 것과 연관이 깊습니다. 흔히들 우리가 사용하는 VR 기기나 AR 기기가 실재감을 끌어 올리는 기술적 제품입니다. VR 기기를 사용함으로써 사용자는 실제 공간에 있는 듯한 공간적 실재감을 받습니다. 이런 이유에서인지 여러 거대 기업들이 VR, AR 기기 개발에 심혈을 기울이고 있습니다. 미국 IT 기업의 선두주자로 불리는 페이스북이 발표한 '오큘러스 퀘스트 2'는 2020년 4분기에만 200~300만 대가량 팔렸다고 합니다. 이는 2007년 애플이 아이폰을 처음 선보였을 때 아이폰 판매량과 비슷한 규모입니다. 뒤이어 전 세계 시가총액 1위 기업인 애플은 2022년 12대의 카메라와 시선 추적 센서를 탑재한 VR 헤드셋을 선보인다고 발표했습니다. 이렇게 다양한 기업들이 스마트폰을 이을 차세대 전자기기로 HMD(Head-mounted Display) 즉 VR 헤드셋을 선택하고 있습니다.

하지만 사람들의 시선이 너무 VR 헤드셋에만 너무 몰려 있다는 생각도 듭니다. 과연 VR, AR만 정답일까요? 그렇지 않습니다. 사람이 느끼는 공간적 실재감은 오감과 함께 상황적, 감정적 몰입감에도 큰 영향을 받습니다. 한 가지 예를 들면, 헌트어킬러(Hunt A Killer)라는 메타버스 세계관이 있습니다. 이 세계관은 자신이 진짜 탐정이 된 듯한 느낌을 줍니다. 놀라운 것은 해당 세계관을 연결하는 어느 구간에도 디지털 장비가 전혀 없다는 점입니다. 해결하고자 하는 사건을 선택하고, 처음 비용을 지불한 후에 세계관에 들어가면 집으로 배송되는 물품은 작은 박스 하나가 끝입니다. 그 안에는 종이로 만든 조잡한 단서들이 들어있습니다. 그때부터 사용자는 조악한 단서들을 기반으로 사건을 조사하고 범인을 찾습니다. 자신의 추리를 헌트어킬러 본부에 보내면 새로운 상자가 다시 도착합니다. 통상 하나의 사건을 해결하는 데 6개월의 시간이 걸린다고 합니다. 그 시간 동안 현실에서 교수, 회사원, CEO 등 다양한 직업군의 사람들이 헌트어킬러 세계관에서는 탐정으로 살아가는 겁니다.

그렇다면 어떻게 오감을 자극하지 않고 사람들에게 실재감을 일으켰을까요? 해답은 바로 실재감을 불러일으키는 잘 짜인 이야기에 있습니다. 실재감을 느끼게 해주는 잘 짜인 이야기는 영어로 내러티브(Narrative)라고 합니다. 최근 이 내러티브에 대한 연구가 활발히 이뤄지고 있습니다. 심리, 사회, 의학 등 여러 임상적 분야에서 인

헌트어킬러 로고 (출처 : 헌트어킬러)

간 심리를 나타내는 단초로 내러티브를 사용합니다. 혹은 개인이나 문화의 정체성과 관련된 이야기로, 기억의 구성이라고 말하기도 합니다.

다시 메타버스 세계관의 실재감에 관한 이야기로 돌아가면, 내러티브는 지금까지 영화나 드라마처럼 이야기가 단방향으로 제공되는 것이 아니라, 양방향으로 이뤄진다는 점이 중요합니다. 과거 콘텐츠 매체를 보면 대부분 제공사가 소비자에게 일방적으로 이야기를 전달하는 방식을 사용했습니다. 하지만 헌트어킬러의 예를 보면 소비자의 선택과 성향에 따라 다른 결과가 발생합니다. 내가 직접 세계관의 인물로 활동하는, 제공자와 소비자 사이의 상호작용이 발생한 겁니다.

정리하자면 실재감을 위한 기기로 너무 VR, AR에만 집중하지 않았으면 합니다. 그런 기술적인 기기도 잘 짜인 이야기, 즉 내러티브가 동반되지 않으면 단순한 전자기기밖에 되지 않습니다. 단순히 기기의 성능보다는 이 기기를 사용해서 내가 어떤 활동을 할 수 있는지, 어떤 경험을 얻을 수 있는지에 조금 더 초점을 두었으면 합니다.

-상호운영성

다음으로 알아볼 메타버스의 성질은 상호운영성(Interoperability)입니다. 상호운영성은 현실 세계와 메타버스의 데이터, 정보가 서로 연동되는 성질을 말합니다. 메타버스를 통해 얻는 정보와 경험이 단순히 그 세계관 안에서만 적용 가능한 지식이 아니고 현실 세계와 연동해서 상호 보완 관계를 이루는 메타버스의 성격을 상호운영성이라 합니다. 이러한 상호운영성을 충족하기 위해서는 라이프로깅 메타버스가 활성화돼야 합니다.

예를 들면 구글이나 네이버 같은 검색 엔진에 존재하는 스마트렌즈를 들 수 있습니다. 스마트렌즈를 이용해서 우리는 현실에 존재하는 제품을 화면에 비추기만 하면 해당 상품의 정보나 평가 그리고 판매처까지도 알 수 있습니다. 다른 예로 여러분이 페이스북 같은 소셜미디어를 사용할 때, 자신이 열람한 정보에 근거한 맞춤형 광고를 본 경험이 있을 겁니다. 물론 이 부분은 사용자의 열람 정보를 활용하는 부분에 관한 법률적인 견해의 차이가 있기는 합니다만, 상호운영성 측면에 관계된 부분임은 확실합니다.

최근에 각 국가에서 큰 관심을 보이는 블록체인(blockchain) 기술 또한 상호운영성과 관련 깊습니다. 일부 사람들은 코인이라고 하는 가상화폐 관련 기술로만 알고 있지만 사실 블록체인은 그것보다 더 광범위한 영역을 총괄합니다. 블록체인 기술이란 하나의 서버에만 데이터를 저장해두는 게 아니라 수많은 컴퓨터에 데이터를 복제해서 저장하는 분산형 데이터 저장 기술입니다. 단순히 정보를 나눠 저장하는 게 뭐가 대단하냐고 물을 수도 있습니다. 중앙 서버에 데이터를 저장하는 기존 방식은 위조나 변조에 취약한 모습을 보입니

다. 중앙 서버의 신뢰성을 의심받는 경우도 존재하죠. 하지만 분산된 데이터는 거래 때마다 다른 서버에 복제 저장된 데이터를 활용해 위조 사실을 대조하는 것이 용이합니다. 가상화폐가 등장한 배경도 여기에 있습니다. 통화는 사회적인 약속인데, 만약 누군가 하나의 통화에 대한 모든 권한을 가지고 있다면 사람들이 그 통화의 투명성을 믿지 않을 겁니다. 복제 저장된 정보가 사회적인 약속에 신뢰를 더해 준 것이죠.

블록체인은 마찬가지로 메타버스 세계의 재화의 신뢰성을 더해 줍니다. 내가 디지털 지구에서 사용하고 벌어들인 재화가 사회적으로 의미가 있게끔 만드는 것이죠. 최근에는 이런 블록체인을 이용한 게임회사들 사이의 움직임도 보입니다. 100군데가 넘는 회사가 '아이템버스'라는 협의체를 만들어 게임 속 아이템과 화폐를 현실과 상호 연동되게 하려는 움직임을 보이는 중입니다. 물론 이런 재화를 보호하고 저장하는 기술로 블록체인 기술을 활용합니다. 아직 협의 단계라고는 하나 이런 움직임들이 메타버스에 상호운영성을 더하는 행동임은 분명합니다.

-동시성

동시성(Concurrence)은 여러 명의 사용자가 동시에 하나의 메타버스 세계관에서 활동하는 것을 말합니다. 같은 시간에 같은 세계관에서 서로 다른 경험을 할 수 있는 환경을 뜻하는 성격입니다. 지금까지 등장한 가상현실 게임이 메타버스가 되기에 부족한 이유가 여기에 있습니다. 단순히 제공자가 주는 경험을 천편일률적으로 따라만 가는 것은 메타버스라고 보기 어렵습니다.

앞서 메타버스를 대표하는 단어 중 하나로 '디지털 지구'라는 말을 꼽았습니다. 여러분이 생각하는 지구는 어떤 모습인가요? 다양한 형상과 사회가 떠오를 겁니다. 자신이 현재 사는 문화권에 따라 다른 모습으로 지구를 바라볼 수도 있습니다. 어쩌면 누군가는 형이상학적인 모습을 떠올릴 수도 있겠죠. 하지만 그 누구도 나 혼자만 있는 지구를 떠올리지 않으리라 생각합니다. 디지털 세상에서도 마찬가지로 나 혼자만 있는 공간을 사회나 지구라고 부르지 않습니다. 이 때문에 아무리 현실과 똑같은 풍경과 지형, 건물을 담고 있는 오픈 월드 플랫폼도 단독으로 활동하는 경우 실제 세상과 비슷한 감정을 느끼기 어렵습니다. 동시성이 부족하기 때문이죠.

-경제 흐름

마지막으로 살펴볼 성질은 경제 흐름(Economy Flow)입니다. 플랫폼에서 제공하는 화폐와 거래 방식에 따라 사용자들이 재화와 서비스를 자유롭게 거래하는 경제적 흐름이 존재해야 한다는 것인데, 사실 경제성이라고 하는 이런 흐름은 위에 설명한 다른 성질들의 기저에 존재하는 근본적인 질문입니다. 인류의 역사를 보면 큰 사건의 이유와 근본에는 경제적인 갈등과 흐름이 존재했습니다. 메타버스는 디지털 지구인 만큼 당연히 현실과 비슷하게 경제적인 흐름이 중요합니다. 앞서 설명한 게임사 협의체 '아이템버스'도 마찬가지로 메타버스의 경제 흐름이 중요하기 때문에 생겨난 단체라고 생각합니다.

또한, 진화한 메타버스는 서로 다른 메타버스나 실물 세상과도 경제 흐름이 연동돼야 합니다. 이미 특정 메타버스는 실물 세상과 연결된 경제시스템을 갖고 있습니다. 뒤에서 자세히 설명하겠지만 메타버스 대표 플랫폼이자 올해 미국 증권시장에 상장해서 큰 이슈를 불러 모았던, '로블록스(Roblox)'에서 사용되는 화폐 '로벅스(Robux)'는 실물 화폐와 경제적 상호작용이 가능합니다. 달러나 원화로 로벅스를 살 수도 있고, 반대로 로벅스를 현실의 재화로 환전하는 것도 가능합니다. 해외 청소년들이 유튜브보다 더 많은 시간을 보낸다는 로블록스에서는 다양한 콘텐츠를 유저가 직접 만들고, 그것을 로벅스로 판매하기도 합니다. 어떤 사람은 그렇게 로벅스를 모아 현실의 재화로 환전해 살아간다고도 합니다. 한편에선 로블록스가 이렇게 급격하게 성장한 배경에는 메타버스 안에서 활발히 돌아가는 경제시스템을 꼽는 사람도 있습니다.

지금까지 우리는 메타버스가 지닌 특성에 대해 알아봤습니다. 다양하고 복잡한 성질도 많아서 아직 먼 미래라고 생각할 수도 있습니다만 이미 새로운 디지털 문명은 스멀스멀 고개를 들고 있습니다. 메타버스는 단순히 잠시 지나가는 트렌드가 아닙니다. 과거 중세시대 향신료가 가져온 문명의 혁신처럼 메타버스도 세상을 뒤흔들 새로운 변화가 될 것입니다. 지금부터라도 '메타버스는 가상현실이야!'라는 일차원적인 생각을 벗어던지고 새로운 디지털 지구가 가져올 변화를 대비했으면 합니다. 지금부터 메타버스가 인류에게 어떤 영향을 미칠지, 얼마나 큰 가치를 지녔는지, 메타버스가 가져올 변화는 무엇인지 하나씩 천천히 살펴보겠습니다.

METAVERSE

PART 2

새로운 문명,
메타버스

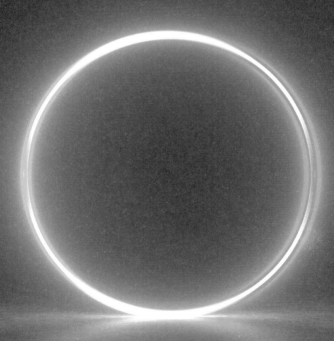

스마트폰이 혁명이라면, 메타버스는 새로운 문명이다

"오늘, 애플은 전화기를 재발명하려 합니다.(Today, Apple is going to reinvent the phone.)"

2007년, 스티브 잡스의 이 한마디로 스마트폰의 시대가 열렸습니다. 당시 시장의 반응은 폭발적이었습니다. 사람들은 과거 인터넷이 세상에 등장했을 때보다 더 맹렬하게 스마트폰에 열광했습니다. 이내 사람들은 스마트폰의 등장이 세상을 바꿀 두 번째 IT 빅뱅이라며 찬사를 보내곤 했죠. 이후 애플의 인기는 하늘을 찔렀습니다. 전 세계에 충성 고객을 거느리고 결국 전 세계 최초로 시가총액이 2조 달러(약 2,400조 원)를 넘는 기업이 됐습니다.

과연 애플이 처음부터 이렇게 대단한 기업이었을까요? 애플은 1970년대 처음 세워진 기업입니다. 스티브 잡스와 친구들이 차고에서 컴퓨터를 개발하던 것이 애플의 시작이었습니다. 초창기에는 애플(Apple) 시리즈 컴퓨터와 매킨토시(Macintosh) 컴퓨터를 만들어 시장의 패권을 잡았으나, 이내 빌 게이츠가 이끄는 마이크로소프트에 뒷덜미를 잡혔습니다. 애플은 재기를 꿈꾸며 다양한 컴퓨터 운영 소프트웨어와 하드웨어를 내놓았으나, 마이크로소프트의 편의성에 밀려 기약 없는 내리막길을 걸었습니다. 심지어 차세대 운영체제 개발 실패로 인해 부도 직전까지 몰린 적도 있습니다.

그랬던 애플이 2007년 아이폰(iPhone)을 발표하며 화려하게 부활했습니다. 이어 계속해서 아이폰 시리즈를 세상에 내놓으며 스마트폰 시대의 선두를 달렸습니다. 뒤이어 삼성, 마이크로소프트 등 다양한 글로벌 기업들이 시장에 들어왔지만, 몇몇 기업을 제외하고는 이슬처럼 사라졌습니다. 이후 10년이 넘는 시간이 흘렀습니다. 그 당시 애플을 이끌었던 스티브 잡스는 고인이 됐지만, 애플은 여전히 전 세계 시가총액 1위 자리를 놓치지 않고 있습니다.

스마트폰의 시대가 오면서 기존의 산업지형에도 큰 변화가 있었습니다. 예전에는 석유와 관련된 기업들이 시장을 주름잡았으나 이제는 그 영광도 옛말이 되어 가고 있습니다. 이렇게 기존 사업이 주

춤하는 사이 엄청난 기세로 회사를 키워온 기업들이 있습니다. 바로 'MAGA'와 'FAANG'입니다.

먼저 MAGA는 마이크로소프트, 애플, 구글, 아마존을 일컫는 말로 미국의 IT 산업을 선도하는 대기업들을 칭하는 단어입니다. FAANG은 MAGA에서 마이크로소프트를 제외하고 페이스북과 넷플릭스가 포함된 IT 기업들을 부르는 단어입니다. 사람에 따라 이들을 부르는 용어는 다양하고 최고로 꼽는 기업도 다르지만, 이들이 스마트폰 시대를 주도했다는 사실에는 모두 이견이 없습니다.

애플을 시작으로 그들은 스마트폰의 보급과 직·간접적으로 연결된 사업으로 회사를 키워갔습니다. 마이크로소프트의 클라우드 서버, 페이스북의 소셜미디어, 아마존닷컴의 구독형 유통서비스, 구글의 유튜브 모두 스마트폰을 사용한 비즈니스모델을 차용하고 있습니다.

단순히 기업만 커진 것이 아니라 이 기업들에 투자한 사람들도 상당한 부를 구축했습니다. 어떤 사람은 과거에 이들 기업에 투자하지 못했다고 아쉬워합니다. 하지만 기회는 아직 있습니다. 스마트폰이 혁명이라면 메타버스는 새로운 문명의 시작입니다. 스마트폰이 가져온 변화보다 더 많이 산업지형의 변화가 일어날 겁니다. 여러분은 10년 뒤에도 '그때 알아봤어야 하는 데…'라며 후회만 하고 계실 건가요?

심지어 앞서 언급한 미국 IT를 주도하는 기업들도 다음 산업으로 메타버스를 꼽고 있습니다. 뒤에서 자세하게 다루겠지만 우선 간단히 이들이 진행 중인 메타버스 관련 사업들을 살펴보겠습니다. 우선 마이크로소프트와 아마존닷컴에 관해 이야기하면, 그들의 주력 비즈니스 모델인 클라우드 서버 서비스가 메타버스와 연관되어 있습니다. 막대한 디지털 트래픽이 요구되는 메타버스에서 안정적인 서버는 필수니까요. 다음으로 페이스북은 라이프로깅 메타버스의 대표적인 사례이기도 하면서, 현재 '오큘러스 퀘스트'라는 VR 기기에 심혈을 기울이고 있습니

구글 글래스(Google Glass)

구글이 2012년 말에 완성 예정이라고 발표했던 웨어러블 AR 기기다. 2012년 처음으로 유튜브와 기술 발표회 등에서 시연하면서 세간의 반응을 얻었다.

하지만 출시된 구글 글래스는 일상 속 개인 정보 침해, 보안 취약, 발열 등 많은 문제가 발생해서 소비자들의 외면을 받았다. 결국, 초창기 구글 글래스는 실패로 돌아갔다.

게다가 지금은 마이크로소프트의 홀로렌즈나 아마존의 아마존 AR 글래스가 구글이 지지부진하던 기간에 치고 나와 시장을 장악하고 있다. 향후 일반 사용자용 구글 글래스가 언제 출시될지는 더욱 미지수다.

다. 애플 역시 자사의 VR 기기 개발에 열중하며, 2020년 5월에는 가상현실 기술기업 중 콘텐츠 규모가 가장 큰 '넥스트VR'을 인수하기도 했습니다. 구글은 '구글 글래스'라는 AR 안경을 출시하며 메타버

스 시장에서 앞서나가고자 했으나 참패를 당하기도 했습니다.

넷플릭스는 앞서 언급한 기업들과는 조금 다른 의미로 메타버스를 주목하고 있습니다. 넷플릭스는 기존 콘텐츠 업계의 최강자입니다. 2021년 전 세계 넷플릭스 가입자가 2억 명을 넘었다고 합니다. OTT 시장의 신흥 강자 '디즈니+'가 누적 가입자 1억 명을 넘겼지만, 아직도 넷플릭스는 세계 1위 자리를 견고하게 지키고 있습니다. 넷플릭스의 사업 부문은 콘텐츠가 주를 이루고 있습니다. 그 말은 곧 넷플릭스의 클라이언트가 B2B(Business to Business)가 아니라 B2C(Business to Customer) 영역에 존재한다는 말입니다. 그것도 소비자가 삶을 영위하기 위해 반드시 필요한 부문이 아니라 '여가 시간'을 보내는 용도로 사용됩니다. 그래서 넷플릭스가 걱정하는 도전자는 단순히 같은 OTT 시장에 있는 경쟁업체만이 아니라 사람들이 여가 시간을 보내는 모든 플랫폼이 경쟁 상대이자 도전자가 됩니다. 메타버스 시대가 오면 사람들은 남는 시간을 어디에 사용할까요? 대답은 보나 마나 뻔할 겁니다. 바로 메타버스 세계에서 시간을 보낼 가능성이 큽니다. 메타버스는 콘텐츠의 바다라고 불러도 허황한 말이 아니기 때문이죠.

이렇게 보면 메타버스는 넷플릭스의 직접적인 경쟁자인 셈이죠. 그렇다고 넷플릭스가 손 놓고 메타버스를 바라만 보지는 않으리라 생각합니다. 우리는 지금까지 넷플릭스가 벌여온 사업 방식을 다시 한번 상기할 필요가 있습니다. 넷플릭스는 지금까지 전 세계에서 재

있어 보이는 영상 콘텐츠는 모조리 사들였습니다. 누가 만들었건 어떻게 만들었건 넷플릭스는 재미만 있다면 자신의 플랫폼에 녹여냈습니다. 이 운영의 문법이 메타버스에도 적용될 가능성이 큽니다. 다양한 방식을 사용해서 메타버스 세계를 넷플릭스 플랫폼에 녹여낼 가능성이 큽니다.

그러기 위해서는 한 가지 조건이 전제되어야 합니다. 기존의 넷플릭스 운영방식은 일방적인 방향성을 띠고 있었습니다. 바꿔 말해서 소비자는 그저 넷플릭스가 제공하는 콘텐츠를 소비만 할 뿐이죠. 하지만 메타버스 세계관은 기본적으로 소비자에게 창작자의 영역까지도 제공해줘야 합니다. 아마 넷플릭스도 점차 그런 방향으로 변할 가능성이 크다고 판단합니다.

이렇게 상위 1%의 글로벌 기업들은 앞다퉈 메타버스 세계를 주도하려는 움직임을 보이는 중입니다. 엄청난 정보량과 기술력을 가진 그들이 그저 메타버스가 재밌어 보여서 프로젝트를 진행하고 있을까요? 저는 절대 아니라고 생각합니다. 만약 여러분이 과거 스마트폰 혁명 때 이 기업들을 알아보지 못해 아쉬움을 삼켰다면 지금부터라도 메타버스를 주목하시길 바랍니다. 이제 세상은 메타버스로 인해 큰 지각변동을 보일 겁니다. 지금부터 몇 가지 사례들을 살펴보며 메타버스가 가져올 변화를 자세히 알아보겠습니다.

디지털 휴먼과의 공존

법칙 1. 로봇은 인간을 다치게 해선 안 되며, 인간이 다치도록 방관해서도 안 된다.

법칙 2. 법칙 1에 위배되지 않는 한, 로봇은 인간의 명령에 복종해야만 한다.

법칙 3. 법칙 1, 2에 위배되지 않는 한, 로봇은 스스로를 보호해야 한다.

여러분은 이 법칙을 본 적이 있나요? 위의 세 법칙은 2004년 개봉한 <아이, 로봇>의 도입부에 나오는 '로봇 3원칙'입니다. 영화 <아이, 로봇>은 할리우드의 흥행 보증 수표 윌 스미스(Will Smith)가 출현해서 큰 인기를 끌었습니다. 국내에서도 많은 관객을 동원했고, 현재도 다양한 케이블 TV에 방영되고 있습니다.

영화에서는 AI와 인간의 갈등을 주제로 이야기가 진행됩니다. 경찰관이던 윌 스미스가 어느 날 로봇의 아버지라 불리던 인물의 죽음을 조사하러 가는 장면으로 영화는 시작합니다. 사건을 조사하던 중 앞서 설명한 로봇 3원칙에 구애받지 않는 로봇들이 윌 스미스를 공격하면서 긴장감이 고조되죠. 영화 속에는 인류와 공존하는 로봇들도 등장하고 그렇지 않은 로봇들도 모습을 보입니다. 사실 <아이, 로봇>에서 다룬 주제는 과거부터 사람들의 관심을 끌어모으던 주제입니다. 과연 인류의 시대가 끝나고 AI의 시대가 도래할지에 대해 사람들은 흥미로움과 두려움을 같이 느끼곤 하죠. 앞에 언급한 영화 <매트릭스>에서도 비슷한 화제를 다룹니다. 다양한 매체에서 주제로 삼은 것은 그만큼 사람들의 관심도가 높다는 방증이라 할 수 있습니다.

물론 아직은 AI가 사람을 지배할 수 있느냐는 질문에 명확한 답을 내리기 어렵습니다. 하지만 확실한 사실은 AI가 발전함에 따라 우리의 삶의 방식이 크게 변화하리란 겁니다. 실제로 몇 년 전 인간과 AI가 세기의 대결을 펼치며 이 구도는 더욱 주목받기 시작했습니다. 구글의 AI '알파고'와 바둑 기사 이세돌의 대결은 항간에 큰 관심을 불러일으켰습니다. 알파고가 4승 1패로 승리했지만, 4번째 대전

알파고와 이세돌의 세기의 바둑 대결

2016년 펼쳐진 구글의 AI 알파고와 바둑 기사 이세돌의 바둑 대국이다. 인간계 최강자에게 도전하는 AI라는 개념으로 정식 명칭은 '구글 딥마인드 챌린지 매치'.

구글의 속내는 대국에서 알파고가 이기든 지든 상관없었다. 10년간 세계를 제패했던 이세돌 기사와 대국을 둘 정도로 자신들의 AI가 발전했다는 사실을 전세계에 알리는 것이 목표였다. 이후 AI를 대표하는 단어 중 하나로 알파고가 쓰이는 것을 보면 성공한 프로모션으로 여겨진다.

대국의 결과는 4대 1로 알파고가 이겼다. 아직까지도 회자되는 제4국은 이세돌의 '신의 한 수'라고 불리는 78수를 둔 이후 알파고에 오류가 발생하며 이해할 수 없는 수를 두다가 알파고가 패배했다.

에서 이세돌 기사가 기가 막힌 한 수로 알파고를 잡아내기도 했습니다. 사람들은 AI와 인간의 바둑대결을 시작으로 AI에 대해 더 많은 관심을 보이기 시작했습니다.

왜 갑자기 AI에 관한 이야기를 하는지 의문을 표하는 사람이 있을 듯도 합니다. 사실 메타버스와 AI는 서로 뗄 수 없는 밀접한 관계입니다. 그것을 알기 위해서는 우리는 먼저 AI가 무엇인지에 대해 알아야 합니다. 인류가 꿈꾸던 AI의 원형은 공상과학에서 시작했습니다. 흔히 공상과학 영화에서 볼 수 있는 겉모습이 사람과 같고 사람처럼 움직이며 사람과 비슷하게 생각하고 말하는 존재. 이것이 바로 오랜 시간 인류가 생각하는 AI의 의미입니다.

작곡가, 소설가, 미술가 등 기존 인간의 고유 영역이라 불리는 창작의 영역에서는 AI가 힘을 쓰지 못할 거라 생각하면서 말이죠. 하지만 이런 생각은 AI를 너무 얕본 거죠.

이미 2019년부터 미국에서는 AI가 작곡한 음원이 판매되고 있습니다. 국내에서도 '이봄(EvoM)'이라는 이름의 AI 작곡가가 곡을 내고 있다고 합니다. 실제로 AI 작곡가의 곡으로 데뷔한 가수들도 있습니다. 심지어 AI는 노래도 따라 부른다고 합니다. 과거 한 채널에서 방영한 <AI vs 인간>에서는 고 김광석 가수의 목소리로 김범수의 '보고 싶다'를 모창하는 AI가 나와 화제를 끌었습니다. 황당한 것은 '보고 싶다'라는 노래는 2002년에 나온 노래고, 김광석이 타계한 연도는 1996년이란 사실입니다. 생전에 들을 수 없었던 노래를 고인의 목소리로 똑같이 재현한 것입니다. 이에 AI 제작자는 자신들이 훈련하지 않아도 딥러닝 기술을 통해 AI가 가수의 버릇부터 바이브레이션까지 모두 따라 할 수 있다고 말한 바 있습니다.

그렇다면 글을 쓰는 작가는 어떨까요? 2016년 일본에서 진행한 소설 공모전에서 AI가 쓴 소설이 예선을 통과한 사례가 있습니다. 최근 KT와 한국콘텐츠진흥원에서 개최한 AI 소설 공모전에 입상한 작품들도 보면 AI가 썼다고는 믿지 못할 만큼 유려한 문장 흐름을 느낄 수 있습니다.

물론 아직은 AI 혼자서는 완벽한 소설을 쓸 수는 없다고 합니다. 작가가 표현하고자 하는 문제의식이나 철학 같은 내용을 담는 것은

AI에게는 아직 어려운 영역이라고 합니다. 그리고 빅데이터를 통해 사람들이 주로 사용하는 문장을 사용하다보니 사람들이 자주 실수하는 오타를 그대로 따라 적는 경우도 많다고 합니다. 아직은 완벽히 사람을 대체할 수 없는 모양입니다. 하지만 지금의 발전 속도라면 머지않아 독자들이 AI가 쓴 책과 사람이 쓴 책 중에 골라서 읽는 시대가 올지도 모릅니다.

이렇게 다양한 분야에서 점점 인력을 AI로 교체하는 시도가 계속되고 있습니다. 하지만 지금부터 너무 걱정할 필요는 없습니다. 다시 미래학자 토머스 프레이의 발언으로 돌아가면, 2030년 즈음 많은 직업이 사라지지만 다른 다양한 직업들이 새롭게 등장할 것이라 말했습니다. 그는 과거 19세기 미국의 상황을 예로 들어 미래를 설명했습니다. 내용을 들여다보면 19세기에는 미국 인구의 70%가 농업에 종사했지만, 지금은 미국 인구의 불과 2%만이 농업에 종사합니다. 하지만 식량 생산량은 과거와 비교할 수 없을 만큼 증가했습니다. 바꿔 말하면 AI나 기계를 사용해서 효율이 향상되면 적은 수의 사람으로 더 많은 일을 하게 되고 그만큼 사람들은 다른 일에 시간을 투자할 수 있다는 말입니다. 그러면서 직업에 대한 정의 자체가 바뀔 가능성도 언급했습니다. 예를 들어 회계와 관련된 업종은 4차 산업혁명 이후에 사라질 직업으로 손꼽히지만 완전히 없어지는 것이 아니라, 사용하는 도구와 방식이 달라질 것이라고 말했습니다.

또 다른 연구 결과도 있습니다. 오스트리아에서 진행된 한 연구에 따르면 다양한 산업들이 자동화와 디지털 변환을 수행하는 과정에서, 사라지는 일자리보다 새로 생기는 일자리 수가 더 많을 거라고 합니다. 예상되는 새로운 일자리는 약 39만 개인 반면, 사라지는 일자리는 약 7만5천 개로 5배가량 차이가 난다고 발표했습니다. 단 연구 결과의 전제조건은 디지털화가 많이 진행되는 산업에만 해당한다고 밝혔습니다. 디지털 변환이 적게 일어나는 산업의 경우 오히려 사라지는 일자리가 더 많다고 합니다.

연구 결과를 산술적으로만 보면 4차 산업혁명 덕분에 새로 생기는 일자리가 더 많은 것처럼 느껴지기도 합니다. 하지만 여기서 우리가 한 가지 고민해봐야 할 사실이 있습니다. 우리는 새로 창출되는 일자리의 '질적 측면'을 고려하지 않을 수 없습니다. 우리의 삶에서 '일'이 갖는 부분은 절대 작지 않습니다. 단순히 내가 일자리를 갖고 있다고 행복한 것이 아니죠. 지난 수십 년간 임금 격차로 인한 사회적 양극화는 매년 빼놓지 않고 나오는 이슈기도 합니다. 과연 AI의 발전이 우리 사회의 양극화를 해결해줄 히어로일지, 아니면 차이를 더 벌리는 빌런이 될지는 아직 지켜봐야 할 이슈라고 생각합니다.

지금까지는 AI의 발전이 가져올 실제 세상의 변화에 대해 알아봤습니다. AI의 발전은 메타버스 내부에서도 근로자에게 큰 변화를 가져올 겁니다. 일단 AI가 발전하면서 메타버스 내부의 세상은 점점 실제 사회와 비슷한 실재감을 느끼게 해줄 겁니다. 이에 따라 메타버스 내부에서 근무하는 사람들이 점점 늘어날 겁니다. 간단히 그 변화를 살펴보면, 메타버스 내부에서 일하는 사람들은 직급에 상관없이 개인 비서처럼 자신을 도와줄 AI와 함께 일할 겁니다. 특히 기존에 사람이 직접 만들어야 했던 수식들과 수치 계산을 훨씬 더 빠르고 쉽게 처리할 수 있게끔 AI가 대신해줄 가능성이 큽니다.

앞서 언급한 변화들은 AI의 발전을 근로자의 관점에서 바라본 이야깁니다. 하지만 세상에는 근로자만 존재하는 게 아닙니다. 흔히 우리는 근로자의 반대편에 기업이나 경영자를 놓습니다. 그렇다면 기업이나 경영자에게 AI 발전은 어떤 의미가 있을까요?

우선 간단히 생각할 수 있는 변화는 생산 효율성 증대입니다. 기업은 자동화를 통해 제품의 품질을 균일하게 제작할 수 있고, 이에 따른 비용도 감소시킬 수 있습니다. 그 말은 곧 지금까지 제작하던 제품과 똑같은 품질의 제품을 더 싼 값에 제작할 수 있다는 말과도 같습니다. 심지어 더 좋은 품질의 제품을 더 싼 가격에 생산할지도 모르죠. 이 사실은 과거만 살펴봐도 충분히 알 수 있습니다. 인류는 18세기 산업혁명을 통해 생산 효율성을 급격하게 끌어올린 경험이 있습니다. 이는 인터넷과 신에너지로 대표되는 3차 산업혁명 시기에도 마찬가지였습니다. 오히려 2차 산업혁명 때(20세기 전후)보다 인류의 발전이 훨씬 가팔랐고 많이 변했습니다. 과연 지금 우리 눈앞에

닥친 4차 산업혁명은 어떨까요? 그 중심에 있는 메타버스와 AI는 기업의 패러다임을 바꿀 겁니다.

특히 제조업 관련 기업들은 비용이라는 측면에서 혜택을 볼 가능성이 큽니다. 앞서 사라지리라 예상되는 직업들의 면면을 보면 제조업 관련 업종들이 많습니다. 과연 그 말이 앞으로 올 메타버스 세계에서 제조업이 더는 필요치 않다는 말일까요? 절대 아닙니다. 기존 제조업에 종사하는 많은 사람이 로봇으로 대체된다는 말이 더 신빙성 있다고 생각합니다.

메타버스 세계에서 제조업 기업들은 제품을 만들면서 발생하는 불확실성을 줄일 수 있습니다. 쉽게 말해서 사람의 실수로 발생하는 사고를 줄일 수 있다는 말과도 같습니다. 로봇이 완벽하다는 것은 아니지만 일정한 속도로 규칙적인 로직을 가지고 행동하므로 사고나 실수가 발생하는 빈도는 확실히 줄어들 테니 말이죠. 이는 제조업 회사들에게 엄청난 어드밴티지입니다. 지금도 삼성전자 같은 제조업 대기업의 공장의 경우, 사람의 실수로 인해 공장 가동이 1시간 멈추면 수억 원의 피해가 발생한다고 합니다. 이런 가동이 멈추는 빈도만 줄여도 연간 아낄 수 있는 금액이 어마어마할 겁니다.

이렇게 제품을 만드는 기업들도 큰 이익을 보지만, 진짜 새로운 국면을 맞이하는 기업들은 따로 있습니다. 바로 콘텐츠 관련 기업들이죠. 메타버스는 단순히 가상의 세계를 만드는 기술로만 구현할 수 있는 세계가 아닙니다. 그 안에 다양한 문화와 새로운 사회 그리고 즐길 거리가 존재해야 합니다. 오히려 지금은 기술적인 진보보다 콘텐츠의 발전이 느리다는 생각이 들 때도 있습니다. 하나의 예를 들면 지금까지 나온 VR 게임을 보면 단순히 한 사람이 좀비를 때려잡고, 롤러코스터를 타는 식의 단순한 콘텐츠만이 등장하고 있습니다.

왜 그럴까요? 이유는 단순히 VR의 기술적 특성만을 생각했기 때문입니다. VR의 가장 큰 특징은 실재감입니다. 실제 현실에서 느끼는 감각과 비슷한 느낌을 받게 해줍니다. 그래서 현재 개발사들은 '아, 사람들에게 롤러코스터를 타는 감각을 느끼게 해주면 좋을 거야.'라고 단순히 생각하며 메타버스 콘텐츠에 접근한 셈이죠. 하지만 메타버스 세계는 더 복잡하고, 이용자들 간 소통이 중요합니다. 단순히 이용자 숫자만 봐도 겉만 화려한 VR 게임 콘텐츠보다 사람들과 소통하는 것이 전부인 'VR CHAT' 같은 콘텐츠가 더 사랑받는 것을 알 수 있습니다.

이렇듯 앞으로 메타버스 세계관이 대중화될수록 사람들은 신선하고 다양한 콘텐츠에 눈길을 돌릴 겁니다. 당연히 콘텐츠와 관련한 기업들에게는 새로운 기회입니다. 하지만 앞서 언급한 대로 단순히 기술적인 부분만을 염두에 두고 접근하면 큰 낭패를 볼 가능성도 커 보입니다. 메타버스 세계에선 이용자들에게 색다른 경험을 선사하고, 그 안에서 하나의 사회를 만들 수 있는 콘텐츠 기업만이 새로운 콘텐츠 방정식을 세울 수 있을 겁니다.

메타버스 내부의 변화도 기업가의 입장에서 보면 두 팔 벌려 환영할 겁니다. 근로자와 마찬가지로 AI가 발전하면서 기업은 더 이상 공간의 제약을 받지 않을 겁니다. 비싼 임대료를 주고 사무실을 임대할 필요 없이 메타버스 내부의 가상 공간에서 업무를 진행할 겁니다. 게다가 각종 미팅, 회의 등에 소모되는 이동 비용도 메타버스 세계에서는 필요 없습니다. 메타버스 세계관 안에서 그저 버튼 하나만 누르면 회의 장소에 도착하고, 버튼 하나만 누르면 거래처 회사에 가는 시대가 올 겁니다. 즉 기본적으로 사업을 영위하는 데 드는 비용이 줄어들 가능성이 큽니다. 이런 요소는 모두 기업의 효율성 증대로 이어집니다.

그렇다면 소비자의 시선으로 디지털 지구를 바라보면 어떻게 보일까요? 우선 실제 세계의 삶 자체가 크게 변할 겁니다. 기업이 제품을 만드는 데 드는 비용이 감소하는 만큼 기존 제품들이 소비자에게 싼 가격으로 제공될 가능성이 큽니다. 경제 논리로 볼 때, 다수의 경쟁자가 존재하는 시장에서 기술 수준이 비슷할 경우 가격 경쟁에 들어가는 것은 당연한 순서입니다. 따라서 기업들은 자동화를 통해 아낀 비용 일부를 소비자 혜택으로 돌릴 수밖에 없을 겁니다. 당연히 제품과 서비스의 가격 하락으로 이어질 겁니다. 소비자는 양질의 서비스를 저렴한 가격에 누릴 수 있는 셈이죠.

하지만 세상에는 빛이 있으면 어둠도 존재하는 법이죠. AI의 발전이 항상 소비자에게 긍정적인 측면만 불러오지는 않을 겁니다. 앞으로 AI는 마케팅, 유통 등 소비자의 정보가 필요한 부분에서도 급속도로 발전할 가능성이 큽니다. 그러다 보면 필연적으로 AI가 라이프로깅 메타버스를 통해 개인 정보를 수집하기 마련이죠. 지금도 SNS를 통한 자동 추천 같은 AI 기능에 대해서 논란이 많습니다. 어디까지가 소비자를 위한 정보 수집이고, 어디까지가 개인의 프라이버시를 침해하는 영역인지 구분이 명확하지 않기 때문이죠.

이런 경향은 AI가 발전하면서 점점 더 심해질 겁니다. 같은 맥락으로 개인의 주관적인 선택보다 AI의 가이드에 따라 개인의 선택에 영향을 받는 영역이 커지는 만큼 인간이 주도적으로 자신의 삶을 살아가는 힘은 약해질 가능성도 충분하죠. 이런 문제점은 국가 기관과 민간, 기업 사이에 끊임없는 대화를 통해 그 적정선을 충분한 시간을 가지고 설정해야 하는 문제라고 생각합니다.

그렇지만 AI의 발전은 소비자가 메타버스에서 살아가는 시간을 더 늘릴 가능성이 매우 큽니다. 단순히 양적으로만 봐도 메타버스가 발전하면서 새로운 콘텐츠가 우후죽순으로 생겨날 것이고, 그 콘텐츠들은 이전과는 다른 새로운 세계로 소비자를 데려다줄 겁니다. 아마 현실을 잊어버린 채 메타버스 세계관에서만 사는 사람들도 지금보다 더 많아질 겁니다. 게다가 요즘처럼 현실에서 사람을 사귀기 어려워하는 사람이 많은 사회에서 AI는 소통에 대한 갈증을 해소해줄 겁니다. 메타버스 속 AI가 친구 역할을 맡고 어쩌면 연인처럼 사람들을 감싸주는 사회가 될지도 모르죠.

AI와의 소통은 교육적인 측면에서도 이점이 큽니다. 현실에서 무언가 배우는 데는 상당한 힘이 들기 마련입니다. 교육에 대한 비용도 치러야 하고, 교육자와의 시간도 맞춰야 하는 등 많은 제약이 따르기 때문이죠. 하지만 메타버스를 통한 교육은 기존 교육에 대한 패러다임을 180도 바꿀 겁니다. 우선 내가 원하는 시간 동안 충분히 질문하고 사고하며 무언가를 배울 수 있습니다. 그것도 내가 선호하는 외형과 목소리를 들으며 말이죠. 예를 들어 중국어를 배우는데 내가 좋아하는 연예인의 모습, 목소리로 나에게 중국어를 가르쳐준다면 어떨까요? 모르긴 몰라도 지식을 습득하는 시간이 이전보다 즐거워지고 이에 따른 교육 효율도 극대화될 가능성이 농후합니다.

물론 AI와의 소통이 증가하면서 사람 사이의 교류가 적어지고 단절이 가속화될 것을 경계해야 한단 우려의 목소리도 있습니다. 이는 확실히 문제점이 될 수 있습니다. 사실 지금도 소통의 부재는 당장 현대 사회 어디를 가도 볼 수 있습니다. 스마트폰이 등장하면서 사람들은 말을 통한 소통보단 스마트폰을 통한 소통을 선호하기 시작했습니다. 메타버스 시대에는 이보다 더하면 더하지 덜하지는 않겠죠. 어쩔 수 없는 시대의 흐름이라 넘겨버리기엔 사람에게 소통이란 너무나도 중요한 만큼, 사회적인 움직임을 통해 고민하고 앞으로 해결해야 할 문제입니다.

이렇게 우리는 메타버스 세계에서 디지털 휴먼, AI와의 공존을 근로자, 경영자, 소비자 세 가지 입장에서 살펴봤습니다. 변화를 더 자세하게 나누면 메타버스 안에서의 변화와 현실 세계에 미치는 영향으로 구분할 수 있겠죠. 이런 변화들을 서로 다르게 받아들이는 부분도 있고, 공감하는 부분도 있을 겁니다.

중요한 사실은 우리는 어느 한 가지 입장에 서서 다른 쪽을 비난해서는 안 된다는 것이죠. 현대 사회는 점점 역할 간 경계가 허물어지고 있습니다. 오늘의 내가 경영자라고 내일의 내가 경영자일 거라는 보장은 없고, 반대도 마찬가지입니다. 그리고 경영자이면서 근로자고 또 소비자가 될 수도 있습니다.

살아가는 장소도 마찬가지입니다. 메타버스에서 주로 산다고 해서 사이버 망령처럼 취급하는 시선은 어찌 보면 구시대적인 발상이라고 생각합니다. 그렇다고 현실의 가치를 구닥다리라고 생각하며 메타버스가 무조건 옳다고 생각해서도 안 되죠. 무엇이든 한쪽으로 치우친 생각은 큰 갈등을 일으키기 마련입니다. 그래서 가장 중요한 맥락은 조화입니다. 메타버스의 발전이 어느 한쪽으로 치우쳐 사회적 양극화 현상을 부추기는 도구가 돼서는 안 됩니다. 메타버스를 통해 발전하는 AI가 어느 한쪽 집단이 아닌 근로자, 경영자, 소비자

심지어 살아가는 세상까지도 모두에게 더 나은 경제, 사회적 환경을 제공할 수 있도록, 서로 깊게 협의하고 조금씩 양보하며 조화로운 합의점을 찾아야 합니다.

메타버스,
전체 연령 관람가

여러분은 '리테일 아포칼립스(Retail Apocalypse)'라는 말을 들어본 적이 있나요? 단어의 정확한 뜻을 몰라도 일단 '세기의 종말'이라는 의미를 담고 있는 아포칼립스라는 단어가 쓰였으니 좋은 뜻은 아닐 거라 짐작할 수 있습니다. 아포칼립스란 단어는 원래 성경에서 '덮개를 걷다'라는 뜻으로 '감추어진 미래의 비밀을 보여준다'라는 의미를 지니고 있습니다. 한국에서는 묵시(黙示)라는 단어로 더 잘 알려져 있죠. 이 단어가 사용된 요한 묵시록 속 종말의 이미지와 맞물려 대중들에게는 '세계의 끝, 대재앙'과 같은 의미로 사용되고 있습니다. 대재앙이라니 일단 단어의 느낌부터 무시무시합니다.

다시 돌아와서, 리테일 아포칼립스는 최근 시장에서 소비패턴이 변화한 것을 의미하는 말로, 소매를 의미하는 리테일과 종말을 뜻하는 아포칼립스의 합성어로 오프라인 소매시장의 종말을 의미합니다. 이 현상은 기존에 전통시장이나 소규모 물류를 대변하는 슈퍼마켓 같은 오프라인 시장이 저무는 것을 말합니다. 사실 오프라인 소비가 감소하고 온라인 소비가 늘어나는 것은 많은 경제학자가 이전부터 예견하던 경제적 흐름입니다. 오프라인 소비에 들어가는 유통 과정보다 온라인의 과정이 더 간소하고 이에 따른 비용적 이득이 온라인 쇼핑이 우월하기 때문입니다. 게다가 편리성 측면에서는 말할 것도 없죠. 우선 집에서 나가지 않은 채 물건을 산다는 것만 해도 비교 자체가 불가능합니다.

하지만 지금까지는 종말이라는 단어를 쓸 정도로 오프라인 소비가 불황이었던 것은 아니었습니다. 오프라인 매장만의 여러 가지 강점도 있기 때문이죠. 예를 들면 단순히 물건을 구매하는 소비 행위를 넘어 사람들과의 교감 등을 강점으로 꼽을 수 있습니다. 그렇다면 왜 갑자기 아포칼립스라는 무시무시한 단어까지 써가며 소비패턴의 변화를 설명할까요? 답은 전 세계 사람 누구에게 물어도 비슷할 겁니다. 바로 '코로나19 바이러스'로 인한 언택트 경제 활성화 때문입니다.

2020년 시작된 코로나19는 사람들의 생활 전반을 바꿨습니다. 우선 가장 큰 변화는 전염병 확산을 막기 위해 시작한 사람들 간의 비대면 경향입니다. 단순히 국가적 권유와 특별법이 아니더라도 사람들은 자신과 가족의 건강을 지키기 위해 타인과의 접촉을 최대한 피했습니다. 자연스레 기존 오프라인 시장을 이용하던 고객들은 접촉을 피하고자 온라인 쇼핑을 이용하기 시작했습니다.

중요한 점은 이 시기에 온라인 쇼핑으로 넘어간 고객층입니다. 사실 20~30대는 코로나 이전에도 오프라인 시장을 이용하기보다 온라인 시장을 애용했습니다. 하지만 40~50대 사람들은 코로나19 이전에는 주로 오프라인 시장을 이용했죠. 단순히 스마트폰을 비롯한 온라인 기기 사용 능력이 떨어져서가 아니라, 인식의 문제가 컸습니다. 기존에 중년층은 물건을 오프라인에서 구매하는 것이 신뢰성이 높다고 판단했었습니다. 특히 신선식품 같은 경우 온라인보다 오프라인에서 구매하는 것이 품질이 보장된다고 생각했습니다. 하지만 코로나19로 인해 그들의 생각이 변하기 시작했습니다. 오프라인 시장 구매에 제약이 생기면서 이용하게 된 온라인 매장이 생각하던 것보다 품질이 좋았습니다. 그때부터 오프라인 시장의 상황은 180도 변하기 시작했습니다. 40~50대 중년층이 더 이상 오프라인 매장을 찾지 않으면서 오프라인 시장은 자신들이 생각했던 것보다 더 큰 위기를 겪게 됐습니다. 시장조사업체인 컨슈머인사이트에 따르면 2020년 11월 기준 국내 소비자의 지출 비중에서 온라인은 62.2%를 차지한 것에 비해 오프라인 지출은 37.8%에 불과하다고 합니다.

설상가상으로 40~50대는 전체 연령대 중 가장 소비가 많은 연령대입니다. 청년층보다 평균 수입 자체가 높은 만큼 지출도 많습니다. 주 소비층의 이탈로 오프라인 매장은 서서히 문을 닫고 있습니다. 롯데쇼핑, 이마트, 홈플러스 등 기존 오프라인 유통계의 큰손들도 코로나19라는 거센 파도에는 버티지 못했습니다. 3사 중 창고형 매장으로 탈바꿈하고 있는 이마트를 제외하면 다른 유통사들은 영업 이익이 감소하고 점포를 폐쇄하고 있습니다.

중년층의 인터넷을 통한 소비가 증가하면서 중년층 사람들도 메타버스 세계로 발을 들이고 있습니다. 최근 인터넷에서 유행처럼 번져나가는 말 중에 '린저씨'라는 말이 있습니다. 게임 '리니지'와 '아저씨'라는 단어가 합성된 말로, 메타버스의 일부인 게임형 가상세계에 막대한 돈을 투자하는 40~50대를 일컫는 말입니다. 린저씨라는 단어의 이면의 뜻은 '게임에 막대한 금액을 들이는 자금이 풍족한 중년층'입니다. 이처럼 요즘에는 중년층도 메타버스 세계에서의 소비에 익숙해지고 있습니다. 게임에만 국한된 이야기는 아닙니다. 요즘에는 '실버서퍼(Silver Surfer)'라는 신조어도 생겼습니다. 실버서퍼는 50대 이상 장년층을 일컫는 단어 '실버'와 정보의 바다 온라인에서 자유롭게 유영하는 사람들을 의미하는 '서퍼'의 합성어로, 50대 이상 장년층도 온라인 세계가 익숙해졌음을 뜻합니다. 사실 요즘 중년층은 과거와 달리 청년 시기에 온라인 게임을 직접 경험한 세대입니다. 그만큼 메타버스에 대한 거부감이 과거 50대보다 적습니다.

실버서퍼(Silver surfer)

2010년대 중반부터 주요 선진국의 '베이비 부머(baby boomer)' 세대가 고령층으로 들어서면서 경제력이 있고 여가 시간이 충분한 50·60대 중 스마트폰 사용이 능숙한 사람들을 일컫는 신조어.

IT 산업의 새로운 소비층으로 급부상하면서 영향력이 커지고 있다.

리테일 분석 서비스업체인 와이즈앱이 조사한 가장 대중적인 동영상 플랫폼인 유튜브의 세대별 총 사용시간 분포만 봐도 50대 이상이 25.4%로 전체 연령대 중 가장 많은 시간을 유튜브에 할애하고 있다.

이 때문인지 요즘에는 중년층을 위한 온라인 콘텐츠 사업이 활발하게 진행되고 있습니다. 최근 유행처럼 번져가는 트로트 열풍도 맥을 같이 한다고 볼 수 있습니다. 경제력을 갖춘 장년층이 많아질수록 그들의 여가를 위한 산업은 점점 활발해질 겁니다. 소비가 모이는 곳에 비즈니스가 모이는 것은 당연한 수순이죠. 미래 콘텐츠 사업의 중심이라 할 수 있는 메타버스도 장년층을 위한 콘텐츠가 점차 많아질 겁니다. 게다가 메타버스가 장년층에게 기존의 콘텐츠보다 더 적합한 이유는 장년층의 활동성과 관련 있습니다. 아무리 의학이 발전했다 하더라도, 아직은 인간의 노화를 100% 막을 수 없습니다. 노화는 자연스레 활동력 저하를 일으킵니다. 하지만 대부분의 경우 메타버스 콘텐츠를 소비하기 위해서는 큰 활동력이 필요하지 않습니다. 특히 가상세계는 세계관에 들어와 있는 순간만큼은 젊은 시절 모습을 되찾을 수도 있게 만듭니다. 젊은 시절의 나를 다시 그린다. 누구나 한 번쯤 꿈꿀 만한 상황 아닐까요?

이처럼 메타버스는 젊은 연령층만을 위한 게임 산업이 아닙니다. 스마트폰과 인터넷이 그랬던 것처럼 자연스럽게 세대이동이 이뤄질 겁니다. 이 말은 곧 메타버스가 이루는 세계관 자체가 현재 사람들이 생각하는 것보다 방대하다는 말과도 같습니다. 우리는 이를 정확하게 인지하고 새로운 디지털 지구를 맞이해야 합니다.

가상세계에서의
제조업 혁신

"메타버스의 시대가 오고 있다(The Metaverse is coming)."

2020년 엔비디아(NVIDIA)의 개발자 이벤트인 GTC(GPU Technology Conference)에서 창업주 겸 CEO 젠슨 황(Jensen Huang)이 한 말입니다. 젠슨 황 CEO는 왜 자사의 개발자 이벤트에서 뜬금없이 메타버스를 언급했을까요? 이유를 알기 전에 우리는 엔비디아가 어떤 기업인지 알아야 합니다.

연설 중인 엔비디아의 CEO 젠슨 황 (출처 : 엔비디아)

컴퓨터에 관심이 조금이라도 있는 사람은 엔비디아라는 이름을 들어봤을 겁니다. 엔비디아는 컴퓨터에 주로 쓰이는 GPU(Graphics Processing Unit)를 만드는 회사입니다. 우리가 흔히 그래픽카드라고 부르는 부품이 바로 GPU입니다. 사실 1990년대 초기까지만 해도 GPU라는 단어는 세상에 없던 단어입니다. 그때까지만 해도 그래픽카드는 컴퓨터의 중앙처리장치 CPU(Central Processing Unit)의 연산을 그림이나 글자 신호로 변환시키는 변환기 같은 부품으로 인식됐을 뿐입니다. 하지만 3D 엔진이 게임에 사용되고 다양한 분야에서 사용되면서 사람들은 3D 그래픽 연산 장치의 필요성을 느끼기 시작했습니다. 이것이 바로 GPU가 등장한 배경입니다.

엔비디아는 심지어 GPU라는 단어를 처음 만든 회사기도 합니

엔비디아의 지포스 시리즈 (출처 :엔비디아)

다. 1999년부터 '지포스(GeForce)'라는 그래픽 연산 장치 시리즈를 세상에 선보였습니다. 이 지포스 시리즈는 현재까지도 GPU 시장에서 선두를 달리고 있습니다. 우선 엔비디아가 어떤 제품을 취급하는 회사인지 알아봤습니다. 그래도 아직 메타버스와 엔비디아의 상관관계를 눈치채지 못한 사람이 있을 겁니다.

메타버스는 기본적으로 디지털 세상에 새로운 지구를 만드는 일입니다. 우리가 집을 만드는 경우를 예로 들면 가장 먼저 해야 하는 일이 뭘까요? 바로 땅을 고르는 겁니다. 디지털 지구를 만들 때는 가장 먼저 서버를 골라야 하지요. 그다음으로 집을 지을 재료와 도구를 구해야 합니다. 메타버스를 만드는 도구가 바로 GPU입니다. 메타버스 세계에서 현실과 비슷한 실재감을 느끼기 위해서는 시각적 정보가 중요합니다. 흔히 우리가 그래픽이라 부르는 가상 정보를 시각적인 정보로 변환해야 하죠. 이때 쓰이는 연산 장치가 GPU입니다. 당연히 GPU를 취급하는 엔비디아는 메타버스가 발전할수록 자사의 제품이 많이 판매되니, 메타버스가 빠르게 발전하길 바랄 겁니다. 기실 GPU가 등장한 개념도 3D 엔진을 사용한 게임이 발전하면서부터인 만큼 엔비디아와 메타버스는 서로 뗄 수 없는 공생 관계입니다. 게임도 가상세계 메타버스의 일부니까요.

어떤 사람들은 주로 컴퓨터에 사용되는 GPU를 가지고 어떻게 엔비디아가 반도체 시장을 주도하는 기업이 됐는지 의문을 표하기도 합니다. 우선 GPU는 단순히 게임만을 위한 장치가 아닙니다. 3D 모델링 전반에 관여하는 핵심 장치이며, 가상서버를 구축하는 그래픽 연산처리장치이기도 합니다. 흔히들 서버 GPU라 부르는 장치들은 일단 가격부터가 엄청납니다. 칩 하나에 5천만 원이 넘는 경우가 허다합니다.

그리고 단순히 엔비디아는 GPU만 판매하는 기업이 아닙니다. 엔비디아는 자사의 GPU 기술력을 기반으로 인공지능 칩 분야에서 선두를 달리며 설계 반도체 시장을 주도하는 기업으로 자리 잡았습니다. 그간 반도체 시장에서 최강자는 인텔(Intel)이었으나 2020년 처음으로 미국 반도체 시장에 지각변동이 일었습니다. 엔비디아가 인텔을 잡고 미국 반도체 회사 시가총액 1위에 올랐습니다. 그 외에도

CEO 젠슨 황은 GTC 2020에서 클라우드 AI 동영상 스트리밍 플랫폼, 헬스케어 AI 연구용 슈퍼컴퓨터, 새로운 데이터처리장치 등 다른 기업들보다 한발 앞선 기술들을 선보였습니다.

물론 메타버스와 엔비디아의 관계를 GPU만으로 설명하기에는 뭔가 부족한 느낌도 듭니다. 지금의 엔비디아는 단순히 GPU만을 생산하는 업체가 아니기 때문입니다. 엔비디아의 개척 분야를 살펴보면 '옴니버스(Omniverse)'라는 플랫폼이 등장합니다. 2020년 말 엔비디아는 오랜 기간 개발한 옴니버스 플랫폼을 오픈 베타 버전으로 출시했습니다. 옴니버스는 개방형 클라우드 네이티브 플랫폼입니다. 플랫폼 안에 현실과 똑같은 물리 법칙을 적용하고 가상 협업과 포토리얼리즘(극사실주의) 기반의 시뮬레이션 모델을 제공합니다.

엔비디아는 언제 어디서든 혹여나 지구 반대편에 있더라도 옴니버스 플랫폼을 활용해서 협업할 수 있다고 말합니다. 가상세계를 활용한 옴니버스는 기존의 게임처럼 현실과는 다른 법칙을 활용해서 재미를 주는 방식이 아닌 현실에 존재하는 법칙을 그대로 가져와서 가상세계에 도입하는 방식을 사용합니다. 마치 거울 세계 메타버스가 현실의 정보를 활용하는 방법과 비슷하다고도 볼 수 있습니다.

옴니버스를 활용하면 건축, 제조, 제품 디자인, 미디어 등 산업 전반에서 다양한 전문가들이 협업할 수 있습니다. 공간의 제약을 벗어버리고 말이죠. 그 안에서 사람들은 거대한 공장을 미리 짓거나 수백 톤이 넘는 선박을 미리 만들어보는 등 다양한 산업적 시도를 할 수 있습니다. 옴니버스 사용자들은 이런 일련의 과정을 통해 설계과정에서 생길 수 있는 많은 시행착오와 오류들을 줄일 수 있습니다. 물론 지금까지 미리 설계를 진행할 수 있는 프로그램은 있었습니다. 캐드, 프로이 등 다양한 기계 설계 프로그램이 존재했습니다. 하지만 옴니버스처럼 제작 과정부터 실제 모습까지 실물 사이즈 시각정보로 제공하는 설계 플랫폼은 존재하지 않았죠. 더 주목해야 할 점은 옴니버스의 작업 방식에 있습니다. 이전까지는 설계 그래픽 작업을 진행할 때 순서에 맞게 진행해야 했습니다. 이를 시퀀스(Sequence) 방식이라 불렀습니다. 번역하면 배열이라는 뜻으로 하나의 프로세스를 처리하기 위해서 앞의 작업부터 순차적으로 진행하는 방식을 뜻합니다. 예를 들어 우리가 작은 모형 배를 제작한다고 가정했을 때, 기존 시퀀스 방식을 따르면 먼저 가장 밑단에 위치한 선저를 제작하고 그다음 배의 상부인 선체를 올리고 가장 마지막에 돛을 달고 배를 칠하는 형식으로 제작할 겁니다. 시퀀스 방식의 단점은 제작 과정에서 분야별 협업이 힘들다는 것입니다. 누군가 선저를 제작해야지만 이후 작업을 진행할 수 있죠. 색을 칠하는 것도 마찬가집니다. 선체를 제작하는 동시에 색을 입힐 수 없습니다.

하지만 옴니버스 플랫폼은 다릅니다. 옴니버스는 기존 시퀀스 방식이 아닌 시리얼 병렬 방식을 사용합니다. 시리얼 병렬 방식은 순서에 상관없이 부품들을 제작하고 조립하는 방식입니다. 다시 모형배 제작으로 돌아가서 옴니버스의 방식대로 만들어보겠습니다. 누군가는 선저를 쌓으면서 누군가는 선체를 제작하고 동시에 다른 사람은 갑판에 색을 입힙니다. 협업이 자연스럽게 이뤄집니다. 때론 서로 다른 분야의 전문가들이 협업하기도 편해집니다.

이처럼 협업이 원활해지면서 얻을 수 있는 이점이 많습니다. 우선 설계에 들어가는 시간이 대폭 줄어듭니다. 기존 방식보다 결과물을 얻는 데 드는 시간이 대폭 감소합니다. 비즈니스에서 시간은 돈과 직결되는 사항입니다. 인건비 감소와 총 제작 시간의 감소는 기업이 항상 생각하는 화두기도 하죠. 이뿐만이 아닙니다. 옴니버스 플랫폼은 소통에도 큰 도움을 줍니다. 기존에는 전문가마다 다른 도구를 사용했습니다. 예를 들어 기계 설계 전문가는 캐드, 프로이 등 기계 설계에 적합한 업무용 툴을 사용하는 데 능숙하고, 디자인 관련 전문가는 포토샵, 일러스트레이터 등 디자인 업무 툴에 능숙합니다. 과거에는 하나의 제품을 설계할 때 각 분야의 전문가 사이에 소통 문제가 많았습니다. 우스갯소리로 예전부터 다양한 설계 업계에서 제품의 구동 방식을 결정하는 공학 계열과 디자인 요소를 담당하는 디자인 계열과의 갈등에 관한 에피소드는 우리 주변에서도 찾기 쉬운 이야기죠. 사실 이런 갈등은 서로 다른 도구를 사용하기에 당연히 발생할 수 있는 일이기도 합니다. 하지만 옴니버스 플랫폼은 이런 다양한 툴을 하나의 플랫폼에 담았습니다. 누군가는 캐드를 사용하고 누군가는 포토샵을 사용해도 플랫폼 안의 결과물에 동시에 적용됩니다. 그것도 직관성이 높은 시각적인 정보로 말이죠. 원활한 소통으로 인한 협업의 가치는 따로 언급할 필요도 없습니다. 현재 다양한 기업들이 직원들의 화합을 위해 탁구대를 설치하고, 그룹 프로그램을 진행하는 등 다양한 활동을 기획하는 것만 봐도 알 수 있습니다. 정리하자면 옴니버스 플랫폼은 가상세계에 다양한 툴과 병렬 처리 방식 등 업무에 혁신적인 변화를 일으키는 요소를 더한 현실 기반 플랫폼인 셈입니다. 단순히 가상세계만을 활용한 것이 아니라 현실의 툴을 메타버스 세계관에 투영하는 거울 세계 방식도 차용했다고 볼 수 있습니다.

지금까지 엔비디아에 대해 알아봤습니다. 사실 엔비디아는 메타버스가 발전하면서 가장 혜택을 받는 기업으로 꼽히고 있습니다. 물론 투자와 기업 분석에 관한 내용은 뒤에 언급할 예정이지만 지금까지 알아본 엔비디아의 계획들만 봐도 지향점이 한곳으로 향하고 있음을 알 수 있습니다. 바로 메타버스죠. 사실 메타버스를 산업적으로 이용하려는 움직임은 해외에서만 일어나는 현상이 아닙니다. 국내에서도 제조업 분야에서 비슷한 시도가 이뤄지고 있습니다.

제조업 분야는 지난 수십 년간 우리나라의 경제적 근간을 지탱하는 기술 분야였습니다. 하지만 최근 10년간 제조업 분야에서 중국이 무섭게 치고 올라와 가성비가 장점인 국내 제조업은 위기를 맞

확장현실(eXtended Reality)

확장현실(XR)은 VR, AR, MR 기술을 모두 아우르는 기술을 말한다. 각 기술을 개별 활용하거나 혼합해서 각재각소에 사용하는 기술이 확장현실이다. 앞으로 제조, 교육, 의료 등 다양한 분야에서 사용되리라 생각하는 기술로 최근에는 비대면 기조가 사회 전반적으로 깔리면서 문화·예술에도 확장현실을 도입하려는 움직임이 보인다.

문화와 예술 속에 확장기술을 활용한 사례를 보면 먼저 스포츠 분야가 있다. 2020년 미국 자동차 경주대회 나스카는 XR을 활용한 대회를 개최했다. 선수들은 개인 공간에서 VR 기기를 착용한 채 대회에 참가했고 관중들은 XR 기술을 활용한 360도 카메라를 통해 생생하게 경기를 관람했다.

예술 분야도 이런 움직임이 활발하다. 코로나19로 인해 사람들이 찾지 않는 인천공항에서는 XR 콘텐츠 전시회를 개최했다. 주최측은 단순히 보는 것으로만 끝나는 전시회가 아니라 상호작용을 통해 작품을 완성하는 인터랙티브 작품과 360°VR 작품을 대중에게 선보였다.

기도 했습니다. 이에 대처하기 위해 국가가 팔을 걷고 나섰습니다. 내용을 살펴보기 전에 우리는 '확장현실(XR)'에 대해 알아야 합니다.

확장현실(XR)은 가상현실(VR)과 증강현실(AR)을 아우르는 혼합현실(MR)의 기술을 총칭하는 단어입니다. XR은 VR과 AR 기술을 개별 혹은 혼합해서 자유롭게 활용해서 확장된 현실을 창조하는 것을 뜻합니다. 앞서 언급한 옴니버스도 XR의 일종으로 볼 수 있습니다.

대한민국 정부는 이런 XR을 활용해서 화학·자동차·조선해양 등 국내 3개 제조업 분야에서 가상공장을 구축할 계획이라고 발표했습니다. 화학과 자동차 공장에는 실제와 똑같은 공장을 메타버스에 구축하고 운

메타버스 새로운 기회

영한다고 합니다. 앞서 언급한 설계 부분에 드는 비용을 감소시키고 기술력 강화에 드는 시간적 소요를 앞당기겠다는 의지로 보입니다. 건설사도 비슷합니다. 가상 공간에 만들고자 하는 건축물의 설계를 미리 진행하고 시뮬레이션을 진행하려 합니다. 이런 움직임들은 메타버스 세계를 구축하는 기술적 부문을 앞서나가겠다는 의지라고 생각합니다.

이때 한 가지 주목할 만한 기술이 있습니다. 실제와 똑같은 공간이나 제품을 가상 공간에 만드는 기술, 바로 '디지털 트윈(Digital Twin)' 기술입니다. 트윈은 영어로 쌍둥이를 뜻하는 말입니다. 디지털 트윈을 그대로 번역하면 '가상 공간의 쌍둥이'라고 번역할 수 있겠죠. 디지털 트윈 기술은 현실의 물리적 공간의 정보를 IoT(Internet of Things) 기술로 수집하고 정보를 실시간으로 클라우드 서버에 보냅니다. 그 정보를 바탕으로 가상 공간에 현실과 똑같은 물리적 공간을 재현하는 개념을 말합니다.

디지털 트윈 기술을 활용하면 가상 공간에서 신제품을 설계하고 그 제조 공정을 미리 확인하고 제작할 수 있습니다. 기존의 시간이 많이 들던 공정도 단기간에 검토할 수 있고, 미래에 일어날 수 있는 설비 고장 등을 예측할 수 있습니다. 이는 제조 기업의 생산 효율을 증대하고 오류를 줄이는 효과를 가져옵니다. 얻을 수 있는 정보의 양도 현실에서 시험 공장을 가동할 때보다 방대합니다. 현재 전 세계적으로 200억 개가 넘는 IoT가 존재합니다. 디지털 트윈 기술은 IoT 등 다양한 인터넷 기기에서 정보를 가져오는 만큼 양질의 데이터를 수집하기가 용이합니다.

이쯤에서 "도대체 IoT가 정확히 뭔데?"라는 질문을 하는 사람이 있을 겁니다. IoT 즉 사물인터넷은 사물에 센서를 부착해 실시간으로 데이터를 인터넷으로 주고받는 기술이나 환경을 말합니다. 기존에는 인터넷에 연결된 기기 간의 정보 교류를 위해서는 사람이 개입해야 했습니다. 예를 들어 우리가 스마트폰에서 컴퓨터로 사진을 전송할 때 사람이 직접 보낼 정보를 선별하고 전송해야 했죠. 하지만 IoT 기술 기반 사회에선 그럴 필요가 없습니다. 미리 전송하고자 하는 정보를 분류해두면 자동으로 클라우드 서버나 블루투스 등의 센서를 통해 기기 간에 정보 교류가 이뤄집니다. 디지털 트윈 기술은 이런 IoT 기술을 바탕으로 현실과 가상세계를 이어줍니다.

가상공장 설립에 핵심적인 기술인 디지털 트윈 기술은 크게 3단계로 나뉩니다. 1단계는 디지털 트윈 기술을 제품과 부품의 '설계' 공정에 사용하는 단계를 말합니다. 사실 1단계 공정은 이미 많은 기업과 국가에서 사용하고 있습니다. 앞서 언급한 국내에서 진행 중인 자동차 설계, 건축 설계 등이 이 1단계에 속합니다.

2단계 프로세스는 현재 첨단 제조 기업 일부만이 사용하고 있습

니다. 실제 공장의 건물이나 기기 등을 모두 디지털화해서 가상 공간에 투영하는 단계가 바로 2단계입니다. 단순히 하나의 제품을 가상 공간에 투영하는 것이 아니라 공정 전체를 투영해서 생산성 극대화를 노리는 단계기도 합니다. 그 예로 중국의 '상해의전(INESA)'이라는 기업을 소개하겠습니다. 중국의 상해의전은 카메라 필터를 제조하는 회사입니다. 상해의전은 공장의 건물부터 시작해서 모든 공정을 가상 공간에 재현했습니다. 기존에는 그래프만으로 데이터를 분석했지만, 이제는 이상이 생겼을 시 바로 어떤 부분에서 발생한 오류인지 판단하고 대처할 수 있다고 합니다. 심지어는 기기마다 전력 소비량이나 오류 발생량 등 다양한 데이터를 원격으로 감시한다고 합니다. 3단계 프로세스는 현실에 존재하는 물체를 복제하는 것을 뛰어넘어 제어, 분석, 시뮬레이션 그리고 제조 서비스를 위한 환경까지도 물리적인 세계와 동일하게 복제하는 기술을 말합니다. 현재는 주로 기술적으로 앞서 있는 몇몇 반도체 회사들이 3단계 디지털 트윈 기술을 활용하고 있다고 합니다.

이렇게 이미 세계 각국은 메타버스를 활용해서 제조업 혁신을 시도하고 있습니다. 단순히 시각적인 정보로 변환하는 것을 넘어 현실과 똑같은 물리 법칙까지 제공하는 옴니버스 같은 플랫폼도 존재하죠. 메타버스 세계관을 통한 가상 공간 활용은 제조업에서만 일어나는 현상이 아닙니다. 대만을 보면 현실 속 댐을 가상 공간에 투영해서 방출량, 형태 등 다양한 정보를 입수하고 재난에 대비한다고 합니다. 이처럼 XR, 디지털 트윈 기술 등을 활용한 플랫폼은 기업의 이익만을 추구하지 않습니다. 재난 방지, 인명 구조 등 사회 전반적으로 기존 기술로 해결하지 못한 많은 분야가 메타버스 기술을 통해 해결될 겁니다. 우리는 단순히 '아. 편해졌구나.' 하는 생각만 해선 안 됩니다. 앞으로 변할 세계를 예상하고 이에 발맞춰야 합니다. 앞서 살펴본 것처럼 2020년대는 '직업의 개념이 변하는 시대'입니다. 이제 우리는 지금까지와 같은 정해진 트랙이 아닌, 울퉁불퉁한 비포장도로를 달려야 할지도 모릅니다. 그렇다면 오프로드 자동차는 아니어도 비포장도로를 잘 달릴 수 있는 산악자전거 정도는 준비해야 하지 않을까요? 모든 것이 변하는 세상에서 막막하기도 합니다. 하지만 벌써부터 너무 걱정할 필요 없습니다. 지금부터 우리의 삶과 일자리가 어떻게 변하는지 알아보고, 그 너머 메타버스의 산업구조와 투자 관련 지식까지 알아볼 예정이니 차근차근 이야기를 들어주시면 좋겠습니다.

흩어지는 인구

실리콘밸리(Silicon Valley)라는 말을 들어본 적 있나요? 실리콘밸리는 미국 샌프란시스코 남단에 위치한 IT 산업의 중심지입니다. 과거에는 포도주 생산 지대였으나, 전자산업의 기반인 반도체를 다루는 기업들이 모이면서 벤처기업의 메카가 됐습니다. 여러분은 실리콘밸리 하면 어떤 것이 떠오르나요? 저는 자유로운 복장과 무료 맥주가 떠오릅니다. 그리고 한 가지 더 생각나는 느낌이 있죠. 바로 탁구대입니다. 미국에선 "실리콘밸리의 전망을 알고 싶으면 탁구대 판매량을 보면 된다."라는 말도 있습니다. 더 나아가 "탁구대가 없으면 하이테크 기업이 아니다."라고 말하는 사람도 있습니다.

왜 실리콘밸리의 사람들은 탁구를 사랑할까요? 미국 CNBC 방송은 업무와 휴식 시간의 황금비율이 '52:17'이라고 보도한 바 있습니다. 몇 시간을 쉴 새 없이 근무하는 것보다 52분 일하고 17분 휴식하는 것이 훨씬 효과적이라는 얘기입니다. 이 연구를 진행한 연구진은 인간의 뇌는 약 1시간 동안 많은 에너지를 방출시킨 후 15분에서 20분가량은 낮은 에너지를 방출한다고 밝혔습니다. 이처럼 업무와 휴식의 상관관계는 예전부터 이어지던 화두이자 서로 뗄 수 없는 불가분 관계입니다. 실리콘밸리 기업들이 탁구를 사랑하는 이유도 여기에 있습니다. 일찍이 휴식의 중요성을 깨닫고 직원들의 복지에 투자한 겁니다.

더 나아가 실리콘밸리 기업들이 탁구대를 사랑하는 이유는 몇 가지 이유가 더 있습니다. 우선 외부에 자신들이 직원들의 복지를 위하는 자유로운 기업임을 알리는 효과가 있습니다. 업무차 실리콘밸리를 방문하는 다양한 기업들은 회사 중앙에 배치된 많은 탁구대를 보고 자유도가 높은 기업임을 판별했다고 합니다. 또한, 탁구는 혼자서 할 수 없는 운동입니다. 직원들의 휴식을 장려하는 동시에 서로의 대화를 촉진하고 화합을 도모할 수 있는 운동인 셈입니다. 그리고 우선 탁구대는 다른 운동에 비해 기구에 드는 비용이 적습니다. 좁은 공간에도 충분히 설치가 가능한 점도 있습니다. 이처럼 업무 시간에도 경영진과 팀원이 스스럼없이 탁구 치는 모습은 벤처기업이 추구하는 자율성과 수평적인 조직 문화를 대변합니다.

이런 이유로 실리콘밸리 기업들과 탁구대 판매의 상관관계를 살펴보면 매출이 보인다는 의견도 있습니다. 예를 들어 세계적인 소셜 미디어 기업 '트위터'는 2014년까지 하나에 200만 원이 넘는 탁구대를 매년 수십 개씩 사들였다고 합니다. 하지만 2015년 매출이 감소하면서 탁구대 주문이 뚝 끊겼다고 합니다. 이런 사례는 사실 그저 가십거리에 불과할 수도 있습니다. 그래도 한 가지 확실한 것은 실리콘밸리 근처 탁구대 판매 기업은 실리콘밸리 기업들이 호황이기를 항상 바랄 거라는 사실입니다.

탁구대 판매업체에는 아쉽게도 2020년에 들어서면서 탁구대 판매량이 확 줄었다고 합니다. 하지만 2020년 실리콘밸리 기업들의 기업가치는 연일 전고점을 돌파하고 있습니다. 그런데 왜 탁구대 판매량은 줄었을까요? 바로 '재택근무의 활성화' 때문입니다. 재택근무가 활성화되면서 사람들이 회사에 나오지 않으니 회사에서 탁구를 치는 직원도 없어졌고, 자연스럽게 탁구대 판매는 줄어들었습니다.

사실 코로나19 이전에는 재택근무의 효용성을 의심하는 목소리가 컸습니다. 그 이유로 가장 먼저 꼽았던 점은 '협업이 어렵다'였습니다. 특히 서로 대화를 통해 만들어지는 창의성과 사기에 미치는 영향은 재택근무 환경에선 발생할 수 없다고 여기는 분위기였습니다. 그래서인지 코로나 이전까지만 해도 대면 미팅은 가장 효율적인 업무방식으로 꼽혔습니다. 심지어 자율적인 기업 문화를 표방하는 IT

기업들도 마찬가지였죠.

하지만 이제는 상황이 바뀌었습니다. 지금은 재택근무를 진행함으로써 생기는 이점에 관한 연구 결과가 연일 쏟아지고 있습니다. 재택근무의 이점을 노동자 입장으로 보면 일단 사무실에 출·퇴근하는 시간을 획기적으로 줄일 수 있습니다. 워싱턴 포스트의 조사에 따르면 미국 근로자의 평균 통근 시간은 하루에 54분이라고 합니다. 하루의 약 8%에 해당하는 시간을 도로 위에서 보내는 것이죠. 그만큼 직원들의 시간을 아끼는 것이죠. 현대 사회에서 시간은 곧 비용을 의미합니다. 직원들은 그만큼 가족과 취미에 보내는 시간이 늘어나고, 직장에 대한 만족도는 비례해서 올라갑니다.

업무 능률에 관해서도 협력이나 사회적 지원의 중요도가 떨어지는 직업은 재택근무를 진행할 때 이전보다 더 일의 능률이 올라간다는 연구 결과가 있습니다. 연구를 진행한 티머씨 골든(Timothy Golden) 교수는 집중력이나 중요한 문제 해결이 필요한 직무를 수행하는 직원은 눈앞에 있는 작업을 깊이 생각할 시간이 필요하다고 말했습니다. 이어 그는 일반적인 사무실에서는 잠재적인 방해물이 산재해 있다고 말하며 성과에 대한 열망도 더 커진다고 발표했습니다.

재택근무는 기업과 사회적으로도 큰 이점이 있습니다. 우선 통근을 하지 않음으로써 각종 환경오염 물질 배출이 줄어듭니다. 기업은 용지와 플라스틱 컵 등 1회용 물품들을 덜 사용하게 되고, 전력을 아낄 수 있습니다. 사소해 보이지만 이렇게 해서 아낄 수 있는 종이는 매년 한 사람당 나무 4~5그루에 해당하는 양이고 전기 소모량은 한 사람당 약 1,700달러에 달한다고 합니다. 이런 사실들만 봐도 재택근무는 환경 보호에 큰 장점이 있습니다. 이때 누군가는 반문할 수 있습니다. "기업은 이익을 추구하는 집단인데 환경 보호와 무슨 연관이 있나요?" 하고 말이죠. 이런 관점은 사실 과거 개발도상국 시절에나 통할 시각입니다.

우리는 요즘 ESG(Environmental, Social and Corporate Governance)라는 용어를 쉽게 접할 수 있습니다. ESG는 기업의 비재무적 요소인 환경, 사회, 지배구조를 뜻하는 말로 기업의 재무적 요소들과 함께 투자 의사 결정 시에 고려하는 요소입니다. 과거에는 기업의 재무적 성과만을 판단했지만, 이제는 이런 기업의 비재무적 요소까지도 투자 근거가 됩니다. 심지어 ESG는 개별 기업의 판단요소를 넘어 국가의 자본시장을 판단하는 요소기도 합니다. 사람들은 이제 사회적인 인식이 좋지 못한 기업에 투자하지 않습니다. 이를 판단하는 근거와 기준들도 국제 사회에서 속속 등장하고 있는 상황입니다. 기업도 더는 ESG를 무시하기 어렵게 됐습니다.

재택근무는 ESG와 매우 큰 연관성이 있습니다. 우선 앞서 말한 것처럼 재택근무는 기업이 이산화탄소 같은 오염물질 배출을 감소시키는 데 공헌합니다. 또한, 지배구조 측면에서도 재택근무를 시행하는 회사의 직원들이 그렇지 않은 기업들보다 업무 만족도가 높습니다. 벌써 재택근무 시행만으로 ESG의 두 가지 측면을 만족시킨 것이죠.

이런 다양한 이유로 코로나19 사태가 지나가도 재택근무와 대면 업무를 병행하겠다는 기업이 많아지고 있습니다. 미국 IT 기업들도 재택근무의 효과를 역설하면서 코로나19가 끝나도 재택근무를 진행하겠다는 기업이 제법 많습니다. 실리콘밸리 탁구대 판매업체에는 천둥 벼락 같은 소리겠지만요.

여러분은 왜 뜬금없이 재택근무에 관한 이야기를 하는지 궁금하실 겁니다. 메타버스가 발전하면 재택근무를 채택하는 기업은 계속해서 늘어나고 시행 방법도 다양해질 겁니다. 오히려 메타버스가 재택근무의 최종 진화 형태라고 봐도 무방할 정도죠. 사실 기업을 운영하는 경영자의 눈으로 재택근무를 바라보면 불안한 부분이 많은 것도 사실입니다. 일단 외부 거래처와 미팅이나 빠른 소통이 필요한 업무의 경우 아직은 재택근무보단 대면 업무가 효율적이기도 합니다. 그리고 신뢰도에 관한 문제도 있습니다. 재택근무를 운영하는 경영자 중 일부는 직원들이 일하는 모습을 볼 수 없어 불안하다고 얘기하곤 합니다. 사실 이런 시각은 야근과 마찬가지로 구시대적인 생각이긴 합니다. 일하는 모습이 아니라 성과 위주로 판단하는 문화가 아직 덜 자리 잡았기 때문이기도 하죠. 그래도 경영자의 눈으로 보면 아주 틀린 말은 아니기도 합니다.

메타버스가 발전하면 이런 문제들을 단번에 해소할 수 있습니다. 미래에 메타버스가 발전하면 재택근무를 진행하면서도 아바타를 통해 가상 공간에서 대면 업무도 같이 진행할 수 있는 환경이 마련될 겁니다. 이는 기업에도 개인에게도 엄청난 이점을 줍니다. 시간뿐만 아니라 환경, 비용 등 많은 부문에서 이득을 가져다줄 겁니다.

이를 도와주는 협업 플랫폼들도 계속해서 발전하고 있습니다. 우리는 화상 회의를 생각하면 주로 줌(Zoom)을 떠올립니다. 실시간 화상 채팅을 통해 장소에 상관없이 회의를 진행할 수 있게 해주는 플랫폼이죠. 그 외에도 많은 플랫폼이 등장했습니다. '게더타운(Gather.town)'이란 플랫폼 역시 화상 회의를 진행할 수 있는 플랫폼입니다. 플로우(Flow)나 아지트(Agit)처럼 업무 진행도나 협업 및 지시사항을 같은 공간에 있지 않아도 공유할 수 있는 협업 툴도 생겨나고 있습니다.

이처럼 업무의 거리 개념이 달라지는 것을 넘어 메타버스 세계에서는 국가 간의 경계

게더타운(Gather.town)

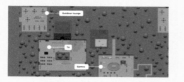

게더타운은 줌과 비슷한 온라인 화상 회의 플랫폼이다. 특이한 점은 줌과는 다르게 게더타운은 화상 영상 대신 2D 모양의 귀여운 아바타를 내세워 회의를 진행할 수 있다는 점이다.

그 밖에도 게더타운에는 자리를 이동하며 대화를 나누는 기능, 간단한 게임 기능 등 협동에 필요한 업무를 진행하는 데 도움이 되는 많은 기능이 있다.

도 지역 간의 경계도 희미해질 겁니다. 앞서 책 첫머리의 이야기에서도 주인공이 버튼 하나만으로 비행기를 타고 10시간이 넘게 걸리는 곳에 있는 사람들과 업무 미팅을 진행하지 않았습니까. 이처럼 메타버스가 발전함에 따라 우리의 거리 개념은 점차 확장될 겁니다. 이제 세계 어디에 살고 있든 간에 보고 싶으면 당장 얼굴을 맞댈 수 있는 세상이 멀지 않았습니다.

한 가지 궁금증이 생깁니다. 그렇다면 메타버스가 발전하면서 우리는 현재 인류가 당면한 한 가지 문제인 '도시화 현상'을 해결할 수 있을까요? 결론부터 말하자면 단기적으로는 힘들다고 봅니다. 메타버스 세계가 오면서 정보 처리 분야의 혁신이 일어날 겁니다. 그만큼 많은 데이터가 빠르게 왔다 갔다 해야 하니까요. 발전 과정에서 도시에 집중되는 인프라 구축은 금전적인 이유 때문에도 필연적이라고 봅니다. 통신 인프라를 구축하는 데는 막대한 비용이 들기 때문이죠.

물론 초기에는 이런 흐름을 보이다 점차 다른 양상을 띨 가능성이 큽니다. 메타버스를 통해 사람들은 다양한 서비스와 활동을 원격으로 수행하게 되면서 직장, 학교 의료 등 각종 서비스에서 거리의 제약이 감소할 겁니다. 따라서 도시 인구 집중도의 증가세가 지금보다 둔화할 가능성이 큽니다. 단 주목해야 할 점은 도시 인구 집중도의 증가세가 줄어든다는 말이지 도시 인구가 지금보다 줄어든다는 의미는 아닙니다. 최소한 지금처럼 급격하게 인구가 도시로 집중되는 현상은 줄어들 겁니다.

　사실 이렇게 보면 물리적인 측면에서는 인구가 밀집되는 현상이 나타날 수 있습니다. 하지만 심리적인 측면이나 가상의 세계까지 지구라는 땅의 범위를 넓히게 되면 다른 의미로 인구는 분산된다고 볼 수 있습니다. 확실한 한 가지는 우리가 살아가는 세상은 메타버스로 인해 점점 넓어질 거라는 점이지요. 장소, 국경 등 지금까지 우리를 억제하는 수많은 제약이 사라질 것이고 거리에 대한 새로운 질서가 정립될 겁니다. 또한, 그에 따른 공간을 활용하는 방법도 달라질 겁니다. 이미 지하철 같은 곳은 광고판 활용도가 낮아지고 있습니다. 사람들이 스마트폰을 보느라 지하철 광고를 잘 안 보기 때문이죠. 수요가 감소하면 점차 사라지는 것은 어찌 보면 당연한 흐름입니다. 앞으로는 거리에 있는 다양한 광고, 간판이 점점 더 줄어들 가능성이 큽니다. 거울 세계가 고도화된다면 더 이상 현실의 광고판이나 도로의 안내 표지판은 그다지 효율적이지 못할지도 모릅니다. 역설적으로 메타버스가 발전하면서 실제 물리적인 공간은 근대화 이전처럼 매우 단순하고 깔끔하게 변할 가능성도 제법 됩니다.
　이렇게 메타버스의 발전은 공간, 거리 등 수많은 기존의 가치가 달라지는 현상을 동반합니다. 그에 따라 사람들 사이에 느끼는 심리적인 친밀감이나 거리감도 서서히 변하겠죠. 우리는 가까운 지역에

살지만, 오히려 지금보다 더 먼 곳에 사는 듯한 느낌을 받을 수도 있습니다. 심지어 미래에는 사전에서 '이웃'이라는 말의 정의가 달라질지도 모르겠습니다.

무너지는
진입장벽

　　근대사에서 가장 혁신적인 발명품은 무엇일까요? 방향을 파악할 수 있게 함으로써 신항로 개척을 가능하게 만든 '나침반?' 아니면 중세 기사계급의 몰락을 일으킨 '화포?' 지식과 사상을 널리 전파하는 용도로 사용한 '활판 인쇄술?' 물론 세 발명품 모두 세상을 바꾼 발명품임은 확실합니다. 하지만 자본주의 사회에서는 다른 발명품을 더 높이 쳐주기도 합니다. 바로 '주식회사'입니다. 주식회사가 도대체 무엇이고 어떤 가치가 있기에 앞서 말한 세 가지 발명품과 어깨를 나란히 하는지 궁금해할 수 있습니다.

　　우선 주식회사는 권리, 의무의 단위를 주식으로 나눠 개인에게 회사채무를 지우지 않는 형태의 기업을 말합니다. 영리를 목적으로 하는 사단법인의 일종으로 시장경제의 꽃이라고도 불립니다. 통계청에 따르면 국내 주식회사의 숫자는 30만 개를 훌쩍 넘는다고 합니다. 만약 법인 사업자까지 범위를 넓히면 100만 개가 넘는 기업이 존재한다고 합니다. 개인 사업자까지 더하면 그 수는 기하급수적으로 늘어납니다.

주식회사가 시장경제의 꽃이라고 불리는 이유는 주주들에게 모든 책임을 묻지 않는 성격에 기인합니다. 그전에는 사업의 몰락은 곧 집안 전체의 몰락으로 이어졌습니다. 하지만 시장경제 국가들이 주식이라는 방법을 채택한 뒤에는 사업의 몰락이 무조건 가정의 몰락으로 이어지지 않게 됐습니다. 그만큼 사람들은 자신의 꿈과 야망을 위해서 사업자 등록을 하고 기업을 만들기 시작했습니다.

이에 따라 자연스럽게 기업을 연구하는 학자들이 늘어나고, 사업을 성공적으로 이끄는 방법적인 연구가 활발히 진행됐습니다. 기업을 분석하는 다양한 모델이 우후죽순으로 생겨나고 도태되기를 반복했죠. 그중 한 가지 모델이 바로 하버드경영대학원 교수이자 '현대 전략 분야의 아버지'라 불리는 마이클 포터(Michael E. Porter)가 제안한 '경쟁세력 모델'입니다. '파이브포스 모델(Five Force Model)'이라고도 부르는 이 모델은 기업과 경쟁 기업, 소비자 등 다섯 개의 세력을 가지고 사업을 분석하는 모델입니다. 이 분석 모델을 통해 우리는 알고자 하는 산업과 기업이 어떤 상황에 있는지 알 수 있습니다.

경쟁세력 모델에선 5가지 요소가 등장합니다. 우선 '기존 기업 간 경쟁'이 그 첫 번째입니다. 기존 기업 간 경쟁은 동일한 시장을 놓고 경쟁하는 기업들 간의 경쟁 현황을 의미합니다. 그 예로 지금 여러분의 옆에 있는 스마트폰을 서비스하는 이동통신사들을 들 수 있죠.

두 번째 요소는 '잠재적 진입 기업'입니다. 현재는 해당 시장에 들어와 있지 않으나 신규 진출할 가능성이 큰 기업을 말합니다. 예를 들면 통신 장비를 만들던 회사가 통신 채널까지 사업 영역을 확장하는 경우를 말합니다. 100년간 미국의 통신 사업을 꽉 잡고 있던 'AT&T'가 바로 그런 사례죠. 과거 전화기를 발명한 '그레이엄 벨'의 회사 'Bell Telephone Company'가 모체인 회사로 처음에는 전화기를 취급하던 회사였습니다. 하지만 지금은 미국의 대표 통신 서비스 회사기도 합니다.

그다음 살필 요소는 '대체재'입니다. 유사한 기능이나 성능을 제공하는 다른 제품이나 서비스를 뜻하는 말로, 앞 파트에서 언급한 메타버스와 넷플릭스의 관계를 들 수 있습니다. 똑같은 서비스를 제공하지는 않지만 여가 시간을 공유한다는 점에서 메타버스는 넷플릭스의 대체재라고 할 수 있습니다.

'구매자'는 우리가 흔히 알고 있는 '소비를 하는 주체'가 맞습니다. 이때 구매자는 중간에서 유통을 담당하는 도소매 업체들도 구매자에 포함됩니다. 단 제조사가 유통망을 모두 장악한 상태라면 최종 소비자만 구매자로 보면 됩니다.

'공급자'는 제품과 서비스에 필요한 요소를 공급하는 외부 기업이나 개인을 의미합니다. 공정인 서비스에 필요한 원자재, 부품 등과 외주 같은 용역까지도 포함하는 요소입니다.

그렇다면 메타버스 시장에 진입하기 위해서 경쟁세력 모델을 분석해보면 어떤 그림이 그려질까요? 우선 우리는 이미 산업에 진출해 있는 기업을 봐야 합니다. 현재 메타버스 세계에 눈독 들이는 기업들을 살펴보면 아마존, 페이스북, 애플, 앤비디아 등 글로벌 공룡들이 떠오릅니다. 진입이 예상되는 기업들도 화려합니다. 공유경제의 거인 에어비앤비가 VR 여행을 선보이며 시장에 대한 욕심을 드러냈고, 국내에선 다양한 IT 기업들이 시장에 진입하고자 길을 찾고 있습니다. 심지어 메타버스를 대체할 수 있는 확실한 대체재도 없습니다. 그렇다면 우리는 그저 바라만 보거나 소비하는 '구매자'나 용역이나 자재를 공급하는 '공급자'로 남아 있어야 할까요?

그렇지 않습니다. 메타버스의 등장은 기존의 산업을 식별하던 모델이 더 이상 큰 의미가 없게 됐음을 의미합니다. 인프라와 플랫폼을 신규 진입 기업이 직접 만들기 어렵다는 이유로 독식 형태의 세계가 될 수 있다는 말도 있지만, 사실 메타버스 세계에서 기술력보다 중요한 가치가 있기에 그런 상황이 벌어지지는 않으리라 생각합니다. 메타버스는 하나의 사회를 이루는 세계관인 만큼 이야기를 담은 콘텐츠와 내러티브가 매우 중요합니다. 앞서 말한 바와 같이 기술력에만 집중하면 비싼 기술 개발비를 들이고도 얼마 못 가 다 탕진하는 일이 발생할 수도 있습니다.

콘텐츠를 하나의 기업이 전부 쌓는다는 것은 쉽지 않은 일입니다. 하나의 예시로 넷플릭스와 유튜브를 들 수 있습니다. 넷플릭스와 유튜브는 플랫폼에서 자체적으로 제작한 프리미엄 동영상을 제공합니다. 하지만 두 플랫폼 모두 자체 동영상을 제법 축적한 지금까지도 수입을 발생시키는 콘텐츠들은 외부에서 들어온 것들입니다. 넷플릭스는 국가, 언어에 상관없이 재밌는 영상은 모조리 사들이고, 유튜브는 아예 소비자들이 콘텐츠 제공자 역할도 가능하게끔 합니다.

우리가 흔히 자유도가 높다고 말하는 '샌드박스 게임'의 대표 주자 '마인 크래프트'도 마찬가집니다. 단순히 회사에서 제공하는 게임만을 론칭했다면, 지금처럼 세계적인 인기를 누리지 못했을 겁니다. 유저가 만든 다양한 형식의 게임들이 존재하기에 마르지 않는 콘텐츠 왕국을 건설한 것이죠.

기존 사업과 달리 진입장벽이 무너지는 데는 한 가지 이유가 더 있습니다. 바로 개방형 인프라와 플랫폼 때문입니다. 앞서 언급한 콘텐츠 문제와 마찬가지로 메타버스는 하나의 세계를 만드는 만큼, 하나의 세계관에 '얼마나 많은 사람이 존재하는가?'는 절대 무시할 수 없는 질문입니다. 그러므로 이미 기술력을 바탕으로 플랫폼과 인프라를 구축한 기업들은 자신들의 트래픽과 유입자를 늘리기 위해 다양한 세입자를 찾을 겁니다. 그로 인해 신규 사업자들은 기술을 처음부터 개발하는 것보다 훨씬 값싸고 편리하게 사업을 시작할 수 있습니다. 게다가 유통채널도 확보할 필요가 없습니다. 만약 양질의 콘텐츠나 이미 팬덤을 확보한 신규 기업이라면 더욱 편리하게 사업을 이어갈 수 있겠죠.

이렇게 우리는 이번 파트에서 메타버스로 인해 바뀌는 세상을 다양한 각도에서 지켜봤습니다. 디지털 휴먼과 공존하는 삶을 살아야 하고, 직업의 정의가 바뀌며, 삶을 둘러싼 많은 것들이 바뀔 겁니다. 그렇다면 우리는 메타버스에서 살아가기 위해 어떤 능력을 키우고 어떻게 헤쳐 나가야 할까요? 지금부터 메타버스가 어떤 산업구조로 이루어져 있는지 살펴보고, 우리는 어떤 준비를 해야 할지 알아보는 시간을 갖겠습니다.

METAVERSE

PART 3

사람이 없는 세계는 없다
: 사용자 기반 메타버스

메타버스 산업의
다섯 가지 핵심 구조

지금까지 우리는 메타버스가 무엇이고, 메타버스로 인해 바뀔 세상에 대해 알아봤습니다. 여러분도 이제 어느 정도 메타버스를 인지했을 겁니다. 하지만 그것만으로는 부족합니다. 세상이 메타버스로 인해 많이 바뀌는 만큼 우리도 이에 걸맞는 준비를 해야 합니다. 이미 변화가 끝났을 때 따라잡는 것은 매우 힘듭니다.

그래서 지금부터는 메타버스에 대비하는 방법을 알아보는 시간을 갖겠습니다. 우선 메타버스 산업을 구성하는 몇 가지 요소에 대해서 알아볼 필요가 있습니다. 메타버스 산업에서 중요한 요소는 다섯 가지인데요. 크게 '사용자 기반', '경험의 접점', '플랫폼', '인프라',

'콘텐츠'로 나눌 수 있습니다.

맨 처음으로 다룰 메타버스의 산업구조는 사용자 기반입니다. 사용자 기반은 영어로 'User Based'로 번역됩니다. 쉽게 말하면 메타버스는 제공자보다 사용자에 중점을 두는 새로운 세상입니다. 이런 경향은 앞서 다룬 메타버스의 특성 중 동시성과 경제흐름으로 인해 더 강해지는데요. 이런 특성들로 인해 인터넷, 스마트폰 시대보다 서로에게 더 많은 영향을 미치는 사회가 형성될 겁니다. 우리는 이에 맞춰 사람들이 메타버스를 좋아하는 이유와 왜 우리가 준비해야 하는지 좀 더 구체적으로 흥미로운 이야기를 풀어나갈 겁니다.

'경험의 접점'은 메타버스를 접하는 방식을 의미합니다. 우리가 흔히 생각하는 VR/AR 기기 관련 기술들이 여기에 해당합니다. 메타버스는 현실을 넘어선 디지털 세상이지만, 현실 세계와 완전히 동떨어진 개념으로 보기는 어렵습니다. 여기에 사용되는 개념이 경험의 접점입니다. 현실과 메타버스를 이어주고 사람들에게 실재감 넘치는 메타버스를 제공하는 하드웨어를 비롯한 기술들을 포함하는 개념이죠.

세 번째, '플랫폼'은 사실 현대 사회의 경제 분야를 관통하는 하나의 핵심축이죠. 다양한 분야에서 플랫폼을 보유한 기업과 그렇지 않은 기업들의 차이는 극명하게 갈립니다. 메타버스 산업에서도 마찬가지로 플랫폼을 구축한 기업과 그렇지 못한 기업 간 미래가치의 격차는 점점 심해질 겁니다. 현재는 어떤 특정 기업이 메타버스 전반을 아우르는 플랫폼을 구축했다고 말하기는 힘든 상황입니다. 하지만 만약 그런 기업이 생긴다면 SF 영화에서나 보던 세계를 좌지우지하는 기업이 탄생할지도 모릅니다.

그리고 메타버스 플랫폼을 눈여겨볼 다른 이유는 기존 산업군과 메타버스가 만나서 새롭게 탄생하는 플랫폼들의 등장 때문입니다. 설계, 건설, 자동차 등 기존의 제조업체들이 메타버스를 만나 다양한 플랫폼을 구축하고 발표하는 중입니다. 우리는 이런 기업을 주시하고 대비해야 할 필요가 있습니다.

그다음으로 알아볼 메타버스 산업구조는 '인프라'입니다. 앞서 언급한 하드웨어, 플랫폼이 아무리 눈부신 성장을 보인다 해도 기반을 이루는 인프라가 구축되지 않으면 모래 위의 성에 불과합니다. 예를 들면 VR 기술이 빠르게 발전해서 가상세계가 우리의 일상이 되더라도 데이터를 처리하는 기술이나 통신망이 미흡하다면 가상세계에서 살아가는 데 큰 어려움을 겪겠죠.

게다가 메타버스 인프라에는 하드웨어의 기본이 되는 반도체, 디지털 세상의 발전을 앞당긴 클라우드 컴퓨팅 같은 유망 산업을 포함하는 분야라 중요도는 더욱 올라갑니다.

메타버스 새로운 기회

마지막으로 이야기할 산업구조인 콘텐츠는 이미 우리의 삶 속에 깊숙이 들어와 있는 부분이죠. 이미 우리는 콘텐츠의 홍수라 불리는 사회에서 살아가는 만큼 콘텐츠의 중요성은 더 강조하기도 민망할 정돕니다. 콘텐츠는 메타버스에서 더 특별한 의미를 갖습니다. 앞서 우리는 메타버스를 단순히 기술로만 접근해서는 안 된다는 이야기를 짧게 한 적이 있습니다. 마지막에 다룰 콘텐츠 파트에서는 그 이유를 다양한 예시와 근거를 들어 깊이 있게 다뤄보려 합니다.

메타버스에는 얼마나 많은 사람이 살고 있을까?

약 10년 전 '슈퍼스타K'를 시작으로 방송가에선 음악 오디션 프로그램이 인기를 끌었습니다. 이후 비슷한 포맷의 프로그램이 우후죽순으로 생겨나고 사라지기를 반복했습니다. 슈퍼스타K는 2009년을 시작으로 8번의 시즌을 거치며 음악 오디션 프로그램의 터줏대감 역할을 했습니다. 하지만 아쉽게도 2016년을 마지막으로 추억으로 사라졌죠. 그렇다면 현재 가장 오랜 기간 계속되는 오디션 프로그램은 무엇일까요? 바로 힙합 경연 프로그램인 '쇼미더머니'입니다. 쇼미더머니는 2020년까지 9개의 시즌을 거치며 슈퍼스타K를 제치고 최장수 오디션 프로그램이 됐습니다. 9개의 시즌을 진행하면서

매 시즌 화제를 몰고 다녔죠.

우리가 흔히 디지털 Z세대라 부르는 20대 젊은 층에서 쇼미더머니는 모르는 사람이 없을 만큼 유명한 프로그램입니다. 오히려 그들은 그것을 왜 모르냐며 반박할지도 모릅니다. 태어나면서부터 디지털 환경에서 자란 탓일까요? Z세대는 인터넷과 IT에 친숙하며 관심사를 공유하고 콘텐츠를 나누는 일에 익숙한 모습을 띱니다. 그만큼 관심사나 트렌드에 민감하고 유행이 빠른 속도로 전파됩니다. 그 시대를 대표하는 콘텐츠가 널리 퍼지는 것도 Z세대의 역할이 큽니다.

Z세대의 윗세대는 Y세대입니다. 1980년대 초부터 2000년 초반에 태어난 Y세대는 세계화

X, Y, Z 세대

X 세대

X 세대는 주로 1970년대 태어난 사람들을 칭하는 말로 캐나다 작가 '더글러스 쿠플랜드(Douglas Coupland)가 출간한 『X세대』에서 처음 등장한 용어다. 그 이유는 이전 세대들과 비교할 때 한마디로 정의할 마땅한 단어가 없어서 모호함을 뜻하는 X를 사용했다고 전해진다.

Y세대

1980년부터 2000년도 전에 태어난 이들을 칭하는 단어로 매사에 긍정적으로 'Yes'라고 대답하는 세대라는 의미에서 Y세대라고 칭한다. 다른 말로는 새로운 세기를 이끌어갈 주역이라 해서 밀레니엄 세대라고도 부른다. 이전 세대와 확연히 다른 점은 컴퓨터 문화를 어릴 때부터 겪어 IT에 능하다는 점이다.

Z세대

주로 2000년대에 태어난 젊은 세대를 칭하는 말로 가장 큰 특징은 '디지털 원주민'이다. 2000년 초반 IT 붐과 인터넷에 노출된 유년기를 보내 신기술과 유행에 민감하다.

가 진행됨과 동시에 자란 아이들로 다른 나라 문화나 다른 인종에

대한 거부감이 적고 개인주의와 개방성이 특징인 세대입니다. 그렇다면 이번에 Y세대에게 쇼미더머니에 대해 아느냐고 물어봅시다. 아마 대답은 반반일 확률이 높습니다. 아는 사람도 있고 모르는 사람도 있을 겁니다. 그렇다고 Z세대처럼 유행이 엄청난 속도로 전파되지는 않는 점과 개인적인 성향이 강한 탓에 모른다고 해서 별 신경을 안 쓸 가능성이 큽니다.

이번에는 조금 더 윗세대인 X세대로 가보겠습니다. 1970년대 베이비붐 세대 마지막에 태어난 사람들을 칭하는 말로 우리나라에선 경제적 정치적으로 많은 변화가 일어난 시기에 청년기를 보낸 사람들을 말합니다. 이 시기의 특별한 점은 바로 인터넷이 보급되기 시작한 시대라는 겁니다. 또한, 본격적으로 메타버스의 일종인 온라인 게임이 태동한 시기이기도 합니다. 아마 그들에게 쇼미더머니를 아느냐고 물으면 자신 있게 블리자드사에서 발매한 게임 '스타크래프트'에서 게임 내 재화를 제공하는 치트키가 아니냐고 대답할 겁니다. 세계 게임의 역사를 뒤흔든 스타크래프트라는 게임에서는 지금도 채팅창에 쇼미더머니를 영어로 치면 게임 내 재화를 주는 치트키가 있다고 합니다.

이렇게 단순히 하나의 단어를 두고도 XYZ세대는 해석이 너무나도 다릅니다. X세대가 청년기를 보낸 1980년대부터 세계는 가파르게 변했습니다. 어찌 보면 과거 500년간 기술이 발전한 속도보다

50년도 채 안 되는 시간 동안 발전한 기술들이 더 많아 보이기도 합니다. 그만큼 세계는 가파르게 변하고 이에 맞춰 사람들의 생각과 삶의 방식도 가파르게 변했습니다.

그래서일까요? 고작 10년 남짓한 시간밖에 차이나지 않지만 다른 세대 사이의 공통점이 점점 사라지고 있습니다. 우선 말하는 방식부터가 다릅니다. 정보와 의견을 전달하는 방법으로 X세대는 종이 활자를 주로 사용하는 반면, Y세대는 디지털화된 문서로 주로 소통합니다. Z세대는 도리어 텍스트보다 영상을 선호합니다. 이렇게 서로가 다른 방식으로 다른 방향을 가리키면서 이제는 세대 간 공통되는 감정, 지식이 사라지고 있습니다. 한 단어의 의미도 세대마다 다른 방향을 가리키는 경우가 허다하고, 이제는 상식이란 단어가 무색할 정도로 기본 베이스가 되는 지식이 다릅니다. 각자의 스마트폰 세계에 갇혀 다름에서 오는 스트레스를 마주치지 않으려 하죠. 개인적인 성향이 점점 강해지는 사회에서는 사람들이 스트레스를 마주치는 상황을 이겨내려 하지 않고 그냥 쉽게 포기하는 경향이 크다고 합니다.

게다가 이런 단절이 일어나는 이유는 다름에서 기인하는 점도 있지만, 사회적인 위치나 처한 상황에 따른 어려움도 분명 존재합니다. 우리는 보통 사회적인 자아를 통해 살아왔습니다. 사회적인 자아에는 위치나 직위에 따른 룰이 부여됩니다. 흔히 우리가 이야기하곤 하는 신입사원이 지녀야 할 자세, 리더로서 보여야 할 역할 등이 그 예시라고 볼 수 있죠. 과거에는 이런 사회적인 자아가 그 사람을 대표하는 자아였습니다. 사회에 비친 내 모습이 전부라고 느끼게끔 교육받아 왔죠.

'임금님 귀는 당나귀 귀'라는 설화를 아시나요? 설화를 보면 임금님의 의복을 만드는 장인이 평생 임금님 귀가 당나귀 귀처럼 생겼다는 비밀을 알고 끙끙대다가 결국 아무도 없는 대나무 숲에서 소리칩니다. 이 설화는 우리의 현재와도 비슷합니다. 혹여 생계가 힘들어질까 걱정되고 때론 사회적 체면 때문에 말 못 하는 비밀을 간직한 채 고통스러워하는 모습이 비슷하죠. 이런 설화는 우리나라에만 존재하는 이야기가 아닙니다. 중앙아시아 키르기스스탄에도, 아일랜드 설화에도 비슷한 이야기가 존재합니다. 그만큼 과거에서부터 사람들은 사회적인 자아를 중요시하며 속마음을 외면해왔다고 볼 수 있습니다.

하지만 시대가 변하면서 개인적인 자아가 주목받기 시작했습니다. 단순히 타인의 눈에 비친 모습이 내 전부가 아니라 개성을 표현하는 자아까지도 인정받기 시작했습니다. 그때부터 세대 간 갈등은 점점 더 심해졌습니다. 기존의 사회적 질서와 개인의 생각이 계속해서 부딪히기 시작했죠. 물론 과거에도 이런 갈등은 존재했지만 대부분 사회적 질서가 우선시됐습니다. 하지만 이제는 시대가 변한 만큼 갈등의 골이 더 깊어지고 있습니다. 그래서인지 개인적인 자아를 아바타를 내세워 표현하는 메타버스가 주목받고 있습니다.

이런 특성에서 나온 메타버스의 산업구조가 바로 '사용자 기반' 입니다. 메타버스는 기본적으로 혼자만의 세상이 아니라 '다중 사용자 기반' 디지털 공간을 칭합니다. 새로운 사회를 형성하고 그 안에서 새로운 질서와 규칙이 정립되죠. 이때 현실과 가장 다른 점은 기존처럼 사회적 자아를 대두시키는 질서를 따르는 것이 아닌 개인적인 자아를 전면에 내세워 아바타로 표현하는 점입니다. 아바타를 사용하는 메타버스에선 현실의 성별도 피부색도 나이도 중요하지 않습니다. 메타버스에서 자신을 나타내는 아바타는 일종의 아이덴티티로 현실의 모습과 관계없이 우리는 아바타의 모습을 인정해줍니다. 예를 들어 현실에서 50대 남성이더라도 메타버스 세계에서는 다른 아이디와 모습으로 등장해도 메타버스 사회에선 인정받을 수 있습니다.

이와 비슷한 특징이 메타버스에는 한 가지 더 있습니다. 바로 아바타를 사용함으로써 등장하는 개념인 '익명성'입니다. 현실 세계에선 대부분의 대화가 실명을 통해 이뤄집니다. 대면해서 진행하는 회의나 전화 통화 등 대부분의 소통이 자신의 이름을 걸고 이뤄지죠. 하지만 메타버스 세계에선 반대입니다. 실명으로 소통하는 공간도 있지만, 대부분 익명으로 소통이 이뤄집니다.

익명성은 때론 더 진솔한 대화를 끄집어내기도 합니다. 사람들은 메타버스 세계에서 마치 가면을 쓴 것처럼 솔직한 마음을 이야기

합니다. 마치 연극에서 사용하는 '페르소나'와도 비슷합니다. 페르소나는 그리스어로 '가면'이라는 말로, 우리는 주로 '가면을 쓴 인격'이라는 뜻으로 사용합니다. 연극에서 '페르소나'는 처음에는 연극배우가 쓰는 탈을 가리키는 말이었습니다. 당시에는 마이크 같은 확성기가 없었기에 배우는 관중들에게 자신의 목소리를 전달하기 위해 고깔을 사용했습니다. 하지만 연극 도중에 고깔을 들고 소리를 지르면 관객들의 몰입을 방해할 수 있으므로 가면 자체에 고깔을 붙여 사용했습니다. 가면은 점점 발전해 인물의 감정을 나타내는 얼굴을 새겨넣는 방향으로 변했습니다. 이후 라틴어로 섞이며 페르소나라는 단어는 점차 자신의 분신이자 특정한 상징을 표현하는 또 하나의 자아를 뜻하는 말로 그 의미를 넓혀갔습니다. 사람(Person)이나 성격(Personality)의 어원이 되기도 했죠.

익명성을 이용한 대화는 개인에게 많은 이점을 가져다주었습니다. 특히 대중이 지닌 가장 큰 힘 중 하나로 비윤리적인 행태를 폭로하는 데 많은 힘이 됐습니다. 하지만 그에 못지않게 많은 폐단도 일으켰죠. 익명성이란 가면으로 무장한 대중은 때때로 마녀사냥이나 악플 같은 비윤리적인 행실을 보이기도 합니다. 연일 언론에선 악플에 시달리다 안타까운 선택을 하는 사람들의 모습이 보도됩니다.

이렇게 사용자 기반이 중요한 메타버스는 이점과 단점을 마치 동전의 양면처럼 동시에 가지고 있습니다. 메타버스가 사용자 기반의 산업구조를 가졌다고 해서 모든 행동이 자유롭고 허락되는 세계는 아닙니다. 이런 질서가 확립하기 위해서는 무엇이 필요할까요? 우선 많은 사람이 메타버스 세계에 진입해야 합니다. 누군가는 사람이 많아지면 우발적인 범죄 행동도 늘어나리라 생각합니다. 이는 빙산의 일각만을 바라보고 전체를 판단하는 것과 비슷한 이야기입니다.

이해를 위해 먼 과거로 돌아가봅시다. 과거 문명이 생겨나고 문화가 생겨났을 때는 왕이나 족장 같은 사회의 장이 존재했습니다. 그들은 마치 사회의 법처럼 군림하는 존재였습니다. 규범이 존재했지만, 개인의 권력이 훨씬 강력했던 터라 규범보다 위에 존재했죠. 이는 중세시대까지도 마찬가지죠. 하지만 점점 인구가 늘어나고 다양한 생각을 지닌 사람들이 늘어나면서 권력의 분권화가 진행됐습니다. 이에 따라 국가 간 규약이 생기고 다양한 기구들이 생기기 시작했습니다. 인구가 늘어나면서 자정작용이 일어난 셈이죠.

다른 예를 들어보겠습니다. 여러분은 혹시 '로스차일드' 가문에 대해 들어본 적 있나요? 로스차일드 가문은 세계 경제를 뒤에서 주무른다는 여러 음모론의 대상으로 다양한 서브컬처 콘텐츠에 등장하는 실존하는 가문입니다. 로스차일드 가문은 신성로마제국 시절부터 상업에 종사하던 유대인 가문입니다. 18세기까지는 고물을 거래하는 소규모 상인 가문이었으나, 19세기 유럽 금융업에 본격적으로 진출하고 철도산업에 투자하면서 막대한 부를 구축했죠. 이런 마르지 않을 것 같은 부를 바탕으로 근대 초까지 로스차일드 가문은 세계에 막대한 영향력을 끼칩니다. 흔히 벨푸어 선언이라 불리는 유대인 국가 건설에 관한 영국 외무 장관의 선언이 로스차일드 가문과의 뒷거래로 성사된 역사적 사건이란 사실은 지금은 유명한 일입니다.

하지만 지금은 과거와 같은 영향력은 보이지 않습니다. 그렇게 막대한 자금력으로 유럽을 지배하던 로스차일드 가문은 왜 영향력이 축소됐을까요? 사업에 실패했기 때문일까요? 아닙니다. 1, 2차에 걸친 세계대전과 대공황 등 다양한 이유가 있겠지만, 가장 큰 이유 중 하나는 단순히 세계 경제의 규모가 과거와 비교할 수 없을 만큼 커졌기 때문입니다. 더 이상 한 가문이나 개인이 금융 시장을 쥐락펴락할 수 없게 된 점이 큽니다. 또한, 증권시장이 커지면서 이에 따른 자정작용으로 금융 감독 시스템이 점차 정교해진 탓도 큽니다.

이처럼 많은 사람이 모이면 이에 따른 자정작용과 다양한 규칙이 생기기 마련입니다. 다양한 분야의 전문가들이 생기는 것은 말할 것도 없죠. 그렇다면 메타버스 세계의 인구는 얼마나 될지 궁금해집니다. 사실 아직 하나의 플랫폼으로 일원화된 세상이 아닌 만큼 정확한 인구를 알기는 쉽지 않습니다. 다중으로 여러 세계관을 이용하는 이용자도 분명 존재할 겁니다. 그러면 우선은 하나의 플랫폼에 존재하는 인구를 알아보면 어떨까 합니다.

요즘 메타버스 세계에서 가장 뜨거운 플랫폼은 단연 '로블록스(Roblox)'일 겁니다. 2021년 3월 미국 증권시장에 상장되어 많은 관심과 주목을 받은 기업입니다. 주식과 투자와 관련된 이야기는 뒤에 파트에서 자세하게 다룰 예정이니 지금은 간단한 설명과 이용자 숫자에 대해서 말해볼까 합니다. 로블록스는 게임 개발사임과 동시에 3D 엔진 플랫폼을 개발하는 회사입니다. 로블록스가 제공하는 게임은 간단합니다. 샌드박스(Sandbox) 형식으로 모든 게임의 참여와 제작을 유저들에게 맡깁니다. 단순히 3D 그래픽으로 플레이하는 게임 방식이 아니라 개발자들에게 오픈소스 플랫폼을 제공합니다. 그렇다면 로블록스는 기존 샌드박스 게임과 어떤 차이점이 있기에 이렇게 세간의 주목을 받을까요? 다양한 견해가 있지만 가장 큰 이유는 바로 경제성과 관련 있습니다. 로블록스에서 통용되는 화폐인 '로벅스(Robux)'는 현실 화폐와 교환이 가능합니다. 유저들은 게임을 플레이함과 동시에 게임을 직접 제작해서 수입을 얻습니다. 지난해 약 127만 명에 달하는 개발자가 1인당 평균 1만 달러의 수입을 얻었다고 합니다. 이런 면에서 볼 때 메타버스의 특징을 잘 살린 플랫폼이란 생각이 듭니다.

그렇다면 로블록스의 이용자는 몇 명이나 될까요? 현재 누적 가입자는 확인이 힘드나 2021년 2월 월간 이용자는 1억 6,400만 명 이상이라고 합니다. 이는 단순히 가입만 한 숫자가 아니라 실제 로블록스를 이용하는 진성 이용자의 수라고 합니다. 이들은 하루 평균 156

분을 로블록스 세계에서 보낸다고 합니다. 단순히 산술적인 숫자로만 봐도 엄청난 인구입니다. 이 숫자는 대한민국 인구의 3배가 넘으며 전 세계 인구를 따졌을 때도 약 2.1%에 달하는 인구입니다. '애걔, 메타버스 인구가 세계 인구의 2.1%밖에 안 돼?'라고 생각하시면 안 됩니다. 메타버스의 일부인 단 하나의 플랫폼의 인구가 그렇다는 말입니다. 2억 가입자를 달성한 '네이버 제페토', 역시 2억이 넘는 가입자를 몇 년 전에 달성한 '포트나이트' 등 다양한 메타버스가 존재합니다. 주로 가상세계를 예를 든 것이고, 흔히 SNS로 대표되는 라이프로깅 메타버스, '포켓몬고(Go)'로 대변되는 증강현실 메타버스, 다양한 기업들이 존재하는 거울 세계 메타버스 등 다른 형태의 메타버스 세계를 더하면 인구는 폭발적으로 증가하겠죠.

사람들은
왜 메타버스에 열광할까?

우리는 방금 메타버스의 인구를 대략적으로 알아봤습니다. 이쯤에서 궁금한 점이 생깁니다. 그 많은 사람들은 왜 메타버스를 좋아할까요? 우선 생리학적 측면에서 접근해볼 필요성이 있습니다. 인간에게는 정서에 영향을 주는 다양한 호르몬이 있습니다. 그중 '도파민'은 자극과 관련 깊은 호르몬입니다. 도파민은 인간을 흥분시켜 인간이 살아갈 의욕과 흥미를 부여하는 호르몬 중 하나입니다. 도파민이 결핍되면 무엇을 해도 금방 질리고 쉽게 귀찮아지며 모든 일에 쉽게 흥미를 느끼지 못하게 됩니다. 메타버스는 이런 도파민이 활성화되는 데 매우 적합합니다. 자극적이기 때문이죠. 시각적인 정보와

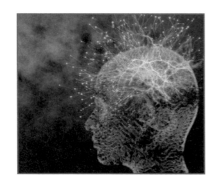

다양한 감각 정보는 우리의 뇌가 흥분하게 만듭니다. 게임을 비롯한 메타버스가 자극적이라는 말이 나오는 이유도 이런 감각 정보와 도파민에 있습니다.

두 번째로 알아볼 호르몬은 테스토스테론입니다. 테스토스테론은 흔히 사람들이 남성 호르몬이라 부르는 신경 물질의 일종입니다. 가장 흔한 남성 호르몬이지만 사실 남성과 여성 모두에게 필요한 호르몬입니다. 테스토스테론은 주로 경쟁과 지배와 관련 있습니다. 사람을 경쟁적인 성격으로 만들며 공포와 고통에 무감각하게 만듭니다. 또한, 테스토스테론은 활력과도 연관된 호르몬으로 치료 목적으로 사용하기도 합니다. 이 호르몬은 경쟁에서 승리를 쟁취했을 때 일시적으로 높아집니다. 하지만 현대 사회에서 경쟁은 얽힌 배경이 너무 많고 승리를 쟁취하기도 쉽지 않습니다. 하지만 메타버스 세계는 다릅니다. 앞선 파트에서 언급한 것처럼 다양한 경쟁이 계속해서 벌어집니다. 사회적인 문제나 체면을 생각하지 않기에 더 단순하게 경쟁에 대응할 수도 있죠.

마지막으로 호르몬 코르티솔은 테스토스테론과 반대 모습으로 수치가 변합니다. 주로 몸의 균형과 관련된 호르몬으로 스트레스와 같은 외부 자극에 맞서 대항하는 호르몬입니다. 맥박과 호흡은 물론 근육을 긴장시키고 감각기관을 예민하게 만듭니다. 바꿔 말하면 만성 스트레스나 한계치를 벗어난 스트레스를 받으면 코르티솔이 과다 분비되면서 몸의 균형이 망가지기도 합니다. 가상세계를 비롯한 메타버스에서 코르티솔의 분비량은 현실보다 적습니다. 그 이유는 실재감과 연관되어 있는데요. 이용자들은 현실과 비슷한 실재감을 느끼지만, 스트레스나 공포가 일정 수치 이상이 되면 보호 본능이 일어나 현실이 아니라는 자각을 하게 됩니다. 그 순간부터 코르티솔은 억제되는 것이죠.

정리하자면 메타버스 세계는 흥분과 활력을 담당하는 호르몬이 분비되기 쉬운 환경이고, 스트레스를 억제할 수 있는 심리적 기점이 존재한다는 말과도 같습니다. 사람들은 대부분 자극과 활력을 얻고자 하고, 스트레스를 덜 받고 싶어 하지만 현실 세계에선 쉽지 않은 일입니다. 하지만 메타버스에선 가능하죠. 그렇기에 사람들이 메타버스에 열광하는 것이 아닐까 생각합니다.

그럼 이번에는 소비자의 눈이 아니라 사업가의 눈으로 메타버스가 주목받는 이유를 알아보고자 합니다. 사람들은 기술의 가치를 어떤 기준으로 평가할까요? 많은 기준이 있지만, 기술 가치를 평가하는 가장 큰 요소는 크게 3가지입니다. 바로 기술성, 사업성, 시장성입니다.

　기술성은 제품에 적용되는 기술의 기여도와 국내외 기술 동향, 기술 수준 등을 다양한 각도에서 분석합니다. 사업성은 기술을 적용하여 생산하는 제품의 매출 전망과 가격, 수익률 등을 고려하는 것을 말합니다. 마지막으로 시장성은 기술을 적용해서 생산하는 제품의 시장 규모, 시장 전망 등을 합산한 가치입니다. 이렇게 크게 세 가지 요소를 분석해서 화폐 가치나 점수 등으로 나타내는 것이 기술 가치 측정입니다.

　물론 다양한 접근법이 존재하지만 조금 더 평범한 방법으로 접근해보겠습니다. 메타버스의 기술 가치는 어느 정도가 될까요? 우선 비교를 위해 비슷한 상황에 있던 인터넷과 스마트폰을 비교해보겠습니다. 일단 두 제품과 기술성 측면에서 비교가 불가능합니다. 인터넷과 스마트폰은 정보와 데이터를 2D 혹은 3D로 표현하는 것이 대부분입니다. 그나마도 대부분 2D 정보를 화면에 띄우고 일부 프로그램이 3D 엔진을 사용합니다.

　하지만 메타버스는 어떤가요? 대부분 3D 기술이 사용되고 심지어는 촉각 등 다른 감각까지 추가해서 4D라는 이름으로 부르기까지 합니다. '2D와 3D, 숫자 하나만 추가하면 되는 거 아니야?'라고 생각하시면 큰 오산입니다. 차원이 하나 늘어나면 처리해야 하는 데이터양은 2배를 곱하면 되는 것이 아니라 기존 수치에서 제곱을 해야 합니다. 2D 차원에서 원래 처리해야 할 데이터의 양이 10이라면 3D

차원에선 100이 되는 겁니다. 단순히 몇 배로 치부할 수 있는 데이터 양이 아닌 셈이죠. 하물며 다른 감각 정보까지 함께 전달하는 메타 버스 세계관에선 어떨까요? 기존의 스마트폰이나 인터넷에서 처리 하던 정보의 크기와는 비교조차 무색합니다.

이렇게 구현에 필요한 VR, AR 등의 기술을 제외하고, 단순히 다뤄야 할 정보의 양만 봐도 비교조차 힘든 상황입니다. 처리해야 할 데이터가 많다는 말은 서버 관리와 유지 비용적 측면에서 큰 차이가 난다는 말과도 같습니다. 우선 주로 사용하는 클라우드 서버 비용 이 엄청나게 들 겁니다. 거기다가 실재감을 위한 VR, AR 기술이나 3D 환경을 구축하기 위한 언리얼 엔진 등을 더하면 기술성과 시장성 은 기존 시장과는 비교가 불가합니다.

어떤 사람들은 이런 메타버스의 기술적 부분을 근거로 메타버스 산업은 대기업들만이 진출할 수 있는 시장이라고 말하기도 합니다. 과연 메타버스는 기술력을 가진 거대 기업들의 각축장이 될까요? 무조건 그렇지만도 않습니다.

이때 우리는 사용자 기반 가치인 '네트워크 외부성'을 살펴봐야 합니다. 네트워크 외부성이란 고객기반의 가치와 보완재의 가치를 합친 것을 말합니다. 보완재는 두 제품을 별도로 사용하는 것보다 같이 사용하는 경우에 효용성이 증가하는 제품을 말합니다. 예를 들어 면도기와 면도날, 게임기와 게임 소프트웨어 등이 있습니다. 이런 경우는 보완재가 없으면 기능상의 치명적인 문제가 발생하는 경우입니다. 메타버스도 마찬가집니다. 단순히 기술력을 가진 기업이 플랫폼이나 실재감을 주는 기기를 만든다고 해서 끝이 아닙니다. 잘 짜인 이야기 즉 내러티브가 필수입니다. 마이크로소프트와 소니가 게임기 'XBOX'와 '플레이스테이션'을 만든다고 비디오 게임 시장을 전부 차지하지 못하는 것과 마찬가지로, 메타버스 세계에선 오히려 내러티브를 잘 살린 기업이 우위에 설 수도 있습니다.

보완재의 규모는 제품의 전파 속도에 큰 영향을 미칩니다. 그렇기에 기술 기반의 플랫폼 업체들은 다양한 보완재 콘텐츠들에 눈독을 들일 겁니다. 넷플릭스나 애플TV 등 다양한 OTT 기업들이 'IP 재산권'에 수천억 원에 달하는 돈을 해마다 투자하는 것도 비슷한 이유죠. 아무리 플랫폼이 발달해도 그 안에 존재하는 콘텐츠가 중요하기 때문입니다.

그래서 지금까지 메타버스 세계관을 잘 살린 플랫폼들은 대부분 사용자 기반 인터페이스를 차용하는 겁니다. 자사의 콘텐츠만으로 모든 소비자를 만족시킬 수 없다고 판단하고 소비자에게 제공자의 역할까지도 부여한 것이죠.

그렇다고 콘텐츠를 너무 조급하게 생각할 필요도 없습니다. 네트워크 외부성은 시간이 지남에 따라 일정한 수치에 수렴되는 특성을 지니고 있습니다. 보완재나 고객기반 네트워크의 수가 증가해도 어느 순간부터는 소비자가 차별성을 느끼지 못하는 기점이 존재합

니다. 앞서 언급한 XBOX와 플레이스테이션으로 예를 들어보겠습니다. 초기 XBOX 초기 모델이 출시됐을 때 판매량은 플레이스테이션과 비교가 힘들었습니다. 기존 플레이스테이션 모델이 쌓아온 게임 소프트웨어가 방대했기 때문이죠. 하지만 점차 XBOX 모델의 버전이 높아지고 마이크로소프트가 다양한 IP를 사들이는 데 집중한 결과, 일정 수준의 IP를 확보할 수 있었죠. 그때부터 소비자들이 XBOX와 플레이스테이션 중 구매를 고민할 때 게임 타이틀 숫자는 부차적인 문제가 됐습니다. 둘 다 제법 방대한 소프트웨어를 보유하고 있었기 때문이죠. 이처럼 보완재가 일정 수준에 도달하면 소비자가 느끼는 가치는 어느 정도 수렴하는 성향을 지닙니다.

이런 네트워크 외부성의 특징 때문에 후발 주자들도 선도 기업을 따라잡을 기회가 있는 셈이죠. 메타버스도 이와 비슷한 양상을 띨 가능성이 큽니다. 기술의 독립적 가치가 동일한 A, B 두 제품이 있을 때 A 제품이 먼저 시장에 진입했다고 B 제품이 항상 불리한 것만은 아닙니다. 그렇다면 무엇이 중요할까요? 다중 사용자 기반 메타버스에서 가장 중요한 점은 기술적으로 우위에 있는 점이 아니라 '무엇을 보여줄 수 있는가'입니다. 단순히 기능만으로 시장을 지배할 수 있는 시대는 지났습니다. 이제는 메타버스라는 새로운 세계를 통해 자신이 보여주고자 하는 가치와 재미를 소비자에게 와닿게 해야 합니다. 여러분이 메타버스를 통해 사람들에게 보여주고 싶은 가치는 무엇인가요?

말하고 배우기를 재정립하다

앞서 우리는 디지털 인류와의 공존을 이야기하면서 AI의 발전이 교육에 어떤 이점을 주는지 알아본 바 있습니다. 이 역시 사용자 기반 가치의 일종으로 볼 수 있습니다. 이번에는 범위를 조금 넓혀 메타버스가 어떤 방식으로 교육에 영향을 미치는지 알아보고 현재 메타버스를 교육에 접목한 기업들의 변화를 알아보겠습니다.

메타버스는 다양한 이유로 교육의 패러다임을 변화시킬 겁니다. 다양한 이유가 있지만 우선 익명성의 순기능을 교육에 접목할 겁니다. 아바타를 통한 교육의 이점은 익명성이 보장됨으로써 타인의 시선을 신경 쓰지 않고 궁금한 사항을 질문할 수 있는 겁니다. 성인들의 배움의 장인 대학교 강의만 봐도 대면 강의 시에는 질문이 거의 없습니다. 질문하면 타인의 시간을 뺏는다는 옳지 못한 인식이 그 바닥에 깔려 있기 때문이죠.

하지만 만약 익명을 보장하는 메시지의 형태로 질문을 받는다면 어떻게 될까요? 아마 지금과는 다르게 타인의 시선을 신경 쓰지 않고 자유롭게 질문을 보내올 가능성이 큽니다. 적어도 지금보단 많은 양의 질문이 나올 겁니다.

아바타를 통한 교육은 학생들의 활발한 참여를 끌어낼 수 있습니다. 이때 한 가지 더 생각해볼 것은 아바타를 통해 편하고 자신감 넘치는 모습으로 교육에 임하는 것은 학습자뿐만이 아니라는 겁니다. 교육을 진행하는 사람도 평소보다 좀 더 자연스럽고 편안하게 강의할 확률이 높습니다. 실제 대면하면 지루하던 강의가 인터넷을 통해 동영상으로 만나면 귀에 쏙쏙 들어오기도 하는 것처럼 말이죠. 이처럼 익명성은 때론 긍정적인 효과를 일으키기도 합니다.

그래서인지 최근 비대면 강의를 넘어 AR, AR 혹은 XR을 이용한 교육 플랫폼들이 속속 등장하고 있습니다. 메타버스 교육 플랫폼의 장점은 단순히 익명성의 순기능이 전부가 아닙니다. 산업의 기본 펀더멘털 부문에서도 큰 이점을 가져옵니다.

우선 메타버스 멀티 교육 플랫폼은 한번 만들어둔 콘텐츠를 여러 플랫폼에 배포하기 편하며, 짧은 시간 내에 적은 비용으로 사업을 안전 궤도에 오르게 만듭니다. 실시간 3D 엔진을 통해 경험을 반복적으로 진행하는 것도 큰 장점입니다. 이를 통해 단순히 언어의 전달이 아닌 감각을 통한 경험 학습으로 학습자와 교사 모두 빠르게 실력이 향상될 겁니다.

이런 경험의 반복은 다방면으로 효율적이지만, 특히 과학 분야에서 빛을 발합니다. 자연 현상과 인간사회 현상 속에서 보편적인 법칙과 원리를 발견하고 발전시키는 과학은 말 그대로 '관찰'이 중요한 학문입니다. 하지만 어떤 현상은 관찰하기 위해 오랜 시간이 걸리기도 하고, 일상에서 쉽게 보지 못하는 현상들도 있습니다. 학생들은 과학을 배우면서 기존에는 현상을 경험하지 못한 채 언어로 배워왔으나, 이제는 현실의 물리적 법칙을 재현하는 가상세계 플랫폼을 사용해 직접 경험할 수 있게 된 것이죠.

이런 이유로 이미 몇몇 기업들은 가상세계에 과학 실험실을 만들어 교육에 사용하고 있습니다. 가상 과학 실험실을 제공하는 플랫폼 선도 기업인 '랩스터(Labster)'는 전 세계 2,000개 이상의 기관과 3백만 명이 넘는 학생들에게 최첨단 가상 실험실 서비스를 제공하고 있습니다. 랩스터는 가상현실 속에서의 커뮤니티를 형성하고 협업 학습을 위해 다양한 도구를 사용하고 있으며, 가상세계에서 진행하는 여러 실습과 커리큘럼을 통해 많은 학생을 가르치고 있습니다.

기존 전통적인 교실 공간에서는 학생들은 때때로 교실 뒤쪽에 앉아 교육에 대한 동기부여가 떨어지는 경우도 존재합니다. 하지만 협업을 기반으로 하는 VR 및 AR 활용 교육은 학생들의 적극적인 참여를 유발하고, 실제와 같은 실습은 학생들에게 경험을 동반한 지식을 습득하도록 만들었습니다. 학생들은 자신들의 아바타를 가상현실 내에서 직접 움직여서 교수를 비롯한 다른 사람들과 의사소통하며 자유롭게 실험을 진행합니다.

랩스터 회사 홈페이지에 올라온 고객 경험 사례를 살펴보겠습니다. 캘리포니아 주립 대학의 생물학 교수인 '신디 멀론(Cindy Malone)' 박사는 학생들의 학습 경험을 위해 1년 동안 랩스터를 온라인 교육과정의 일부로 사용한 경험이 있습니다. 그녀는 가상 실험실이 학습과정에서 이점이 많고 전공이 아닌 학생들이 생물학과 과학 분야를 공부하는 데 어떻게 도움이 되었는지 자세히 기술했습니다.

초기 가상 랩으로 전환했을 때 모두가 어려움을 겪었고, 학습 조건을 설정하는 데 너무 많은 시간이 걸렸지만, 이를 랩스터를 통해 단 3주 만에 통합할 수 있었다고 합니다. 가상현실 교육을 통해 얻은 가장 큰 이점은 가상 실험실을 사용하면 실제로 학생들이 더 많은 과학적 사고를 하고 조작 실패를 크게 줄일 수 있게 된 점이라 말했습니다. 실험에 실패할 확률은 기존 가상현실 교육을 시행하기 전 20%대였으나, 가상 실험실로 실패 확률을 5%로 감소시켰다 전했습니다. 가상 실험실이 더 많은 학생이 하여금 시뮬레이션을 완료할 수 있도록 해주었다고 이용 후기를 전했습니다.

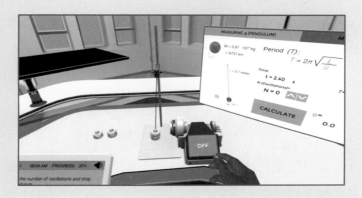

상단 : 실제 가상현실에서 진행 중인 과학 실험,
하단 : 가상 실험실을 통해 협업할 수 있는 실험의 종류

(출처 : 랩스터)

과학 분야뿐만 아니라 심리 분야에서도 메타버스는 큰 효용을 발휘합니다. 가상현실 건강 관리 시뮬레이션 솔루션 서비스를 제공하는 '코그니토컴퍼니(Kognito company)'는 AI를 기반으로 하는 가상현실 인간과의 역할극 대화를 상담가들에게 제공하는 가상현실 상담 시뮬레이션 회사입니다. 이 솔루션 서비스는 학교 학생들을 위한 상담 교육, 멘탈 케어, 친구 관계 개선, 알코올 중독, 암, 급성 및 만성질환, 정신 건강, 소아 치료, 자살 예방, 트라우마 정보 교육 및 상담 등 거의 모든 심리 상담 부문을 다룹니다. 이 메타버스를 통해 심리 상담가들은 다양한 환자의 상황을 미리 경험할 수 있고, 이에 근거한 맞춤형 상담 서비스를 환자들에게 제공할 수 있습니다. 기존 방식과 비교해 확실히 적은 시행착오로 전문 상담가들을 교육할 수 있다는 것은 큰 의미가 있습니다.

코그니토는 상호작용 VR을 통해 의사들이 더 많은 치료 솔루션을 원격으로 제공할 수 있도록 도와주는 플랫폼을 제공하는 회사이기도 합니다. 원격 의료 대화 시뮬레이션을 통해 의료 전문가는 환자에게 맞는 원격 의료 방문과 상담을 연습해서 체득하고, 환자는 자신이 아픈 곳을 기존의 방법보다 적절히 치료받을 수 있게 됐습니다. 가상현실에서의 컨설턴트 솔루션의 새로운 방향을 제시하며 향후 메타버스 교육 분야에서 많은 시사점을 보여주는 사례입니다.

현재는 심리 교육 분야에만 사용되지만, 데이터가 쌓이고 AI의 신뢰도가 늘어나면 AI가 직접 상담을 진행하는 방향도 고려해봄 직합니다.

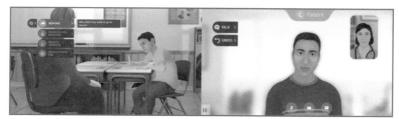

AI를 이용한 상담 시뮬레이션 (출처 : 코그니토)

이처럼 메타버스 교육 관련 플랫폼은 의학 분야에서도 큰 관심을 끌고 있습니다. 아무래도 의학이란 환자의 생명과도 직관된 분야이기에 경험 부족을 이유로 실수를 감쌀 수 없습니다. 하지만 메타버스 세계에선 의학도 '경험'할 수 있습니다.

의료 시뮬레이션 가상 학습의 최대 이점은 역시 의료 교육 개선 및 환자 위험 최소화입니다. 임상 학습자에게 몰입형 시뮬레이션 경험을 제공해서 전보다 스마트하고 효율적인 트레이닝을 받을 수 있도록 했으며, 초음파, 응급 환자 관리 및 출산 절차

메타버스와 치매

메타버스를 의학 분야에 적용하려는 움직임은 의학 교육 플랫폼만이 아니다. 영국의 '버추(Virtue)'라는 회사는 치매를 앓고 있는 사람들을 위한 VR 기술을 개발 중이라고 한다. 그들은 치매 환자의 과거 사진, 모습, 친숙한 환경 등을 가상현실에 구현해 치매 환자를 돕는 기술을 구현 중이라 한다.

이런 움직임은 현재 국내에서도 일어나고 있다. 아직 상용화 시기는 확실히 공표되지 않았으나 기대를 모으는 분야 중 하나다.

가상 의료 시뮬레이션의 모습 (출처 : CAE)

교육 등을 위한 홀로그램 강화 시뮬레이터를 포함하면서 의료 학습
자에게 더 나은 양질의 교육을 제공한다는 점입니다. 예를 들어 메
타버스 교육 솔루션 기업인 CAE의 헬스케어 사업부는 최신 AR 기
기를 활용해 초보 의료 교육자들에게 다양한 시각화 정보를 제공함
으로써 실제 환자를 위험에 빠뜨리지 않고도 해부학의 공간 관계에
대한 깊은 이해와 심장 질환과 관련된 초음파 검사의 역량을 높이는
데 최적의 솔루션을 제공합니다. 이러한 가상현실을 기반으로 하는
교육 기술을 습득하면 학습자는 높은 숙련도를 갖춘 상태로 실제
병원 임상 업무에 임할 수 있습니다.

이처럼 환자의 생명을 다루는 의료 교육에도 협업과 가상 교육
을 통해 작은 메타버스를 형성하고 있습니다. 이런 메타버스 플랫폼
은 교육 참여자들에게 실제와 같은 상황을 연출해주어 환자 시술과
수술 상황에서 최고의 퍼포먼스를 낼 수 있도록 새로운 교육 방향
을 제시한다는 점에서 시사하는 바가 큽니다.

앞서 본 사례들처럼 메타버스는 새로운 교육 플랫폼의 등장으로 인해 그 짜임새가 다채로워지고 있습니다. 마찬가지로 메타버스는 교육에 대한 정의와 용도를 재정립하는 중이기도 하죠. 이는 단순히 교육만이 아닙니다. 실제 일어나고 있는 변화는 이보다 더 광범위하고 빠릅니다. 어쩌면 지금 이 순간도 세상을 놀라게 할 메타버스가 지구 어딘가에서 등장하고 있을지도 모릅니다.

많은 것들이 변하면서 혼란스러워하는 사람들도 있을 겁니다. 인터넷과 스마트폰이 처음 등장했을 때도 한동안 사람들은 새로운 방법의 대화와 교육에 적응하기 어려워했습니다. 메타버스 시대도 마찬가지로 한동안은 새로운 방식이 낯설기도 하고, 복잡하게 느껴질 수도 있습니다.

물론 지금까지 그래왔던 것처럼 사람들은 이내 새로운 세계에 적응하고 첨단 문명이 건네주는 달콤한 과실을 입에 넣겠죠. 하지만 우리가 반드시 기억해야 할 사실이 있습니다. 바로 새로운 문명이 주는 과실은 준비된 자에게만 주어진다는 겁니다. 그래서 지금부터 이어질 파트는 제가 여러분의 준비를 돕기 위한 파트입니다. 앞서 분류한 메타버스 산업구조에 맞춰 새로운 시대의 주류가 될 기업들의 펀더멘털을 분석하고 그들에게 어떤 모멘텀이 있는지 알아보려 합니다. 다시 한번 말씀드리지만, 만약 과거 MAGA의 성장을 아쉬운 표정으로 쳐다만 봤다면 이제라도 여러분의 눈앞에 있는 세 번째 물결을 주시하길 바랍니다.

METAVERSE

PART 4

표준이 되기 위한 무한 경쟁
: 메타버스, 경험의 접점

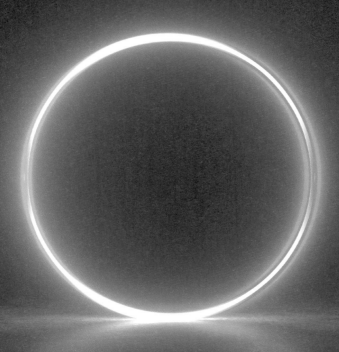

사실상의 표준,
디팩토 스탠더드(De facto Standard)

세계 2위의 경제 대국, 가장 인구가 많은 나라, 5천 년이 넘는 역사를 지닌 나라, 어떤 나라일까요? 바로 중국입니다. 중국은 약 5천 년에 달하는 방대한 역사를 지닌 나라입니다. 그런 만큼 수많은 역사적 인물들을 배출했습니다. 우리가 잘 아는 『삼국지』, 『초한지』 등도 실존 인물들을 기반으로 작성한 소설이죠. 그렇다면 중국 역사에 가장 큰 영향을 미친 인물로 꼽히는 사람은 누구일까요? 바로 진시황제(B.C. 259~B.C. 210)입니다.

미국의 철학자 마이클 하트가 펴낸 『세계사를 바꾼 사람들: 랭킹 100』에서 카이사르와 나폴레옹을 제치고 18위에 랭크된 진시황

은 고대 진(秦) 나라의 36번째 왕이자 중국 역사상 처음으로 통일 중
국을 달성한 황제입니다. 흔히 국내에선 불로불사(不老不死)를 꿈꾸
며 불로초를 찾아다니다 죽음을 맞은 황제로 알려져 있죠. 중국 역
사상 처음으로 통일을 이룬 것 외에도 진시황의 업적은 많습니다. 그
중 한 가지가 바로 표준을 제정한 겁니다. 여러 나라가 합종연횡을
펼치던 춘추전국시대를 통일한 진시황은 하나의 통일 제국을 위한
동일한 표준 지표가 필요함을 깨닫습니다. 이윽고 그는 사회, 경제,
문화 전반에 걸쳐 강력한 표준화를 추진했습니다. 국가마다 다르게
쓰던 화폐와 문자를 통일하고, 길이, 무게, 부피의 단위인 도량형 제
도를 통일했습니다. 진시황은 제각각인 수치를 통일하기 위해 나라
에서 직접 자와 저울을 만들어 백성에게 나눠줬고, 이를 바탕으로

토지를 비롯한 산업 전반의 통계를 정확하고 투명하게 만들었습니다. 당연히 분쟁이 줄어들고 백성들의 생활도 더 편안해졌죠.

이렇게 표준화는 역사적으로도 강력한 무기이며 표준은 그 자체로도 큰 힘을 가집니다. 오늘날에도 자신들의 제품을 표준으로 삼고자 하는 노력은 계속되고 있습니다. 자신들의 제품이 표준으로 인정되면 다른 제품과의 경쟁에서 앞서나갈 수 있기 때문이죠. 그렇다면 표준은 누가 정할까요? 표준을 제정하는 기구는 있지만, 과거 진시황처럼 자신들의 맘대로 모든 것을 정할 수 없습니다. 특히 새롭게 등장한 산업에서는 그 기준이 명확하지 않기에 더욱이 어렵죠.

그래서 요즘에는 표준을 제정하는 기구에서 정하는 표준보다 사실상의 표준을 뜻하는 '디팩토 스탠더드(de facto standard)'가 중요해졌습니다. 디팩토 스탠더드는 어떤 제품이나 물질이 최초로 개발된 후 인터넷을 비롯한 네트워크에 전파되어 산업에서 사실상 표준의 역할을 하는 것을 말합니다. 글로벌화가 진행되면서 사실상의 표준은 더욱 중요해지고 있으며, 단순히 경제적 산업뿐만 아니라 언어, 문화 등 다양한 분야로 영역을 넓히는 중입니다. 그만큼 디팩토 스탠더드는 시장을 선점하는데 중요한 요소이며 기술력만으로 결정되지 않는다는 특징을 가지고 있습니다.

디팩토 스탠더드의 예시로 앞서 언급한 초창기 컴퓨터의 운영체제[Operating System(이하 OS)] 이야기를 들어보겠습니다. 원래 컴퓨터 OS 시장에 진입한 것은 애플이 마이크로소프트보다 빨랐습니다. 세간의 예상대로라면 애플이 컴퓨터 OS 시장을 장악했어야 했죠. 하지만 마이크로소프트는 이미 업계에서 쓰이는 표준을 인지한 상황이었고 이를 애플과의 거래에 응용합니다.

매킨토시 컴퓨터를 개발한 애플은 마이크로소프트에 매킨토시에 탑재할 응용프로그램 제작을 의뢰했지만, 마이크로소프트는 차일피일 미루다가 자사의 '윈도우'를 먼저 발표하고 매킨토시에 들어가는 OS를 제작해주었습니다. 이후 매킨토시를 대거 복사한 '윈도우 2.0'이 모습을 드러내고 이에 분개한 애플은 마이크로소프트에 소송을 걸었으나 이전에 작성한 계약서의 독소조항 때문에 애플은 패소하고 말았습니다. 이후 다양한 컴퓨터 OS가 등장했지만, 이미 마이크로소프트의 윈도우는 하나의 업계 표준이 된 후였습니다.

OS 윈도우 로고의 변천 (출처 : 마이크로소프트)

현재도 매킨토시나 리눅스(Linux) 같은 윈도우보다 더 기능이 뛰어난 OS들이 있지만, 마이크로소프트의 아성을 넘지 못하고 결국 아류 OS로 밀려났죠. 이미 소비자들이 마이크로소프트가 판매하는 컴퓨터에 기본 탑재된 윈도우에 익숙해져 있다는 점이 가장 큰 이유였습니다. 이렇게 업계 표준이 정해지는 데는 단순히 기술력과 효용성이 전부가 아닙니다. 선점도 중요하고 다른 제품과의 호환성도 중요하죠.

물론 표준화는 '독점'이라는 부작용도 존재합니다. OS가 등장한 지 30년이 지난 지금도 가정용 컴퓨터는 대부분 윈도우를 OS로 사용합니다. 거의 독점시장이죠. 어찌 보면 소비자에게 이런 독점은 선택의 다양성을 죽이고 금전적인 이득을 보지 못하게 만드니 좋지 못한 흐름일 수도 있습니다. 하지만 디팩토 스탠더드는 기업이 다른 기업보다 빠르게 시장을 선점하고 향후 시장 진입자를 억누를 힘이기도 합니다. 그렇기에 자신들의 제품을 업계 표준으로 만들기 위해 갖은 노력을 기울이죠.

이런 현상은 미래 먹거리로 점쳐지는 산업에서 더욱 뚜렷하게 나타납니다. 세계적인 리서치 회사 가트너(Gartner)가 발표한 VR 시장 규모를 보면, 2019년 VR 시장 규모는 약 103억 달러였으며 매년 약 21.6% 증가할 것이라고 합니다. 가트너에 의하면, AR 시장 규모는 2019년 약 116억 달러였고 VR 시장보다 더 가파르게 성장해 시장 규모가 2025년 약 421억 달러에 달할 것으로 점칩니다. 이렇게 지금도 큰 시장을 형성하고 있고 계속해서 크기를 키워가는 시장인 VR, AR 시장에서도 업계 표준인 디팩토 스탠더드를 향한 전쟁이 끊임없이 이뤄지고 있습니다. 사실상 두 기기는 메타버스에서 실재감과 가장 깊게 연관된 기술들이죠.

우선 VR기기를 이야기하면 빼놓을 수 없는 기업이 바로 페이스북입니다. 페이스북은 거울 세계 메타버스의 대표 자리로는 만족할 수 없나 봅니다. 페이스북이 발표한 HMD 기반 VR기기 '오큘러스 퀘스트 2'는 2020년 4분기에만 200~300만 대 정도 팔렸다고 합니다. 이는 과거 애플의 아이폰 초기 판매량과 비슷한 수치입니다. 이를 두고 페이스북 CEO 마크 저커버그(Mark Zuckerberg)는 "최초의 주류 가상현실 헤드셋이 될 궤도에 올랐다."라고 말하며 자사의 오큘러스 퀘스트에 대한 자부심을 드러내기도 했습니다.

페이스북은 과거에도 시류를 재빠르게 파악해 시장을 선점하는 혜안을 보인 적이 있습니다. 페이스북은 2000년대 초반에 생긴 기업

으로 처음에는 컴퓨터 기반의 SNS를 주로 서비스했던 회사입니다. 이후 스마트폰 혁명기에 재빠르게 자신들의 서비스를 스마트폰에 잘 녹여내서 회사를 더욱 성장시킬 기반으로 사용했죠. 이런 사업적 문법이 메타버스에도 적용될 가능성이 큽니다. 자신들의 서비스를 메타버스 세계관에 녹이려는 시도의 첫 단추가 오큘러스 퀘스트라는 VR기기라고 생각합니다.

한편에선 VR기기가 대중에게 스마트폰처럼 사용되기에는 조금 시간일 걸리리란 이야기도 나오고 있습니다. 스마트폰과 다르게 VR기기는 착용하는 순간 사람에게 고립감을 줄 수 있기 때문이죠. 이런 생각을 페이스북도 인지하고 있는지, VR기기뿐만 아니라 선글라스나 안경에다가 AR을 이식하는 움직임을 'Project Aria'를 통해 보여주고 있습니다. VR기기가 스마트폰처럼 대중화되기 전까지 가교의

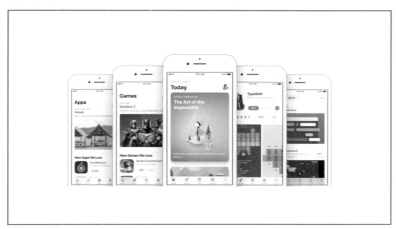

출처 : 애플

역할을 AR 글래스가 맡길 기대하는 거죠.

　　이렇게 페이스북은 메타버스의 실재감을 증대시켜주는 기기들에 지속적으로 관심을 보이는 중입니다. 하지만 그들이 단순히 VR 기기 판매만을 생각하고 있는 것은 아니라고 봅니다. 과거 스마트폰이 대중화되면서 애플의 애플리케이션(이하 '앱') 마켓에서 발생한 시장 규모는 약 570조 원에 가깝습니다. 물론 이 금액은 앱스토어에 파생된 시장 규모인 만큼 애플 앱스토어의 앱 판매 매출액이 아니라 앱스토어에 입주한 기업들이 창출한 상품 매출, 서비스 매출, 디지털 상품 매출, 광고 매출 등을 합친 수치이긴 합니다. 하지만 그걸 감안하더라도 570조 원이란 돈은 엄청난 금액입니다. 이런 애프터 마켓을 페이스북이 노리는 듯합니다. 자사의 VR기기를 디팩토 스탠더드로 만들면서 플랫폼 안에 사용되는 소프트웨어 시장을 새로 구축하고자 하는 듯한 움직임을 취하고 있죠. 만약 페이스북의 오큘러스 퀘스트가 시장의 표준이 되면 불가능한 이야기는 아니라고 생각합니다.

이렇게 생각하는 이유는 페이스북이 자사의 기기를 매우 싼 가격에 판매하는 동향 때문입니다. 사실 그 안에 들어가는 소프트웨어는 기존 VR 플랫폼과 사실 다른 것이 별로 없습니다. 하지만 가격은 소프트웨어 하나당 수만 원씩 합니다. 이 부분을 보면 앞으로 자신들의 플랫폼에 다른 기업들이 소프트웨어만 들고 입주하도록 만들려 하는 의도가 다분하다고 생각합니다. 만약 그들이 자신들의 플랫폼 안에 다른 기업들이 콘텐츠를 풀어낼 수 있는 인프라를 구축한다면 새로운 시장을 선도할 가능성은 충분하다고 봅니다.

또한, 이런 움직임 이면에는 애플을 향한 목소리도 담겨 있다고 생각합니다. 기존 페이스북 서비스들의 토대는 대부분 스마트폰입니다. 앱 마켓을 통해 유입된 사람들에게 다양한 광고 활동을 벌이는 것이 페이스북의 주력 비즈니스모델이죠. 하지만 지금까지는 애플은 자사의 앱 마켓에 지속적인 제재를 가하고 있습니다. 마케팅이나 모객 같은 부분을 계속해서 정책이란 수단을 이용해서 제재하고 있죠. 페이스북의 독자 마켓을 향한 의지는 이런 애플에게 '그렇게 나오면 나도 가만히 있지 않을 거야. 너희랑 같이 안 가.'라는 무언의 메시지를 보내는 것이라 생각합니다. 그만큼 페이스북은 새로운 '넥스트'에 대해 다방면으로 검토하고 고민하면서 준비하고 있습니다.

이렇게 페이스북이 넥스트 시장을 메타버스로 꼽은 가운데 애플의 움직임도 만만치 않습니다. 세계적인 금융 전문지 '블룸버그(Bloomberg)'의 보고서에 따르면 애플이 2022년 하이엔드(High-end) VR 헤드셋을 출시할 예정이라고 합니다. 지금까지 들리는 소문에 따르면 가상세계와 증강현실 프로젝트를 수행하는 수백 명의 직원으로 구성된 비밀 팀이 있다고 합니다. 애플의 VR/AR 관련 인사 채용 공고는 이런 소문에 신빙성을 더합니다. VR/AR 관련 기업들을 인수했다는 증권가의 공시도 애플의 메타버스를 향한 관심이 단순히 루머가 아님에 힘을 보태고 있습니다.

우선 애플이 출시할 거란 VR 헤드셋의 스펙을 보면 기존의 VR 헤드셋보다 더 가벼운 소재를 사용하고 날렵한 디자인이라고 합니다. 그리고 두 개의 고해상도 8K 디스플레이를 사용해 해상도를 높였고, 기존의 장치보다 더 높은 공간 지각 센서를 부착해 시선 추적 시스템을 활성화했다고 합니다. 기존의 헤드셋과 가장 차별을 둔 부분은 현실 세계 화면도 디스플레이를 통해 띄우게끔 하는 기술입니다. 복합적으로 많은 가치를 창출하려는 움직임이 돋보입니다. 이를 마크 저커버그가 가상현실의 현실감을 떨어뜨리는 기술이라고 비판한 점을 보면, 확실히 메타버스 기기에 대한 거대 열강들의 관심이

애플의 VR 글래스 예상도

단순히 호기심이 아님이 더 명확해지죠.

애플은 이외에도 AR 관련 기기들도 개발 중이라고 합니다. AR 글래스는 물론이고 다양한 메타버스 기기들을 선보일 예정이라 합니다. 아직은 확실한 사실관계가 드러나지 않은 만큼 이후 움직임을 지켜볼 필요는 있습니다. 하지만 스마트폰 혁명으로 세계 1위 기업이 된 애플이 넥스트 시장을 넋 놓고 바라볼까 생각하면, 애플의 메타버스 기기 개발은 어느 정도 기정사실화된 보도라 생각합니다.

이외에도 애플이 발표한 자율주행차 '애플카'도 메타버스와 연관이 깊습니다. 이 책의 첫 부분에서 우리는 2030 메타버스를 그린 이야기를 봤습니다. 이야기 속에서 등장하는 자율주행 차는 전면이 디스플레이로 이뤄져 있습니다. 단순히 상상일까요? 아닙니다. 자율주행차량이 상용화되면 기존 이동에 사용하는 시간의 개념 자체가 변합니다. 우리가 운전하는 시간은 자율주행차량이 보편화된 기점부터 콘텐츠를 즐기는 시간으로 변할 겁니다. 더 이상 사람이 직접 운전하지 않아도 되기 때문이죠. 테슬라, 애플 등 회사들이 앞다퉈 OTT 시장이나 콘텐츠 시장에 뛰어드는 이유도 이에 있습니다. 자율주행차량으로 인해 앞으로 모빌리티는 하나의 작은 메타버스가 될 공산이 큽니다. 그때를 대비해 애플이 메타버스 기기와 디스플레이 기술에 투자하는 거라면 그들은 절대 '안 되면 말지.'라는 생각으로 메타버스를 대하지 않을 겁니다. 개인적으로 세계 1위의 기업이라면 단순히 시장에 진입하겠다는 생각을 넘어 자신들의 시각적 정보를 전달하는 기술이 산업의 표준이 되길 바라리라 생각합니다. 이 역시 디팩토 스탠더드가 되기 위한 전쟁의 한 단면이죠.

이런 VR 산업에서 디팩토 스탠더드가 되기 위한 전쟁은 비단 해외 열강끼리만 벌이는 싸움이 아닙니다. 국내 시가총액 1위이자 세계적인 테크 기업, 삼성전자도 다시 참전했습니다. 사실 삼성전자는 2015년부터 '기어 VR' 시리즈를 세상에 내놓으며 일찍이 VR 시장의 부상을 점쳤습니다. 하지만 2019년까지 계속해서 시장에 도전했으나 큰 재미를 보지 못했죠. 그래서인지 2020년 6월을 기점으로 삼성전자는 VR 비디오 앱의 '오큘러스 고', '오큘러스 리프트' 등 VR기기에 대한 지원을 중단하고, 그해 9월에는 자사의 VR 플랫폼 '삼성

XR'의 서비스를 중단했습니다. 삼성전자는 VR 시장이 예상만큼 성장하지 않아 시장에서 철수한다고 말한 적이 있죠. 이때 VR이 '3D TV'처럼 반짝 등장하고 소리 소문 없이 사라지는 게 아니냐는 분석마저도 나왔습니다. 다시는 삼성전자가 VR 시장에 진출하지 않으리란 의견도 쏟아졌죠.

하지만 삼성전자가 다시 VR 시장에 도전할 거란 소문이 업계에 들불처럼 번지고 있습니다. 2021년 2월 업계에 따르면 삼성전자가 이르면 올해 안에 새로운 VR 헤드셋을 출시하리란 전망이 나왔습니다. 이를 뒷받침하는 근거로 2020년 10월 삼성전자가 미국 특허청에 '갤럭시 스페이스'라는 VR 헤드셋 브랜드로 추정되는 상표를 등록했다고 합니다. 그리고 2021년 1월에는 세계지식재산권기구(WIPO)의 부속 기관인 헤이그 국제디자인시스템에 증강현실과 가상현실이 자연스럽게 연결되는 혼합현실(MR) 관련 헤드셋과 컨트롤러의 특허를 제출한 점도 삼성전자가 아직 VR 시장에 대한 의지를 놓지 않았다는 주장에 힘을 더하고 있습니다.

삼성전자가 제출한 특허를 보면 곤충의 눈을 연상시키는 전면부 디자인이 인상적입니다. 일각의 예측으론 컴퓨터와 연결하지 않고도 콘텐츠를 즐길 수 있는 독립형 기기라는 말도 있습니다. 이런 다양한 소문에 삼성전자 관계자는 VR/AR 관련 기술 개발은 지속적으로 진행하고 있다고 말하며 단말이나 서비스 출시에 대한 구체적 언급은 피했습니다. 과연 독특한 디자인을 지닌 삼성전자의 제품이 스마트폰처럼 일종의 업계 표준이 될지는 아직 지켜봐야 할 부분이라 생각합니다.

사실 혼합현실(MR) 분야는 마이크로소프트가 주력으로 밀고 있는 분야기도 합니다. 마이크로소프트는 인터넷 혁명 때 디팩토 스탠더드가 돼서 막대한 부를 축적한 경험이 있습니다. 하지만 스마트폰 혁명기에는 성장하던 스마트폰 시장에 대한 판단이 늦어 애플에게 시가총액 1위 자리를 내주는 수모를 겪었고 뒤늦게 스마트폰 기업 노키아를 인수했지만, 막대한 손실을 감가상각하며 실패의 쓴맛을 제대로 본 적이 있죠. 이런 뼈아픈 경험이 있는 마이크로소프트가 과연 시대의 넥스트라 불리는 메타버스 시장을 놓칠까요? 단연코 그렇지 않으리라 생각합니다.

마이크로소프트는 이미 혼합현실 기술을 적용한 고글을 시장에 선보였습니다. 그들이 선보인 '홀로렌즈(HoloLens)'는 다른 기업과는 조금 다른 방향성을 띕니다. 기존 페이스북이나 애플, 삼성전자와 같은 빅테크 기업들은 B2C에 조금 더 비중을 둔 제품들을 시장에 선보이고 있습니다. 하지만 마이크로소프트의 홀로렌즈는 B2C보다는 B2B에 더 적합한 형태를 띕니다. 그들의 홀로렌즈는 일반 사용자의 경험보다는 복잡한 설계도를 지닌 제품의 제조 공정을 도와주는 데 특화돼 있습니다. 그 방식을 조금 들여다보면, 현실에 실제 개체가 스캔된 3D 이미지를 출력하고 이를 자유롭게 조작할 수 있는 방

미군이 홀로렌즈를 착용한 모습
(출처 : 마이크로소프트)

식이죠. 게다가 컴퓨터나 스마트폰 같은 다른 기기에 연결하는 헤드셋이 아니라 자체적으로 윈도우 PC 기능을 탑재한 독립형 기기입니다.

그런 이유인지 홀로렌즈는 특히 자동차나 반도체 같은 미세공정이 필요한 제품을 만드는 회사들에게 각광받고 있습니다. 그리고 정확성이 요구되는 안보 분야에서도 홀로렌즈는 활발하게 쓰이고 있습니다. 최근 마이크로소프트는 미국 육군과도 협약을 맺었습니다. 2021년 4월 언론은 마이크로소프트가 미 육군에게 12만 개가 넘는 홀로렌즈를 납품하는 계약을 맺었다고 보도했습니다. 전문가들은 이 계약으로 마이크로소프트가 향후 10년간 약 25조 원에 달하는 매출을 추가로 올릴 수 있을 거라 말했습니다. 이날 마이크로소프트의 주가는 전날 대비 1.69%가 오르기도 했죠. 어찌 보면 피 터지는 전쟁이 예상되는 시장에서 교묘하게 틈새를 파고드는 전략이기도 합니다.

지금까지 우리는 주로 웨어러블(Wearable) 기기, 즉 착용형 기기에 대해 주로 얘기했습니다. 헤드셋 형식의 기기와 안경 형식을 차용한 기기 모두 착용형 기기에 속하죠. 하지만 아직까지 어떤 특정 모델이나 방식이 메타버스 기기 산업의 업계 표준이라고 말하기 어렵습니다. 디팩토 스탠더드가 정해지지 않은 상황이죠.

이런 시기를 '기술 사이클 이론(Technology Cycle Theory)'에선 '혼돈의 시기'라고 부릅니다. 기술 사이클 이론이란 미국의 컴퓨터, 시멘트 산업 등을 분석하며 완성된 기술 주기 이론으로, 기술의 변화와 발전이 순환적으로 발생한다는 내용을 다룬 이론입니다. 그중 혼돈의 시기는 다양한 접근과 디자인이 시도되는 단계로 시장에 검증된 방식이 없어서 여러 접근이 시도되고 다양한 기업들이 서로 경쟁하는 단계입니다.

이해를 돕기 위해 우리에게 익숙한 태블릿을 예로 들어보겠습니다. 태블릿은 1989년 '그리드패드'라는 제품이 시장에 등장하면서 처음 모습을 드러냈습니다. 이후 1991년에 에이티엔티, 1992년에 아타리, 1993년에 애플 등 다양한 기업에서 태블릿을 발표했습니다. 이후에도 마이크로소프트, 노키아 등 테크 기업들은 전부 발을 한 번씩 담갔습니다. 하지만 2010년까지 별다른 반응을 이끌어내지는 못했죠. 시장의 전환점은 2010년 애플과 삼성이 각각 '아이패드'와 '갤럭시탭'을 발표하면서부터입니다. 사실상 태블릿 시장의 디팩토 스탠더드를 두 기업의 제품이 차지한 것이죠. 이렇게 시장에 지배적인 디자인이 등장하면 그 산업은 새로운 국면을 맞이하게 됩니다. 우리는 그 전 단계를 혼돈의 시기라고 부릅니다.

이런 움직임은 현재 메타버스 기기 산업에서도 활발하게 일어나고 있습니다. 다양한 시도가 이뤄지고 검증된 방식 없이 기업들은 자유로운 관점에서 시장과 제품을 바라보죠. 사실 메타버스를 풀어내는 새로운 기기에 대한 연구는 VR/AR 분야에서만 이뤄지는 것은 아닙니다.

여기서 개발 중인 기술을 소개하는데 앞서 한 가지 질문을 드리고자 합니다. 여러분은 파트 1에서 언급한 영화 <매트릭스> 속 가상세계가 현실로 이뤄질 수 있다고 생각하시나요? 저의 대답은 "머지않은 미래에 실현 가능하다."입니다. 그렇다면 어떤 기술이 개발돼야 매트릭스 속 가상세계를 구현할 수 있을까요?

흔히 공상과학 소설이나 영화를 보면 사람들이 가상세계에 접속할 때 머리 위에 심박수를 잴 때 쓰는 센서와 비슷하게 생긴 기기를 붙이고 있는 것을 본 경험이 있을 겁니다. 이런 기술을 우리는 '뇌·컴퓨터 인터페이스(Brain-Computer Interface(이하 BCI))'라고 부릅니다. BCI 기술은 뇌파를 이용해 컴퓨터를 사용할 수 있는 인터페이스를 뜻합니다. 두뇌의 정보 처리 결과를 언어나 신체 동작을 거치지 않고 바로 센서로 전달해서 컴퓨터가 해당 명령을 실행하도록 하는 기술입니다. 아직은 착용형 기기보단 발전 속도가 느리지만 꾸준히 연구되는 분야기도 합니다. '밸브(Valve)', '와이마이(WIMI)' 등 다양한 기업들이 연구하고 있지만 아직 상용화 계획이 발표된 회사는 없습니다.

이 분야에서 가장 주목받는 회사는 단연 '뉴럴링크(Neuralink)'일

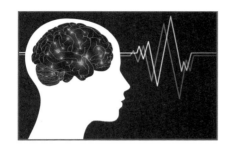

겁니다. 테슬라 CEO 일론 머스크가 설립한 뇌연구 스타트업으로, 그는 2021년 3월 워싱턴DC에서 열린 위성 콘퍼런스에서 원숭이가 생각만으로 비디오 게임을 할 수 있을 정도로 발전된 기술이 담긴 영상을 공개했습니다. 일론 머스크는 지금과 같은 흐름이라면 1년 안에 원숭이가 아닌 인간 실험으로 전환할 수 있다는 말도 같이 했습니다. 그는 이 기술을 이용해 알츠하이머나 파킨슨병 같은 신경 질환을 치료할 수 있다고 말하기도 했죠. 사실 이런 이야기는 너무 허황한 말처럼 들리기도 합니다. 하지만 말한 주체가 일론 머스크다 보니 사람들의 기대감은 점점 고조되고 있습니다. 과거 그가 여러 차례 뜬구름 잡는 이야기를 했지만 결국 테슬라를 성공적으로 이끈 모습을 봤으니까요.

이외에도 다양한 기술들이 개발되고 있습니다. 2021년 하반기 출시예정인 '옴니원(Omni One)'은 가상 트레드밀 시뮬레이터로 영화 <레디플레이어원>에 등장하는 가상현실 접속 기기와 상당히 흡사한 모양을 띠고 있습니다. 개발사에서 공개한 영상을 보면 사용자는 마치 가상에 있는 것처럼 움직이고 FPS 같은 게임을 즐깁니다. 이 시뮬레이터가 주목받는 이유는 단순히 사용자의 웅크리기, 쪼그리고 앉기, 점프하기 등 자유로운 움직임을 지원하는 것을 넘어 시선과 움직임을 일치시켜 '인지 부조화'를 줄였기 때문입니다. 가상현실 기기를 사용하면서 멀미를 호소하는 사람을 보거나 직접 경험해본 적이 있나요? 멀미가 일어나는 요인 중 가장 큰 이유는 인지 부조화입니다. 현실의 나는 앞을 향해 가지만 가상현실 속 나는 다른 방향으로 움직이거나 하늘을 나는 등의 행동을 취하면 뇌에서는 감각 보호를 위해 신호를 보내죠. 그 신호가 바로 멀미입니다. 일종의 보호 기제 같은 겁니다. 가상세계가 대중에게 널리 전파되기 위해서 가장 먼저 해결해야 할 문제기도 합니다. 옴니원은 시선과 움직임을 일치시키는 방법을 사용해서 이 문제를 해결한 것이죠.

감각의 영역에서 다른 방향으로 발전시킨 기기도 존재합니다. 미국 캘리포니아주에 본사를 둔 연구팀 'HaptX'는 VR의 촉각 피드백을 갖춘 'HaptX Gloves'를 공개했습니다. 이 장갑을 사용하면 사용자는 VR의 객체의 모양, 움직임, 질감, 온도를 느낄 수 있다고 합니다. 이 기술은 아마 장갑을 넘어 점차 몸 전체로 감각의 영역을 늘릴 것도 같습니다.

이런 기술들이 점차 개선되고 상용화되면 결국 <매트릭스> 속 가상세계로 이어지지 않을까요? 어쩌면 영화에서 보던 가상세계는 우리에게 생각보다 가까이 있을지도 모릅니다. 아마 그때가 되면 기술의 판단 기준 자체가 달라지겠죠.

상단 : 옴니원을 이용한 FPS 게임 플레이 (출처 : 옴니원),
하단 : 햅틱 글로브를 실제 사용하는 사진 (출처 : HaptX)

이렇게 많은 기술과 기업들이 메타버스 세계의 주류가 되기 위해 노력하는 중입니다. 앞으로 어떤 기술이 메타버스를 대표하는 기기가 될지 아직은 알 수 없습니다. 하지만 우리가 확실히 알 수 있는 것은 메타버스 세계를 이끄는 기업은 앞으로 막대한 부와 명예를 거머쥘 겁니다. 마치 스마트폰 혁명기에 애플이나 페이스북 같은 글로벌 IT 대기업들이 그랬던 것처럼 말입니다.

혹시 여러분들이 과거 인터넷과 스마트폰 혁명기에 관련 기업들이 비상하는 것을 바라만 봤다면, 지금 메타버스를 둘러싸고 벌어지고 있는 업계 표준에 대한 전쟁에 좀 더 관심을 가져야 합니다. 앞서 말한 바와 같이 스마트폰이 혁명이라면 메타버스는 새로운 문명입니다. 그만큼 세상이 더 많이 변할 겁니다. 상상도 못 할 만큼 말이죠.

디지털 세상과 나를 연결하는
: 하드웨어 패러다임 시프트

이번에는 앞서 우리가 알아봤던 기업들을 좀 더 세밀하게 분석해서 실질적으로 투자에 도움이 되는 이야기들을 해보겠습니다. 경험의 접점과 연관지어 알아볼 분야는 하드웨어입니다. 지난 수십 년간 컴퓨터, 스마트폰으로 이어져왔던 전통의 부강 산업 분야기도 합니다.

트위터의 공동 설립자이자 전 CEO인 '에번 윌리엄스(Evan Williams)'가 창립한 온라인 출판 플랫폼 '미디엄(Medium)'에서 메타버스에 관한 컬럼을 기고하고 있는 '존 라도프(Jon Radoff)'는 메타버스의 핵심 밸류 체인을 7개의 층으로 나눴습니다.

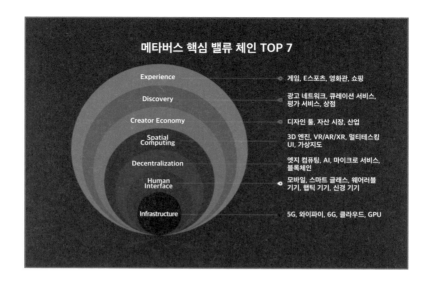

이 7개의 핵심 밸류 체인 중 '공간 컴퓨팅(Spatial Computing)'은 소프트웨어 산업에서는 공간과 움직임을 구현하는 3D 엔진과 우리가 잘 알고 있는 가상현실과 증강현실을 구현하는 하드웨어(VR 및 AR 관련 장비 플랫폼) 산업을 포함하는 분야입니다.

이 하드웨어 산업은 메타버스로 구현되는 다양한 세계로 우리를 이끌어주는 도구 역할을 합니다. 메타버스의 공간 컴퓨팅은 물리적 세계와 이상적인 세계 사이의 장벽을 무너뜨리는 하이브리드 가상 컴퓨팅을 구현해서 화면과 키보드로 대변되는 전통적인 컴퓨팅의 경계를 넘어서 가상의 시뮬레이션 시스템을 설계하는 것을 의미합니다. 공간 컴퓨팅은 우리가 3D 공간에 들어가서 더 많은 정보와 경험을 통해 현실 세계를 확장할 수 있는 큰 범주의 기술로 폭발적으로 성장하고 있는 상황입니다. 가능한 한 많은 공간에서 인간이 느끼는 공간감을 극대화시키는 기술로 말이죠. 이러한 차세대 공간 컴퓨팅 플랫폼을 구현하기 위해서는 AR과 VR 하드웨어 기술이 절실히 필요합니다.

사실 AR/VR 하드웨어 시장은 2016년 주목받은 이래로 한동안 성장이 미진했습니다. 그동안 이 산업의 성장이 미약했던 이유는 하드웨어의 성능이 상용화하기에 부족하고 다른 기기들과 호환성이 부족했으며 무엇보다 콘텐츠가 충분치 않았기 때문이죠. VR 콘텐츠를 즐기기 위해서는 고성능 컴퓨터가 필수적으로 요구되는 상황이었죠. 단순히 게임을 위해서 고가의 VR 장비에 더불어 고성능 컴퓨터까지 필요한 상황은 개인에겐 많이 부담되는 상황이었죠.

하지만 AR/VR의 적용 분야가 게임 산업뿐 아니라 엔터테인먼트, 교육, 건축, 의료, 제조업의 공정관리 등으로 확대되면서 수요는 늘어나고 있습니다. 이제는 고성능 컴퓨터까지 투자하더라도 수지타산이 맞는 상황이 된 것이죠. 시쳇말로 뽕(?)을 뽑는 게 가능해졌습니다.

선발주자
페이스북

이렇게 경쟁력이 생긴 이 산업에 주요 빅테크 기업들이 진출하는 것은 어찌 보면 너무 당연한 일일지도 모릅니다. 그래서인지 AR과 VR은 컴퓨터와 스마트폰의 뒤를 잇는 주요 하드웨어 플랫폼으로 부상하는 중이고, 현재 시장을 선도하는 기업인 페이스북은 이 공간 컴퓨팅 하드웨어 플랫폼 시장에 공격적으로 침투하고 있습니다. 이미 페이스북은 향후 10년 계획의 핵심으로 AR/VR을 차세대 플랫폼으로 발표한 바 있습니다.

페이스북은 오큘러스라는 자사의 하드웨어를 기반으로 메타버스의 주축인 현실과 가상을 잇는 확장현실(XR) 하드웨어 기술력 부문에서 가장 큰 경쟁력을 보유하고 있는 기업입니다. 시장조사업체 카운터포인트리서치가 공개한 자료에 따르면 오큘러스는 2020년 전 세계 XR 시장에서 53.5%의 점유율을 차지해 1위에 올랐다고 합니다. 심지어 11.9%로 2위를 차지한 소니와의 격차는 4배 이상이니 현재 페이스북이 얼마나 앞서 나갔는지 여실히 보여주죠. 페이스북은 2014년 오큘러스 인수를 시작으로 메타버스를 차세대 플랫폼으로 내다보고 다방면으로 투자를 확대해왔으며 하드웨어뿐 아니라 관련 콘텐츠와 기술 업체들을 인수하는 등 빅테크 기업 중에서 가장 활발한 투자 활동을 보이는 중입니다.

현재 시판되고 있는 오큘러스 퀘스트 2는 무선 PC 연결과 120Hz 재생률 지원, 인피니티 오피스가 구현되는 제품으로 이를 '에어 링크(OCULUS AIR LINK)' 플랫폼이라고 합니다. 이 기능으로 인해 오큘러스를 사용하기 위해서 기존에 필요하던 연결 기기들이 필요가 없어지고 단순히 빠른 인터넷만을 필요하게 됐습니다.

이런 기술 개발 때문인지 페이스북의 2020년도 4분기 실적발표 자료에 따르면, 기타 매출 부분에서 전년 대비 156%가 상승했는데, 이는 기타 매출에 포함되는 오큘러스 VR 헤드셋을 비롯한 메타버스 기기 판매 덕분인 것으로 나타났습니다. 이런 양상은 점점 늘어날 것으로 보이고 결국 향후 페이스북 전체 매출에서 차지하는 하드웨어 플랫폼 매출 비중이 성장할 가능성이 높습니다.

페이스북은 자신들의 소셜미디어를 다시 한번 진화시켜 기업 가치의 퀀텀 점프를 노리고 있죠. 신한금융투자에서 발간한 보고서에 따르면 페이스북 직원 중 20%에 달하는 약 1만 명의 직원들이 'Reality Labs (AR/VR 관련 사업)'에서 근무할 정도로 페이스북은 메타버스 세계에서 앞서기 위해 박차를 가하고 있습니다. 페이스북 테크놀로지 사업의 중심이 되는 리얼리티 랩(Reality Labs)은 세계적 수준의 연구자, 개발자, 엔지니어 팀을 한데 모아 AR 및 VR의 미래 로드맵을 그리고 있다고 합니다.

사실 페이스북이 노리는 시장은 단순히 하드웨어 시장이 전부가 아닙니다. 우선 페이스북은 막강한 하드웨어 플랫폼 시장에서의 경쟁력을 바탕으로 자신들이 기존에 해왔던 소셜미디어 사업에서 메타버스로의 패러다임 시프트를 꾀하고 있습니다. 그동안 소셜미디어 플랫폼 사용 유저들은 새로운 형태의 소셜미디어에 대한 욕구가 계속 있었습니다. 숏 클립 플랫폼인 틱톡, 음성 기반 소셜미디어 플랫폼인 클럽하우스와 같은 신규 서비스 급성장도 이와 흐름을 같이 하는 현상이라 볼 수 있죠.

페이스북의 또 다른 소셜 플랫폼 축이 될 VR 소셜 앱인 '호라이즌(Horizon)'이 현재 베타테스트가 진행 중이라고 합니다. 빠르면 연말에는 사람의 얼굴을 정확히 인식하고 움직임까지 구현하는 차세대 아바타 소셜미디어가 세상에 등장할지도 모릅니다. 이제는 기존 소셜미디어 플랫폼에서는 실현 불가능했던 경험들을 가상현실 속에서 시공간을 초월해 경험하게 될 가능성이 큽니다.

아이폰 출시 초기의 분기 판매량이 현재 오큘러스 퀘스트2의 분기 판매량과 유사하다는 점도 주목할 만합니다. 2020년 4분기 퀘스트2의 출하량이 200~300만 대를 기록했으며, 2021년도에는 300~400만 대가 예상되는 상황은 예전 스마트폰과 유사한 시장 환경이 조성될 가능성을 시사합니다. 이 말은 얼마 지나지 않아 스마트폰이 초기에 형성했던 앱 마켓과 비슷한 규모의 시장이 열릴 가능성이 있다는 뜻이기도 합니다. 페이스북이 원하는 바가 이 VR을 기반으로 한 앱 마켓의 주도권을 잡는 것이라는 느낌이 강하게 듭니다.

페이스북 기업가치 평가

	2018	2019	2020	2021	2022	2023
시가총액 (단위 백만 달러)	376,725	585,321	778,040	855,589		
EV	335,611	530,455	716,086	777,252	750,314	707,123
PER(주가수익비율)	17.3	31.9	27.1	26.7	22.3	19.2
배당수익률	-	-	-	-	-	
시가총액/매출	6.75	8.28	9.05	7.93	6.63	5.7
EV/ Revenue	6.01	7.5	8.33	7.2	5.81	4.71
EV/ EBITDA	10.1	13.4	15.5	14.1	11.3	8.87
PBR (주가장부가치비율)	4.5	5.84	6.15	5.5	4.43	3.58

출처 : marketscreener.com

페이스북 수익성 지표

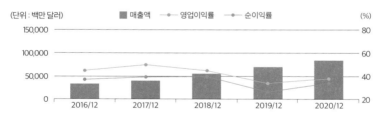

페이스북 수익성장성 지표

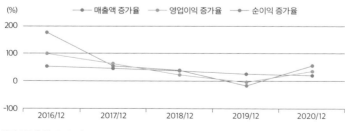

상기 2종 출처: FnGuide

메타버스 새로운 기회

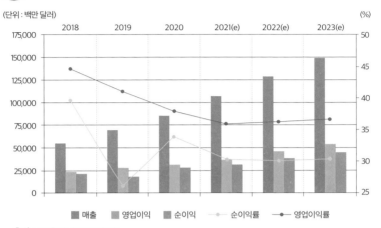

페이스북 매출 추이

(단위 : 백만 달러)   (%)

출처 : marketscreener.com

　　이번에는 매출액을 알아보겠습니다. 페이스북의 매출액 증가율은 최근 5년간 낮아지는 추세이긴 합니다만, 영업과 순이익률이 각각 30%와 20%대를 유지하고 있는 것을 보면 페이스북은 주로 고마진 사업을 영위하는 것을 알 수 있습니다. 특히 페이스북은 미국 디지털 광고 시장 점유율에서 약 23%의 비중을 차지하고 있습니다. 2020년 팬데믹으로 인해 디지털 채널 이용자가 급격히 증가했고 온라인 시장은 광고 플랫폼으로서의 가치가 더 향상됐습니다. 글로벌 디지털 광고 지출은 2024년까지 연평균 12% 증가한 5,262억 달러에 이를 전망이고 페이스북의 주요 사업부의 매출은 아직도 성장 흐름이 지속되고 있습니다. 페이스북의 글로벌 디지털 광고 시장 점유율

⑳은 구글에 이은 2위로 시장 성장의 수혜까지 기대하는 상황입니다. 여기에는 광고 업황의 점차적인 회복도 긍정적 배경으로 작용하고 있습니다. 글로벌 백신 보급 및 연말 성수기 시즌을 고려하면 연중 실적 전망은 더 밝습니다.

이런 최전방 메인 사업부의 안정적인 매출성장은 아직 매출 부분에서 큰 비중을 차지하지 않는 페이스북 테크놀로지 사업부인 리얼리티 랩과 오큘러스에 대한 재정 지원이 보장된다는 의미가 됩니다. 안정적으로 그다음 먹거리를 개발할 수 있는 환경이 갖춰진 것이죠.

이처럼 페이스북이 만들어가는 비즈니스 생태계는 향후 미디어 콘텐츠, 광고, 소셜미디어 등을 한데 모은 메타버스 세계관을 오큘러스 플랫폼을 통해 대중에게 제공하는 그림입니다. 기존의 모바일 소셜미디어를 메타버스 플랫폼으로 이식하기 위한 초석을 잘 다져가고 있다는 점에서 페이스북의 장기 성장력은 매우 높다고 할 수 있습니다.

구글과는 다른 출발, 마이크로소프트와 AR

AR 시장에서는 마이크로소프트 홀로렌즈의 퍼포먼스를 주목할 만합니다. AR 기기에는 기본적으로 사용자 위치, 이동변화, 음성과 행동 인식 등의 인지 기능이 필수적입니다. 이러한 인지 기능을 제공하기 위해서는 다양한 센서로부터 입력되는 수많은 데이터를 실시간으로 처리하는 전용 프로세싱 칩이 필수죠.

마이크로소프트의 홀로렌즈2는 이런 인지 기능에 필요한 데이터 처리 기술이 뛰어난 제품입니다. 홀로렌즈2는 환경에 최적화된 AR 기능을 사용자에게 제공하여 현장 업무의 효율을 혁신적으로 개선시키고, 3D 환경으로 구성된 디스플레이 모델을 실제로 보고,

만지고, 공유하여 전에 없었던 업무 경험을 느끼도록 만들어줍니다. 마치 영화에서 보던 것들을 현실에서 가능케 만든 하드웨어죠.

홀로렌즈2는 안구 움직임을 정확하게 추적하는 '아이트랙킹(Eye-Tracking)' 기술과 3차원 위치 인식 기술을 기반으로 진화된 업무 환경을 조성하고, 실무자를 위해 다양한 분야의 산업군에 알맞은 애플리케이션들을 제공하는 하드웨어 플랫폼으로 진화하고 있습니다. 이외에도 Azure 같은 마이크로소프트사의 다양한 툴을 연계해서 다양한 분야에서 사용될 수 있도록 시스템을 구축하는 중입니다. 그 외에도 마이크로소프트사는 제조업, 헬스케어, 교육 등에서 AR 플랫폼인 홀로렌즈를 적용하여 수많은 솔루션 서비스를 제공하고 있죠.

이 중 가장 주목해야 하는 시스템은 마이크로소프트가 자사의 플랫폼 클라우드 서비스 Azure와 홀로렌즈 플랫폼을 결합한 지능형 서비스입니다. 이 서비스를 사용하면 유저들은 업무와 생활 환경에서 디지털 정보를 포착하여 손쉽게 공동 작업을 할 수 있습니다. 그리고 Azure 리모트 렌더링은 고품질의 대화형 3D 콘텐츠를 렌더링하고 실시간으로 디바이스에 스트리밍할 수 있게 하는데, 이는 각 디바이스의 물리적 한계를 초월한 3차원 콘텐츠를 제공함으로써 산업 플랜트 관리, 자산 설계 검토, 수술 전 수술 계획 등 정밀성이 요구되는 업무 전반의 모든 과정을 3D 화면으로 생생하게 표현해줍니다. 다양한 산업군의 작업에 필요한 복잡한 정보를 더 잘 이해할 수 있도록 돕는 솔루션인 셈이죠.

이미 많은 파트너 기업들이 마이크로소프트의 홀로렌즈와 솔루션 플랫폼을 사용하고 있다는 점에서 홀로렌즈를 기반으로 한 하드웨어 플랫폼 서비스 매출은 더 증가할 수밖에 없습니다.

이처럼 최근 수년 동안 마이크로소프트사는 'PaaS(Platform as a Service)' 기업으로서 성장 펀더멘털을 확고히 다져가고 있습니다. 그 중심에 플랫폼 클라우드 컴퓨팅 서비스인 Azure가 있으며, 성장 요소들의 배치가 확실한 기업 운영이 돋보입니다.

마이크로소프트는 '고속 디지털화'의 수혜주로서 2021년 2분기 실적이 어닝서프라이즈를 기록했습니다. 고객들의 사업 '디지털화' 수요가 많아지며 전 사업부에서 매출이 성장했습니다. 그중에서 클라우드 서버, 오피스 365, XBOX 등 IT와 메타버스 관련 분야의 성장이 가장 돋보입니다.

특히 주목할 것은 최근 5년간 영업이익률의 상승폭이 지속적으로 증가했다는 점입니다. 이는 클라우드 플랫폼 서비스 기업으로의 체질 개선이 주요하게 작용한 탓이며, 클라우드 서버 산업의 영업이익률은 메인 매출 사업부인 하드웨어 부문보다도 더 큰 40%를 기록했습니다. 향후 플랫폼 클라우드 컴퓨팅 서비스 1위 업체인 AWS의 가장 큰 라이벌로 떠오르는 추세로, 앞으로 마이크로소프트의 클라우드 분야 성장이 더 기대됩니다.

마이크로소프트 수익성 지표

(단위 : 백만 달러)　■ 매출액　■ 영업이익　■ 당기순이익　—●— 영업이익률 ⋯●⋯ 순이익률　(%)

마이크로소프트 수익성장성 지표

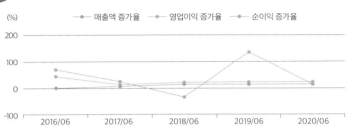

상기 2종 출처: FnGuide

마이크로소프트 기업가치 평가

	2018	2019	2020	2021	2022	2023
시가총액 (단위 백만 달러)	757,640	1,026,511	1,543,306	1,969,650		
EV	700,112	964,870	1,470,106	1,901,269	1,871,205	1,851,452
PER(주가수익비율)	46.3	26.5	35.3	35.5	32.6	28.7
배당수익률	1.70%	1.37%	1.00%	0.85%	0.91%	1.04%
시가총액/매출	6.87	8.16	10.8	12	10.9	9.63
EV/ Revenue	6.34	7.67	10.3	11.6	10.3	9.05
EV/ EBITDA	15.4	17.7	22.4	24.3	21.6	18.3
PBR (주가장부가치비율)	9.15	10	13	13.3	10.3	8.1

출처 : marketscreener.com

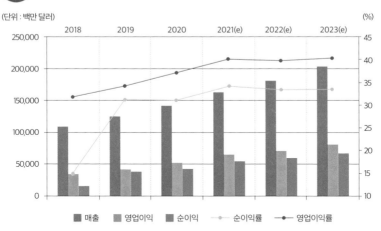

(단위 : 백만 달러)   (%)

출처 : marketscreener.com

　　이런 성장동력 때문인지 2021년에는 매출액 1,814억 달러, 영업이익 722억, 순이익 605억 달러를 기록하리라 점쳐지고 있습니다. 영업이익과 순이익 마진율은 각각 40%, 30% 후반대에 이를 것으로 기대를 모으는 중입니다.

　　특히 빅테크 기업으로서 약 40%대의 높은 자기자본이익률(ROE)을 기록하고 있는데, 최근 3년간 이 자기자본이익률이 증가했고, 2018년도 대비 2023년까지 기업자본지출(CAPEX)가 2배 이상 증가할 것이라고 예상됩니다. 이는 마이크로소프트의 사업 수요가 동종 업계 시장에서 지속적으로 증가하고 있다는 의미이기도 합니다. 현금흐름도 지속적으로 증가하면서 2023년의 주당 현금흐름이 2018년 대비 2배 이상 증가할 것으로 보이는 등 대부분의 중요 재무 지표들이 마이크로소프트의 장기 성장을 기대하게 만듭니다.

　지금까지 다뤘던 것처럼 향후 메타버스 하드웨어 시장은 활황을 띨 가능성이 큽니다. 시장 조사 기관인 PwC는 향후 VR/AR과 관련된 메타버스 기술 시장 규모가 2030년까지 약 1조 8,000억 달러에 달할 거라는 예상치를 내놓았습니다. 시장에 진입한 기업들의 면모도 화려합니다. 전방 산업을 구성하는 페이스북, 마이크로소프트, 애플 등과 함께 후방에는 시스템 반도체 기업인 엔비디아, 퀄컴 등이 하드웨어 공급과 밸류 체인을 구성하고 있죠.

　'CCS인사이트(CCS Insight)'에 의하면 VR/AR 같은 메타버스 기기의 출하량이 향후 2024년까지 약 5,500만 대에 이를 것이라고 합니다. 이는 2020년 출하량 대비 약 8배에 가까운 수치인 만큼 관련 시장의 고속 성장은 이미 예견된 상황이라 할 수 있죠. 그래서 관련 투자자들은 이처럼 빅테크 기업들의 치열한 경쟁 속에서 향후 새로운 패러다임을 안고 확대될 VR/AR 하드웨어 플랫폼 시장이 기존의 스마트폰 시장을 어떠한 방식으로 대체하고 보완해나갈지 확인하고 지켜볼 필요가 있습니다.

METAVERSE

PART 5

디지털 세상의 역세권
: 메타버스 플랫폼

총성 없는
플랫폼 전쟁

에어비앤비, 우버, 구글, 유튜브, 알리바바, 페이팔, 이 기업들은 모두 100조가 넘는 기업가치를 가진 기업들입니다. 그리고 창업한 지 20년도 채 안 된 기업들이 대부분입니다. 그렇다면 이 기업들은 도대체 어떤 공통점이 있길래 짧은 시간 안에 세계 경제를 주도하는 기업이 됐을까요? 이들의 공통점은 바로 '플랫폼 비즈니스'라는 겁니다.

플랫폼은 '승강장'을 뜻하는 단어로 과거에는 기차를 타고 내리는 정거장을 의미했습니다. 플랫폼은 점차 그 의미의 영역을 넓혀 갔습니다. 이후 IT업계에서 특정 장치나 시스템을 구성하는 기초가 되는 골격이나 틀로 사용되다가, 현대 사회에서는 다양한 분야에 적용 가능한 보편적인 개념으로 확대됐습니다. 많은

 플랫폼

플랫폼은 본래 승강장을 뜻하는 단어다. 승강장은 기차, 지하철 등 다양한 교통수단과 승객이 만나는 공간으로, 승객은 돈을 지불하고 운송수단은 승객을 원하는 장소로 데려다주면서 서로의 이득을 챙기는 장소다.

현대 사회에선 그 범위가 확장됐다. 단순히 운송수단이 존재하는 공간만을 뜻하지 않고 다양한 상품을 판매하는 창구를 뜻하기도 하고, 어떤 분야에선 다른 서비스와 연계를 도와주는 소프트웨어 같은 무형의 가치를 의미하기도 한다.

분야에서 복합적으로 사용해서인지 플랫폼에 대한 정의는 다양합니다. 예를 들면 어떤 분야에서는 다양한 상품을 판매하는 창구를

뜻하기도 하고 어떤 분야에선 다른 서비스와 연계를 도와주는 소프트웨어 같은 무형의 가치를 의미하기도 합니다.

 그렇다면 플랫폼은 왜 전 세계 기업인들의 관심을 받을까요? 이유는 간단합니다. 다양한 수단과 사람이 모이면 자연스레 그곳에는 상업적 행위가 벌어지기 때문이죠. 지금도 지하철역이나 버스 승강장엔 다양한 전단지가 붙어 있고, 상가들이 즐비하죠. 집을 구매할 때 흔히 '역세권'을 중요시하는 것도 비슷합니다. 플랫폼 근처에는 편의시설이 잘 갖춰져 있기 때문입니다.

 오늘날의 플랫폼의 역할도 비슷합니다. 사용하기 편리한 플랫폼을 구축해두면 소비자들이 모이게 되고, 소비자들을 보고 공급자들도 모이게 되죠. 자연스럽게 마케팅 효과까지 누릴 수 있습니다. 또 하나의 기업이 모든 제품을 전부 만들 필요도 없습니다. 일단 만들어둔 플랫폼을 보고 다른 기업이 입주할 테니까요.

 플랫폼은 비용적인 측면에서도 이점이 있습니다. 플랫폼은 단기간에 투자 대비 높은 성과를 기업에 제공합니다. 작은 힘으로 무거운 물건을 들 수 있게 만드는 지렛대와 비슷하다 해서, 이를 경제학 용어로 '레버리지 효과'라고 합니다. 플랫폼 산업에서 레버리지 효과가 발생하는 이유는 간단합니다. 플랫폼의 역할은 대부분 중계 역할을 하기 때문이죠. 이때 중요한 것은 플랫폼 기업이 고도의 기술을 소비자에게 선보이는 것이 아닙니다. 자신들의 플랫폼을 통해 소

비자가 얻을 수 있는 편의성이 중요하죠. 그 말은 곧 기술적인 측면에서 부담감이 다른 산업보단 덜하다는 말과도 같습니다. 이는 마치 거울 세계 메타버스와도 비슷한 개념인데요. 단순히 모든 것을 모아 놓는 것이 아니라 모인 정보를 어떻게 아름답게 가공하느냐가 중요하죠.

그래서인지 플랫폼 산업은 스타트업이나 신생 기업들에게 기회의 장으로 비치기도 합니다. 스타트업은 어지간한 기술력을 가진 게 아니라면 시장에서 빠르게 성장하기 어려운데요. 그 이유는 자본의 크기에서 밀리기 때문입니다. 일반적으로 이런 크기에 따른 이점을 우리는 '규모의 경제'라고 부릅니다. 대부분 산업에는 기본적으로 소모되는 비용이 존재하기 마련인데, 이는 일정 규모 이상이 되면 비용 증가 속도가 감소하는 경향을 보입니다. 그래서 대량 생산을 진행하거나 대규모 경영을 하는 경우 경제적 이익을 보는 경우가 많습니다.

이런 특성들 때문에 플랫폼 비즈니스는 네트워크 효과를 중시하는 경향을 보입니다. 기존 비즈니스모델들이 대체로 공급과 제조를 강조하는 것과는 조금 다르죠. 네트워크 효과는 두 가지로 나눌수 있습니다. 우선 '직접 네트워크 효과'는 말 그대로 플랫폼을 사용하는 사용자의 숫자가 일으키는 네트워크 효과입니다. 예를 들면 우리가 매일 사용하는 메신저 앱이 있습니다. 국내에서 가장 많이 사용하는 앱은 무엇일까요? 누구한테 물어봐도 '카카오톡'이라 대답할 겁니다. 2010년 처음 등장한 후 지금까지 꾸준히 메신저 앱 1등자리를 놓치지 않고 있습니다.

카카오톡의 성공 이후 다른 기업들도 스마트폰 메신저 앱 사업에 뛰어들었습니다. 그중에는 당시 카카오톡보다 많은 이용자를 보유한 네이버도 있었습니다. 기실 '네이버 라인'은 당시 영상통화 기능 등 다양한 기능과 편리함으로 대중의 호평을 받았죠. 하지만 결과적으로 네이버 라인은 국내에서 큰 성공을 거두지 못했습니다.

이유는 무엇이었을까요? 이해하기 쉬운 말로 대답하면 카카오톡이 먼저 시작했기 때문입니다. 여기서 직접 네트워크 효과에 대한 이해가 필요합니다. 카카오톡이 먼저 메신저 앱 시장에 2010년 진출

하고 이어 2011년 네이버 라인이 출시됩니다. 이 1년이라는 기간 차이가 둘의 성패를 갈랐습니다. 1년 동안 카카오톡은 사회적 이슈였습니다. 계속 사용하다 보면 다달이 나가는 돈이 제법 되던 '문자 메시지'를 완벽하게 대체했고 국내 스마트폰 대중화를 폭발적으로 앞당겼습니다. 당연히 카카오톡의 점유율은 고공행진을 했죠. 부랴부랴 네이버는 메신저 앱 '라인'을 발표했으나 사람들은 이미 카카오톡에 익숙해져 있었습니다. 아무리 라인이 기능적으로 우수해도 이미 카카오톡을 통해 많은 커뮤니케이션을 만들어 놓은 대중들은 카카오톡을 떠날 수 없었습니다. 이게 바로 직접 네트워크 효과입니다. 네트워크 이용자의 숫자 자체가 플랫폼의 힘이 되는 것이죠. 이런 경향은 앞서 언급한 카카오톡처럼 SNS 서비스에서 더욱 중요합니다. 이 효과는 참가자들이 같은 공간에서 서비스를 이용하며 서로에게 영향을 미치기에 다른 말로는 '동일 네트워크 효과'라고도 합니다.

두 번째 네트워크 효과를 말하기 앞서서 혹시 궁금해할 사람을 위해 부연 설명을 하자면, 이후 네이버 라인은 망하지 않고, 직접 네트워크 효과 선점을 위해 해외 시장을 개척해서 현재 일본, 동남아 등 다양한 국가에서 '국민 메신저 앱'으로 불린다고 합니다. 이 역시 플랫폼 비즈니스의 직접 네트워크 효과 사례라고 볼 수 있습니다.

그럼 이번에는 두 번째 네트워크 효과인 '간접 네트워크 효과'에 대해 알아보겠습니다. 간접 네트워크 효과는 플랫폼의 한 부분을 차지하는 사람들이 다른 부분을 차지하는 사람들에게 영향을 미치는 시스템입니다.

이해를 돕기 위해 주거 공유 플랫폼인 에어비앤비에 대해 알아보겠습니다. 에어비앤비는 2008년 사업을 시작한 대표적인 미국의 유니콘 기업입니다. 유니콘 기업은 시가총액 10억 달러가 넘는 스타트업을 전설 속 동물인 유니콘에 비유하여 지칭하는 단어로 2010년대 급성장한 IT 기업들이 대거 포진돼 있습니다. 국내에도 '배틀그라운드'로 유명한 게임회사 '크래프톤', 국내 최고의 패션 플랫폼이라 불리는 '무신사' 등이 있습니다.

에어비앤비의 비즈니스모델은 간단합니다. '호스트'라 불리는 사람이 자신이 현재 안 쓰는 방을 빌려주고, '게스트'는 방을 사용하고 값을 지불합니다. 중간에 에어비앤비는 게스트와 호스트를 중계해주고 수수료를 받는 수익구조입니다. 호스트들은 자신들이 사용하지 않는 방이나 집을 일정 기간 대여해줌으로써 금전적인 이득을 얻고, 게스트들은 호텔보다 저렴한 가격으로 방을 빌려 여행이나 출장 등에 들어가는 금액을 아낄 수 있습니다. 이런 비즈니스모델은 거울 세계 메타버스의 일종으로 공급자와 소비자 모두가 윈윈(win-win)하는 세계를 거울 속에 투영한 사례라고 볼 수 있습니다.

다시 간접 네트워크 효과에 관한 이야기로 돌아가면, 만약 게스트의 입장에서 에어비앤비를 이용할 때 대여할 수 있는 방이 충분하지 않다면 어떻게 될까요? 아마 방을 예약하기 위해 기다리는 시간이 길어지고 방값은 비싸질 겁니다. 이런 일이 계속되면 소비자인 게스트는 에어비앤비라는 거울 세계에서 떠날 수도 있고요. 입장을 바꿔서 호스트의 경우도 마찬가집니다. 방을 빌리고자 하는 사람이 적다면, 대여로 내놓은 방이 노는 시간이 길어질 것이고, 심해지면 가격 경쟁을 하다가 대여 비용 자체가 낮아질 수도 있습니다. 이처럼 서로 같은 입장이나 공간에는 없지만, 서로에게 영향을 미치는 네트워크 효과를 간접 네트워크 효과라고 합니다. 혹은 '교차 네트워크 효과'라고 부르기도 하죠.

이처럼 플랫폼 비즈니스는 기존 비즈니스모델과는 다른 다양한 모습과 특징들이 있습니다. 기존과는 다른 특징들 만큼이나 시장에서의 파급력도 엄청나죠. 그래서 새로운 산업이 등장하면 누가 그 산업의 플랫폼 주도권을 쥘 것인지에 이목이 집중됩니다. 메인 플랫폼으로 인정받은 기업들은 기업의 가치가 쭉쭉 올라가고, 그 기업에 투자한 투자자들의 입꼬리도 하늘을 향해 승천하겠죠. 앞서 플랫폼을 얘기할 때 예로 들었던 기업들도 모두 새로운 산업군에서 메인 플랫폼으로 사람들에게 인정받은 기업들입니다. 그렇기에 채 20년도 안 된 시간 만에 세계적인 기업들과 어깨를 나란히 하게 된 것이죠.

이런 시장의 움직임은 앞으로 세상을 변화시키리라고 주목받는 메타버스 산업에서도 마찬가지로 벌어지고 있습니다. 다양한 기업들이 메타버스 시장의 메인 플랫폼이 되기 위해서 노력하고 있습니다.

최근에는 우리의 추억 속에 존재하던 '싸이월드'가 블록체인과 메타버스를 앞세워 과거 국내 소셜미디어 플랫폼을 선도했던 영광을 되찾겠다고 발표한 바 있습니다. 아직 어떤 식으로 메타버스 플랫폼에 도전하겠다는 정확한 보도자료는 없지만, 사람들은 과거 '도토리'로 불렸던 가상 재화를 블록체인 기술을 활용한 가상화폐로 부활시킬 것이고, 자신의 아바타와 방을 꾸미던 '미니룸' 서비스를 VR 등 메타버스의 기술적 방법으로 풀어내리라 예상하고 있습니다. 물론 아직 싸이월드가 신기술을 통해 과거의 실패를 극복할 수 있을지는 미지수입니다. 이미 많은 IT 기업들이 시장에서 두각을 드러내고 있기 때문인데요.

그중 최근 가장 뜨거운 관심을 받는 메타버스 플랫폼은 로블록스입니다. 앞서 간단히 설명했지만 로블록스도 자신들이 메인 플랫폼이 되기 위해서 다양한 노력을 기울이고 있습니다. 현재 월간 활성 이용자가 1억 5천만 명이 넘었습니다. 미국 16세 미만 아이들의 절반 이상이 로블록스를 즐기고 있는데요. 사실 로블록스가 처음부터 청소년들의 인기를 끌었던 것은 아닙니다.

오히려 세계적으로 '마인크래프트(Minecraft)'라는 샌드박스 게임이 더 인기를 끌었습니다. 마인크래프트는 2011년 출시 때부터 많은 주목을 받았습니다. 2020년까지 총 2억 장 이상이 팔린 역대 가장 많이 팔린 비디오 게임이며, 활성 이용자가 9천만 명에 이를 정도로 전 세계 최고의 인기 게임 중 하나입니다. 마인크래프트는 아이들이 모래로 소꿉놀이하듯 자유롭게 무언가를 만들 수 있는 방식의 게임을 지칭하는 '샌드박스' 장르의 대표주자로 불립니다.

얼핏 보면 두 게임은 플레이하는 방식이 비슷합니다. 세계관에 들어가서 다양한 재료나 정보를 기반으로 세계를 만들고 때론 다른 사람들과 협동하며 다양한 게임을 즐깁니다. 하지만 로블록스는 메타버스를 이끌어갈 플랫폼으로 주목받지만, 마인크래프트는 그렇지 않습니다. 근간에는 로블록스 플랫폼의 소셜 기능이 있습니다.

두 게임 모두 멀티 플레이어 액션을 허용하지만, 마인크래프트는 솔로 플레이에 더 적합합니다. 물론 마인크래프트도 사용자가 만든 월드가 존재합니다. 하지만 로블록스에 비해 휘발성이 강하죠. 로블록스는 로그인하는 순간부터 소셜 기능이 들어갑니다. 게임 내 재화는 현금으로서 가치도 갖죠. 앞서 우리는 메타버스를 디지털 지구라고 표현한 바 있습니다. 그 말은 만들어진 세계 안에 새로운 사회가 형성되고 문화가 만들어져야 한다는 말과 같습니다. 이처럼 로블록스는 단순히 하나의 게임을 넘어 그 안에 다양한 가치를 창출하려는 움직임을 취하고 있습니다. 이러한 움직임은 향후 로블록스가 멀티 플랫폼으로 진화하려는 계획의 도입부라고 생각합니다.

그 계획의 일환으로 사람들이 꼽는 것이 로블록스의 중국 진출입니다. 플랫폼의 네트워크 효과를 위해서는 이용자의 숫자가 중요합니다. 현재 중국은 세계에서 가장 많은 인구를 보유한 국가이자 IT 산업에 막대한 비용을 투자하는 나라입니다. 새로운 IT 산업을 주도하는 메타버스 기업들 입장에선 군침이 돌 만한 나라가 바로 중국입니다. 하지만 많은 메타버스 관련 기업들이 중국에 쉽사리 진출하지 못하는 이유는 배타적인 중국의 자국 기업 보호 때문이죠.

그래서 로블록스는 중국에서 알리바바(Alibaba), 바이두(Baidu)와 함께 중국 3대 IT 기업으로 꼽히는 텐센트(Tencent)와 합작 회사를 설립했습니다. 합작 회사는 로블록스가 51%의 지배 지분을 보유하고, 텐센트의 계열사가 49%의 지분을 소유하고 있습니다. 이 합작 회사의 능력에 따라 로블록스의 중국 진출이 좌우된다고 할 수 있습니다. 만약 로블록스가 중국에 성공적으로 진출한다면 계속된 플랫폼 전쟁에서 우위를 가져갈 수 있는 충분한 발판을 확보할 수 있을 겁니다.

이렇게 다양한 기업들이 새로운 메타버스 산업에서 메인 플랫폼이 되고자 노력하는 중입니다. 플랫폼 전쟁은 메타버스를 둘러싼 재반 기술의 분야를 가리지 않고 벌어지고 있습니다. 앞서 언급한 웨어러블 기기의 디팩토 스탠더드를 위한 전쟁도 큰 틀에서 보면 플랫폼 전쟁의 일환으로 볼 수 있죠. 이처럼 메타버스를 둘러싼 플랫폼 경쟁은 계속해서 심화될 겁니다.

이런 움직임은 기존 산업에서도 일어나고 있습니다. 기존 산업에 메타버스를 도입해 새로운 플랫폼으로의 변화를 꾀하고 있죠. 그럼 지금부터 메타버스가 기존 산업과 만나 어떤 변화를 일으키는지 알아보겠습니다.

메타버스, 자동차 산업을 새롭게 디자인하다

최근 가장 뜨거운 산업군은 어디일까요? 많은 사람이 입을 모아 모빌리티라고 말할 겁니다. 모빌리티 산업은 전기차, 수소차 등 친환경 자동차로 인해 새로운 국면을 맞이하는 중입니다. 이에 자율주행 차량까지 더해지면서 지금 모빌리티 시장은 과거 자동차가 처음 보급됐을 때처럼 뜨겁습니다. 요즘에는 모빌리티 시장에 메타버스까지 힘을 보태는 양상이라 앞으로가 더 기대되는 시장이기도 하죠. 그럼 지금부터 모빌리티 시장과 메타버스 플랫폼의 상관관계를 차근차근 알아보도록 하겠습니다.

　최근 자동차 산업은 테슬라로부터 촉발된 전기차 산업이 태동하면서 시장이 크게 성장했습니다. 기존 내연기관 자동차 제조 메이커들도 잇따라 전기차 시장으로 진입하는 추세죠. 전방산업이 되는 자동차 제조회사들은 전기차 산업을 장기 성장 전략과제로 삼고 함께 성장해나가고 있으며, 그 후방산업이 되는 전기차 배터리 시장도 탄력을 받아 기대를 모으는 중입니다.

　모빌리티 시장은 단순히 차량 제조업체들만의 이야기가 아닙니다. 현대 사회에서 모빌리티는 움직이는 가전제품이라고 부를 만큼 다양한 기술들의 융합체입니다. 과거 기계공업의 총아였던 자동차 산업은 현재 전장 산업의 집합체라고 해도 과언이 아닙니다. 자동차의 전동화는 곧 더 많은 차량 반도체, 전장 부품(차량에 들어가는 모든 전기, 전자 장비), 디지털 장비 등이 탑재되는 것을 의미하고 그에 따라 자동차 제조도 첨단화 과정을 거치고 있습니다. 점점 스마트 기기화 되어 가는 자동차는 기획부터 판매까지 새로운 패러다임을 맞이했 습니다.

최근에는 자동차 제조 산업의 트렌드가 VR과 AR (XR)을 이용한 자동차 제조 트레이닝 훈련, 디자인 및 부품 설계, 제폼 판매 솔루션 으로 변하면서 메타버스와의 융합이 더 주목받게 되었습니다. 불과 몇 년 전만 해도 '실시간 3D(RT 3D)' 기술은 모바일, 컴퓨터와 콘솔을 이용한 게임 시장에서 일반적으로 사용됐지만, 이제는 VR 및 AR 산 업의 발전으로 게임 스튜디오 외에도 자동차, 운송에 이르는 다양한 산업 분야의 기반 인프라가 됐습니다.

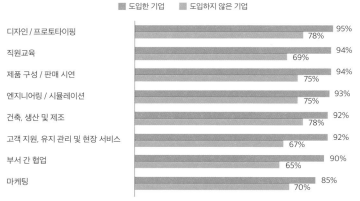

실시간 3D 도입한 기업의 잠재 가치

■ 도입한 기업　　■ 도입하지 않은 기업

항목	도입한 기업	도입하지 않은 기업
디자인 / 프로토타이핑	95%	78%
직원교육	94%	69%
제품 구성 / 판매 시연	94%	75%
엔지니어링 / 시뮬레이션	93%	75%
건축, 생산 및 제조	92%	78%
고객 지원, 유지 관리 및 현장 서비스	92%	67%
부서 간 협업	90%	65%
마케팅	85%	70%

- 실시간 3D를 도입한 기업에서 체험한 실제 가치는 훨씬 더 큽니다.

출처 : Forester Research

VR 드라이빙 센터 홈페이지 화면
(출처 : 기아자동차)

렉서스가 공개한 VR 서비스 (출처 : 렉서스)

VR이 모빌리티 기업에서 사용된 한 가지 예시를 들어보겠습니다. 독일 자동차 제조업체 아우디의 경우 VR을 이용한 고객 경험을 제공하고 있는데, 이는 'Audi VR Experience 가상현실 자동차 구성 프로그램'을 베이스로 한 판매 전략의 일종입니다.

아우디는 소비자에게 자사의 모빌리티 모델의 다양한 내외장 색상, 인테리어 디자인 등을 VR로 간접경험을 할 수 있도록 제공하고, Audi VR을 통해 고객은 차량 선택에 도움이 되는 생생한 체험을 할 수 있게 됐습니다.

VR을 이용한 모빌리티 간접경험 서비스는 아우디만의 이야기가 아닙니다. 최근 모빌리티 업체들의 홈페이지를 방문해보면 양산되는 차량을 VR을 통해서 감상할 수 있는 유저 인터페이스가 마련되어 있습니다. '기아차'는 순수 전기차 차량인 EV6를 론칭하면서 마치 시승을 하는 느낌을 받을 수 있도록 잠재 구매 고객에게 VR 시승 서비스

VR 솔루션을 사용하는 고객 (출처 : 아우디 AG)

를 제공하고 있으며, 렉서스는 실시간 3D 렌더링을 이용한 차량 내외부 구성을 할 수 있는 서비스도 제공하고 있습니다. 글로벌 모빌리티 기업들은 이러한 VR 판매 솔루션을 제공함으로써 자동차 판매가 매장에서 주로 이뤄지던 기존의 판매 전략에서 벗어나게 됐습니다. 이제 각 매장은 자동차 세일즈 코디네이터로 구성되어 고객들로 하여금 더 큰 구매 욕구를 일으키게 만들고, 더 나아가 이 솔루션을 마케팅 전략으로 사용하면서 고객이 자동차를 구매하는 것에 더 큰 몰입감을 느낄 수 있게 됐습니다.

이런 VR 기술에 기반을 둔 간접경험 시스템은 변해가는 모빌리티 판매 방식에도 영향을 줍니다. 2020년 기준 신차의 최소 20%가 온라인으로 판매됐고, 자동차 판매의 44%는 온라인 조사에서 시작된다고 합니다. 온라인 판매나 사전 예약 판매는 말 그대로 차량을 실제로 보지 않고 구매 결정을 해야 한다는 점에서 고객들에게 최대한 많은 경험 정보를 제공해야 합니다. 기존에는 차량의 사진 갤러리, 기능과 성능을 표시한 수치, 가격 등에만 의존했다면 이제는 소비자의 입맛대로 기능을 설정할 수 있는 시스템은 기본이며, 고객의

VR을 활용한 모빌리티 제조
(출처 : 아우디 AG)

의사결정을 돕기 위해 시각과 공감각적인 VR 정보까지도 이용 가능합니다.

모빌리티 분야에서 VR을 비롯한 메타버스 기술은 소비자의 결정을 돕는 데만 사용되는 것이 아닙니다. 제작 과정에서도 많이 사용되고 있죠. 앞서 말한 바와 같이 자동차 부품은 갈수록 고가의 전장을 탑재하기 때문에 부품을 선정하는 작업도 매우 중요합니다. 특히 자동차 엔진에는 약 천 개의 부품이 있고 자동차 심장을 제작한다는 의미에서 가장 섬세한 작업 중 하나입니다. 특정 엔진의 CAD 데이터를 기반으로 한 AR 맵핑 프로그램은 직원들이 엔진과 트랜스미션 등 자동차 파워트레인 시스템을 더 빠르게 이해하고 안전하게 조립하는 데 큰 도움을 줍니다.

그래서 모빌리티 기업들은 직원들이 효율적인 업무 프로세스를 습득할 수 있도록 돕기 위해 VR을 이용하고 있습니다. 아우디는 물류센터 직원들의 교육을 VR로 시행하고 있으며, 이를 통해 직원들이 업무 중 범할 수 있는 오류를 방지하고 작업 효율성을 증대시킴으로써 차량 제조 비용을 절감한다고 합니다. 아우디 브랜드를 소유하고 있는 폭스바겐 그룹에서는 직원들에게 일찌감치 실시간 3D 기반의 VR 교육 솔루션을 제공했습니다. 직원들은 가상현실 세계에서 자신의 아바타로 업무를 숙달하고 그에 대한 업무 효율성을 높입니다. 기업은 자동차 제조의 공정 단계에 일관된 데이터를 고도화된 경험적 가치로 가공하고 활용해서 엔지니어들을 육성합니다. XR을 기반으로 한 실시간 3D 기술이 자동차 제조 트레이닝의 트렌드를 변화시킨 셈이죠.

이번에는 우리에게 너무나도 친숙한 BMW의 사례를 보겠습니다. BMW는 3D 렌더링 솔루션 대표 기업인 유니티(Unity)를 통해 AR과 VR로 생산 프로세스를 혁신적으로 변화시켰으며, 유니티로부터 차량을 마케팅하는 다양한 솔루션을 제공받고 있습니다. BMW의 가장 혁신적인 실시간 3D 기술 응용 프로그램은 자사 자율주행 시스템의 사전 개발 로드맵을 만들고, 수백만 개의 시뮬레이션 시나리오를 가상세계에서 확인하는 프로그램입니다. 자율주행 시스템 개발에 필요한 모든 데이터를 현실 세계의 도로에서 수집할 수는 없습니다. 사고의 위험이 있기 때문이죠. 그래서 BMW는 실제 기술이 적용되기 전 95%의 비율에 해당하는 자율주행 테스트를 가상세계에서 가상 차량을 이용해서 진행합니다.

이렇게 VR을 통한 자율주행차량 시뮬레이션은 다양한 사회적, 비용적 측면에서도 큰 이점을 가져다줍니다. 현실 세계에서 시범 운행을 하면 차량을 직접 만들어야 하고, 관련 기관의 허가도 받아야

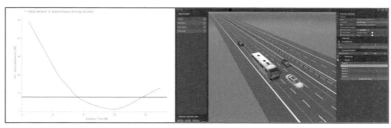

자율주행차 시뮬레이션을 활용한 모습 (출처 : 유니티, BMW)

하기 때문입니다. 시간이 두 배로 드는 셈이죠. 다음 화면에서 볼 수 있듯이 가상 시뮬레이션 테스트 중에 테스트용 차량과 다른 물체를 다양한 각도로 변경하면서 실시간으로 시뮬레이션한 정보를 받을 수 있죠.

물론 가상 시범 주행의 정확도에 대한 의문은 존재합니다. 현실과 가상세계가 다르다는 것이죠. 하지만 이 부분도 실제 물리적인 법칙을 가상세계에 복사하는 옴니버스 같은 플랫폼이 등장하면서 옛말이 됐습니다. 게다가 최근에는 오히려 테스트 도중 즉각적이고 시각적인 결과물을 받을 수 있고, 특별한 센서가 없이도 모든 데이터를 수치화할 수 있어서 더 효율적이라는 분석도 등장하는 추세입니다.

자동차 디자인 설계 부문에서도 실시간 3D 기술은 효과적입니다. 디자이너와 자동차를 동일한 상호작용 공간에 배치하는 실시간 3D 기술은 자동차 설계 단계에서 중요한 디지털 시각화 및 차원 모델링의 강점을 극대화합니다. 차량 모델이 가상 공간에 존재할 뿐만 아니라 XR 헤드셋을 착용하면 같은 모델에서 실시간으로 협업도 쉬워지는 만큼, 디자이너들은 실시간 3D 기술을 활용해서 업무 오류를 줄이고 반복 작업에 소요되던 시간과 비용을 감소시키고, 더 많은 설계 옵션을 구상해서 이전보다 뛰어난 결과물을 만들어낼 수 있습니다.

이처럼 XR 헤드셋을 착용하고 실시간 3D 기술을 사용하면 모빌리티 디자이너들은 사람과 기계와의 상호작용 매개 수단인 HMI(Human-Machine Interface)를 경험할 수 있고, 기업은 새로운 디자이너 개발 비용에서 약 300~500만 달러를 절감할 수 있습니다. 결론적으로 자동차 디자인 산업 분야에서는 실시간 3D 기술로 인해 새로운 차량 개발에 드는 비용이 최대 약 5백만 달러가량 절약된다고 합니다.

지금까지는 메타버스의 기술적 측면과 모빌리티 산업의 연관성을 알아봤습니다. 하지만 여러 차례 강조했다시피 모빌리티에서 기술적 부문도 중요하지만, 내러티브 즉 잘 짜인 콘텐츠의 힘이 중요합니다. 모빌리티 산업과의 연계 기술에도 당연한 일입니다.

그래서인지 최근 게임 관련 업종 개발자들의 몸값이 오르는 추세입니다. 동종 업계뿐만 아니라 다양한 산업군에서 러브콜을 보내고 있고, 영입 경쟁이 치열하다고 합니다. 테슬라 CEO인 일론 머스크도 게임 개발자들을 상대로 자신의 회사에 지원하기를 원한다는 발언을 했습니다. 왜 그럴까요? 점차 메타버스 콘텐츠의 영역이 늘어나기 때문이죠. 특히 모빌리티 분야에선 자율주행 차량이란 변곡점을 맞으면서 이런 경향이 심화됩니다. 그러니 모빌리티 분야에서 앞서 나가는 테슬라의 일론 머스크 같은 사람도 게임 개발자들을 찾는 것이죠.

그 이유는 테슬라 자동차의 터치스크린 디스플레이에 삽입되는 인터페이스 때문입니다. 그는 디스플레이에 단순한 주행 정보가 아닌 재밌는 게임 같은 인터페이스를 원한다는 말을 했습니다. 이는 현재 모빌리티가 발전할 방향을 잘 나타내준다고 생각합니다. 그는 미래 모빌리티가 단순히 운전하는 재미를 넘어 최첨단 디스플레이와 시스템을 통해 콘텐츠를 탑승자에게 제공하는 멀티콘텐츠 공간이 될 거라 말합니다. 자동차의 전장 시스템과 AI기술 등 미래 모빌리티 기술의 발달로 커넥티드카와 자율주행 시대가 올 것이고 미래 모빌리티는 이동을 기본으로 하는 스마트 기기라 불러도 무방할 것입니다.

자율주행 시대로 넘어가면 차량의 디스플레이는 더 이상 작은 정보창이 아닌 이전과는 비교할 수 없을 정도로 많은 첨단 기능을 가진 일종의 컴퓨터 모니터와 비슷해질 겁니다. 자동차의 거의 모든 기능이 대형 스크린 디스플레이를 통해 작동하고 그만큼 차량에 차지하는 면적이 확대되는 중입니다.

이런 경향은 시간이 지날수록 심해질 겁니다. 미국 자동차 기술자 협회(SAE)가 지정한 자율주행 레벨 4의 첨단 기술은 운전자가 직접 운전을 하지 않고 차 안에서 온라인 콘텐츠를 소비하거나 영화를 보며 휴식을 취하는 것이 가능하게 만듭니다. 차량 조작을 줄여 사람의 불필요한 개입을 막고, 이를 통해 편리함을 선사하는 것이 미래 자율주행 기술의 핵심이죠.

그만큼 모빌리티 분야에서 콘텐츠가 중요해지고 있으며 테슬라도 이를 인지하고 자사의 자율주행 서비스를 구독형 모델로 풀어내는 중입니다. 자율주행 서비스를 구독형 비즈니스모델로 풀어내면 한 번에 비싼 금액을 지불하지 않아도 된다는 생각에 더 많은 사람이 이용하게 됩니다. 그런데 단순히 테슬라가 자사의 자율주행 서비스를 많이 판매하기 위해서 게임업계 개발자를 데려오고, 구독형 서비스를 출시하고 있을까요? 전 테슬라가 한 걸음 더 앞을 보고 있다고 주장하고 싶습니다.

구독형 비즈니스모델의 장점은 옵션이라는 이름으로 다른 서비스를 포함시키기 편한 환경을 조성할 수 있다는 것입니다. 그것도 계속해서 상호작용하는 상태로 말이죠. 바꿔 말하면 테슬라가 넷플릭스와 같은 콘텐츠 기업들에게 로열티를 받고 자신들의 자율주행 구독서비스에 포함시키는 비즈니스모델을 창출할 수 있는 환경이 만들어진다는 말과도 같습니다. 거기에 소비자의 만족도를 끌어올릴 수 있는 자사의 오리지널 콘텐츠가 존재하고 차량에 풀어내는 방식이 게임형으로 재밌게 표현된다면? 어쩌면 일론 머스크는 단순히 모빌리티 기업이 아닌 다목적 전장 산업 기업을 꿈꾸는지도 모르겠습니다.

앞으로 모빌리티 분야의 패권은 자동차 산업만의 이야기가 아닙니다. 무수히 많은 산업의 집합체죠. 그런면에서 어찌 보면 메타버스와 가장 흡사한 산업군이 아닐까도 생각합니다. 두 산업 모두 기술, 콘텐츠, 내러티브 등 많은 요소가 혼합된 새로운 세계니까요.

설계의 패러다임을 다시 쓰다

앞서 우리가 알아봤던 대로 실시간 3D 기술은 인간이 인식하는 속도보다 빠르게 상호작용하는 콘텐츠를 생성하는 컴퓨터 그래픽 기술입니다. 여기서 중요한 단어는 '상호작용'입니다. 이 말은 곧 콘텐츠의 방향성이 일방적이지 않고 서로가 영향을 미친다는 말입니다. 실제로 수동적인 경험만을 제공하는 영화와 같은 콘텐츠와는 달리 실시간 3D는 비디오 게임처럼 현실감을 느끼면서 동시에 자신의 경험을 제어할 수 있으며, 몰입감 높은 디지털 현실을 만들어냅니다.

이런 실시간 3D를 활용하는 분야는 무궁무진하고 향후에도 다양한 산업 분야에 접목될 잠재력이 높습니다. 무엇보다 메타버스 시대로의 전환에 있어 꼭 거쳐야 할 통행로의 역할을 할 것이 분명하죠.

이런 경향은 현재 AEC 기업들만 봐도 알 수 있죠. AEC란 건축, 엔지니어링, 건설 업계를 통칭하는 말입니다. AEC 기업들은 기본적으로 건설업을 영위하고 프로젝트가 진행되는 과정에서 생산성 및 효율성과 관련된 많은 문제를 겪습니다. 글로벌 경영 컨설턴트 회사인 맥킨지(Mckinsey)의 보고서에 따르면, 분산된 워크플로우와 비효율성으로 야기된 재작업으로 인해 건설 업계에서 발생하는 손해 비용이 연간 4,500만 달러에 달한다고 합니다. 또한, 건설 프로젝트의 20%는 일정을 준수하지 못하는 상황이며, 80%는 예산 초과가 발생한다고 보고했습니다. 전 세계적인 팬데믹 상황으로 이러한 AEC 산업의 리스크는 더욱 악화되고 있다고 합니다.

AEC 기업들은 해결책을 메타버스에서 찾고 있습니다. VR 및 AR 기반의 실시간 3D 솔루션을 접목해서 이러한 손해 비용이 발생하는 요소를 줄이려는 움직임을 보이고 있습니다. 특정 기업들은 실시간 3D 기술을 메타데이터 및 센서와 같은 데이터 소스의 정보를 결합해 실제와 흡사한 건물의 디지털 모델을 제작하고 배포하는 데 사용합니다. AEC 기업들이 실시간 3D 솔루션을 도입함으로써 얻는 이점은 다음과 같습니다.

공사 현장에 사용된 AR (출처 : 유니티)

-비용 절감

설계 및 엔지니어링 결함을 조기에 파악하고 시공 순서를 지정해서 프로젝트 일정을 앞당길 수 있음.

-더 많은 건설 프로젝트 수주

고객에게 건물을 VR로 선보이거나, 인상적인 AR 앱을 사용해 완공 모습을 제작해서 보여줄 수 있으므로 고객 유치에 이점이 있음.

-준공 및 프로젝트 종료 기간 단축

VR 및 AR을 활용한 분야별 협업과 커뮤니케이션을 활성화하고, 다양한 소프트웨어의 데이터를 하나의 모델로 통합해서 작업시간을 단축.

실시간 3D 솔루션은 설계에서 예비 시공, 작업 현장에 이르는 모든 영역에서 실행됩니다. 2020년 3월에 공개된 유니티의 연구 결과에 따르면 실시간 3D를 채택한 AEC 기업에서는 건물의 라이프사이클 전반에서 평균적으로 4개 이상의 활용처에 실시간 3D 기술을 적용하고 있다고 합니다.

VR 안전 교육 시뮬레이션 (출처 : Skanska)

스웨덴의 대형 건설회사인 '스칸스카(Skanska)'는 표준 작업자 안전 교육 프로그램에 유니티 기반 VR 경험을 구현해서 건설 현장의 안전 사항을 개선했습니다. 그들은 몰입형 VR을 활용해서 공사 현장의 안전성을 향상시키고 독창적인 VR/AR 환경을 구현했다는 평가를 받고 있습니다. 이 VR 기반 솔루션으로 작업 시 위험 요인에 대한 작업자의 인식 제고, 더욱 안전한 환경 조성으로 사고율 감소, 작업자들의 생산성 증대라는 여러 가지 이점을 누릴 수 있습니다.

AEC 산업에서 실시간 3D 솔루션을 실제 활용한 사례 중 병원 건설에 VR 시뮬레이션이 활용된 예도 있습니다. 미국 미네소타주에 위치한 건축 기업 모텐슨(Mortenson)은 미국에서 상위 20위 안에 드는

가상 의료 공간 (출처 : 모텐슨)

건축 개발 기업입니다. 모텐슨이 병원 설계를 VR로 시뮬레이션함으로써 환자의 치료 절차와 동선을 간소화하고 직원 업무 효율성을 높일 수 있는 동선으로 병원 설계를 진행한 결과 병원 설계 단계에서 많은 건축 비용을 절감했다고 합니다. 이 프로젝트는 VR과 360도 동영상을 사용해서 병원을 설계하고 문제를 개선한 프로젝트였습니다.

이미 모텐슨은 몇 년 전부터 가상 기술을 디자인과 고객 경험 서비스에 접목함으로써 얻을 수 있는 가치를 깨닫고 전문 VR 팀을 만들 정도로 메타버스에 관심을 기울였습니다. 이후 그들은 유니티와 협업을 통해 건물 설계 검토, 영업 및 마케팅 이니셔티브 등 다양한 클라이언트 요구 사항에 맞춰 관련 기술을 적극 활용해서 자사의 경쟁력을 갖췄습니다.

그 결과 의료 분야의 이해관계자들이 새로운 작업 공간을 대규모로 미리 체험하고 맞춤형으로 제작할 수 있었으며, 실물 모형 제작에 드는 막대한 고객 비용을 절약하게 됐습니다. 이는 의료 종사자들의 업무 효율성을 높이는 데 중요한 이점으로 작용할 것이고,

건설회사 본인들에게도 다른 기업과 차별화된 새로운 무기가 됩니다.

이처럼 수많은 건설 프로젝트 기업이 다양한 분야에서 실시간 3D 솔루션을 채택하여 다방면으로 활용하고 있습니다. 실시간 3D는 협업과 커뮤니케이션을 위한 매개체를 제공하므로, 실시간 3D를 도입할수록 다양한 프로세스가 더욱 원활하게 동시다발적으로 이뤄지게 됩니다. 실제로 실시간 3D를 사용하는 기업의 90%는 부서 간 협업을 지원하는 데 실시간 3D가 매우 유용하다고 생각한다는 조사 결과도 존재합니다.

이처럼 일단 가상 환경에 모델을 만들어두면 전반적인 비즈니스 부문 어디서나 활용할 수 있습니다. 예를 들어 하나의 가상 환경 모델을 만들어뒀다면, 설계 단계에서 사용한 가상 모델을 시공 팀에서 활용해서 현장에서 현실과 똑같은 크기의 AR 이미지로 확인하고 업무를 진행할 수 있고, 운영 팀에서는 건물 유지 관리용 고화질 상호작용 소프트웨어 제작이 가능해집니다. 이러한 시너지 효과는 건물 공사에 걸리는 시간을 단축하고, 비효율적인 부문을 개선해 건설 프로젝트가 지연되거나 예산이 초과되는 리스크를 확실하게 줄여줍니다.

METAVERSE

PART 6

새로운 지구의 뼈대를 이루는
: 메타버스의 인프라

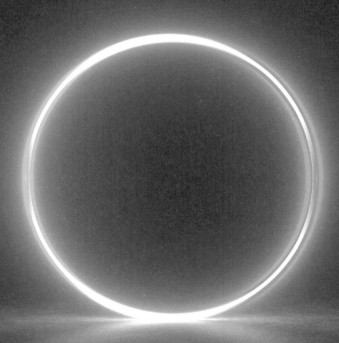

인프라
: 위성 전쟁의 서막

인프라는 'infrastructure'의 줄임말로 산업화가 활발히 진행되던 시기에 자주 쓰이던 단어였습니다. 산업 현장에서 '생산이나 생활의 기반을 형성하는 중요한 구조물, 도로 따위의 산업 기반'을 뜻하는 단어로만 사용되다가 점차 단어의 의미는 영역을 확장해서 '학교, 병원 등을 의미하는 생활 기반'을 포용하는 단어가 됐습니다. 이제는 사실상 모든 영역에서 사용하는 단어로서 주로 '사회적 생산이나 경제 활동의 토대를 형성하는 사업의 기초 영역'을 의미합니다.

그렇다면 메타버스의 인프라는 무엇일까요? 이를 알기 위해 우리는 메타버스의 구조를 순서대로 짚어볼 필요성이 있습니다. 우선

은 가장 기술적인 진보가 필요한 가상세계를 예로 들겠습니다. 가상
세계를 구축하기 위해서는 3D 엔진을 통해서 디지털 그래픽을 제작
하는 일이 필수입니다.

단순히 캐릭터 하나를 제작하는 것과 다르게 세계 전체를 구상
하는 것이기에 그려야 하는 사물이나 풍경의 숫자는 기하급수적으
로 늘어날 겁니다. 여기에서 오고 가는 데이터의 양만 봐도 게임 하
나를 만드는 것보다 훨씬 많은 데이터가 오갑니다. 심지어 메타버스
는 하나의 사회를 이루는 만큼 플랫폼이 론칭된 이후에도 많은 데
이터가 오가고, 이때 정보 처리에 들어가는 트래픽의 양이 엄청납
니다.

이렇기에 자연스럽게 메타버스를 구축하기 위해서는 빠른 통신

망이 요구됩니다. 즉 메타버스의 인프라 중 하나는 통신망인 셈이죠. 우리는 이 통신망을 주로 3G, 4G와 같은 단어로 부릅니다. 사실 통신망은 인터넷을 기반으로 하는 산업에는 모두 필요합니다. 과거 스마트폰이 등장할 수 있던 배경에도 3G 통신망 보급이 있었을 정도로 통신망은 우리의 삶과 밀접한 관계를 맺습니다. 현재 국내에선 5G 통신기술이 보편적으로 사용되고 있습니다. 5G 통신망은 전 세계적으로 계속 발전하고 있으며, 이로 인해 우리는 자율주행 차량, AI 등 4차산업 혁명을 꿈꿀 수 있게 됐습니다.

흔히 가상세계 메타버스를 이룩하기 위해서는 6G 통신망이 필요하다고 합니다. AI를 활용한 통신기술로 불리는 6G가 보급되면 도시 전체를 3차원 가상 공간에 재현하는 것이 가능하다고 합니다. VR과 AR을 뛰어넘는 '초실감 확장 현실'을 구현할 수 있다는 말인데, 우리가 소설이나 영화 속에서 본 가상현실을 의미하죠. 그런 만큼 다양한 기업들이 미래 먹거리를 위해서 5G를 이을 6G 통신망 개발에 심혈을 기울이고 있습니다.

국내에서도 삼성전자가 6G에 대한 개발 계획을 발표한 바 있습니다. 세계 최초로 5G를 상용화한 삼성전자의 발표에 따르면 6G 네트워크는 빠르면 2028년 즈음에 상용화할 수 있다고 말합니다. 삼성전자에서는 또 6G 네트워크는 약 5천억 개에 달하는 장치를 연결할 수 있다고 말했습니다. 이 수치는 2030년 예상 인구로 점치는 85억의

59배에 달하는 수치로 전자기기를 잇는 사물인터넷 기술과 인공지능 기술의 혁신적인 변화를 이끌 겁니다.

그렇다면 계속해서 발전하는 통신 인프라 발전을 위해서 어떤 기술이 우선되어야 할까요? 바로 인공위성 기술입니다. 흔히 인공위성이라고 말하면 우리의 삶과는 거리가 먼 고도의 기술이라고 생각하는 사람이 많습니다. 하지만 인공위성을 활용한 기술은 생각보다 우리 일상과 밀접하게 연관돼 있습니다. 내비게이션, 인터넷 통신, 기상 관측, GPS 등이 바로 그것인데요. 그렇기에 통신망과 인공위성은 서로 뗄 수 없는 영역입니다. 다양한 인공위성의 종류 중에 통신만을 위한 통신 인공위성이 존재할 정도로 말입니다.

6G 통신망

2030년 즈음에 실현될 것으로 예측되는 6G는 전송속도가 초당 100기가비트 이상일 것으로 예상되고 있다. 이는 기존 5G 이동통신의 최대 속도 20기가비트보다 5배가량 빠른 속도이다.

디지털 혁신의 근간이 되는 통신 네트워크 산업은 현재 세계 각국에서 신경 쓰는 부분이다. 미국의 트럼프 전 대통령은 미국이 차세대 통신 네트워크를 선점해야 한다며 강조한 바 있으며, 우리나라도 정부에서 6G의 중요성을 강조하며 지원을 발표하고 있다.

사실 통신 인공위성은 해외에서는 일반인들 사이에서도 관심이 뜨겁습니다. 한국은 땅이 그렇게 넓지 않고 인터넷 기술이 발달해서 어느 지역을 가도 인터넷 이용이 가능합니다. 5G 기술이 보급되면서는 산간지방을 비롯한 외진 지역도 통신이 될 정도로 음영 지역이 거의 없습니다. 하지만 땅이 넓은 국가들의 상황은 전혀 다릅니다. 2019년 국제전기통신연합이 조사한 자료에 따르면 전 세계 인터넷 보급률이 60%가 안 된다고 합니다. 아직도 인류의 절반이 인터넷을 사용하지 못하고 있는 셈이죠.

이런 이슈는 비단 후진국의 이야기만이 아닙니다. 자타 공인 세계 1위 경제 대국이라 불리는 미국도 도심지를 벗어나면 상황이 비슷합니다. 인터넷이 끊기고 통신이 끊기는 지역도 많습니다. 그래서인지 미국에서 통신 위성에 관한 관심이 끊이질 않고 있습니다. 통신 위성 때문에 세계 최고의 기업의 CEO끼리 서로를 헐뜯어가며 전쟁을 벌이고 있죠.

통신 위성 전쟁에 뛰어든 기업의 면면을 보면 우리가 다 알고 있는 기업들입니다. 먼저 전 세계 시가총액 1위 기업인 애플이 있고, 트윗 한 줄만으로 세계 경제에 영향을 주는 일론 머스크가 설립한 스페이스엑스(SpaceX)가 위성 전쟁에 뛰어들었고, 세계에서 가장 부자인 '제프 베이조스(Jeff Bezos)'가 창립한 아마존도 촉각을 곤두세우고 있죠.

이 중에서도 아마존의 제프 베이조스와 스페이스엑스의 일론 머스크의 불화가 한동안 큰 화제였습니다. 세계에서 가장 부자인 두 사람은 지구 궤도에 위성 네트워크를 구축하기 위해서 치열하게 경쟁하고 있습니다. 현재 스페이스엑스는 궤도에 현재 약 천 개의 위성을 보유하고 있으며 앞으로 수천 개 이상의 위성을 발사할 계획이라 합니다. 아마존은 아직 위성을 발사하지 않았으며 개발 초기 단계라고 합니다.

이 싸움은 2020년 여름 스페이스엑스가 통신위원회 제출한 위성 고도 변경 요청에서 시작됩니다. 스페이스엑스는 자사의 위성 고도 변경이 다른 기업들의 궤도에 간섭하지 않으리라고 말했지만, 아마존을 비롯한 다른 기업들의 시선은 그렇지 않은 모양입니다. 아마존은 스페이스엑스의 위성 고도 변경이 자신들이 승인받은 위성을 비롯해 다른 기업들의 위성을 간섭하고 충돌할 위험이 크다고 소리

높였습니다.

이에 일론 머스크는 아직 아마존의 위성은 대중에게 제공되려면 멀었다며 다수의 이익을 위해 궤도를 변경하는 것이라 SNS를 통해 발표했고, 제프 베이조스는 일론 머스크의 발언은 스페이스엑스를 위함이지 절대 대중의 이익을 위함이 아니라며 반박했습니다. 이 발언을 두고 하버드 대학의 천문학자 '조너던 맥다우얼(Jonathan McDowell)'은 두 기업의 실질적인 논쟁거리는 단순히 간섭의 문제가 아니라 스페이스엑스가 궤도를 선점하는 것이 문제라고 말했습니다. 그는 스페이스엑스의 위성이 다양한 궤도를 차지할수록 다른 기업이 이후 들어갈 수 있는 우주의 땅이 부족하리라 얘기했습니다. 마치 좋은 영토를 모조리 선점하는 것과 같다고 말했죠.

사실 스페이스엑스와 아마존 두 기업의 갈등은 이번이 처음이 아닙니다. 그동안 스페이스엑스는 위성을 쏴 올리는 데 엄청난 자금과 기술력을 집중시켰습니다. 하지만 2018년까지는 큰 성과를 올리지 못했죠. 이에 2018년 일론 머스크는 개발이 너무 늦어진다고 화를 내며, 프로젝트의 최고 디자이너와 스페이스엑스 당시 부사장을 포함해서 상급 관리자 7명을 해고한 적이 있습니다. 그 상급 관리자들이 현재 아마존의 위성 프로젝트를 이끄는 사람들이니, 두 기업의 사이가 좋을 리가 없죠.

그렇다면 이쯤에서 조금은 궁금해집니다. 왜 세계에서 가장 부자인 두 사람은 위성에 집착하는 걸까요? 우선 일론 머스크야 예전부터 자신의 꿈이 화성 테라포밍이라고 밝혀왔던 만큼 테라포밍의 인프라를 구축하는 데 필요한 위성에 목매는 것이 이해가 갑니다. 화성에도 통신과 인터넷 등 다양한 인프라를 구축하려면 단순히 통신탑을 구축하는 것으로는 불가능할 테니까요.

그럼 도대체 제프 베이조스와 아마존은 왜 이리 위성에 민감할까요? 답은 그들이 현재 어떤 사업을 통해 돈을 가장 많이 벌고 있는가를 보면 간단해집니다. 현재 아마존은 클라우드 서버 서비스 AWS가 자사 매출의 12%를 차지하고 있습니다. 적은 양처럼 보이지만, AWS가 차지하는 영업이익이 아마존 영업이익 전체의 50%가 넘는 것을 보면 아마존에게 AWS가 얼마나 알찬 사업이고 핵심 비즈니스인지 알 수 있습니다. 게다가 연간 성장률도 2013년부터 계속해서 큰 폭으로 성장하는 중입니다. 제프 베이조스의 뒤를 이은 아마존 그룹의 CEO '앤디 재시(Andy Jassy)'가 AWS 출신인 것만 봐도 아마존이 클라우드 서버에 갖는 관심을 알 수 있습니다.

앞서도 클라우드 서버에 대해 간단히 언급했지만 사실 클라우드 서버의 중요성은 점점 더 커지는 중입니다. 메타버스에서 필요한 데이터를 보관하고 실시간으로 소통할 수 있게 해주는 클라우드 서버는 향후 6G 네크워크와 함께 모든 미래산업 분야에서 핵심 기술로 자리 잡고 있습니다. 이에 맞춰 클라우드 서버 시장도 점점 커지고

있죠. 2019년 클라우드 서버 시장의 규모는 약 2,400억 달러 수준이며 매년 15% 이상 고속 성장해 2024년 클라우드 서버 세계 시장 규모는 약 5,000억 달러가 넘을 것이라고 전문가들은 말합니다.

점점 클라우드 서버가 중요해지는 가운데 아직은 아마존의 AWS가 35%대 점유율로 시장 1위를 달리고 있으나, 맘 놓고 있을 여유는 없어 보입니다. 그 이유는 마이크로소프트의 Azure가 아마존의 뒤를 바짝 쫓고 있기 때문이죠.

마이크로소프트는 아마존보다 4년 늦은 2010년에 처음으로 클라우드 서버 서비스를 공개했습니다. 기술력이 하루하루 달라지는 첨단 산업에서 4년이란 격차는 어마어마한 차이를 보이기 마련입니다. 하지만 마이크로소프트라는 공룡은 역시 달랐습니다. 스마트폰 혁명기에 한 발 늦었던 한을 푸는 것인지, 기업의 모든 사활을 걸고 클라우드 서비스에 몰두했습니다. 사실 그 당시 마이크로소프트는 컴퓨터 하드웨어 시장이 저물고 야심 차게 준비한 노키아 인수가 실패로 돌아가면서 기업의 미래가 불투명한 상황이었습니다.

이에 CEO를 포함한 경영진을 물갈이하고 절치부심 새로운 미래 먹거리에 몰두했죠. 그렇게 마이크로소프트는 클라우드 서버에 필요한 시스템을 구축하기 시작했습니다. 이 시기 그들은 쌓아둔 막대한 자금력을 바탕으로 클라우드 서버에 유용한 보안, 시스템 개발, AI 등 관련 기업들을 모조리 인수했습니다. 인수 합병에 사용한 금액도 상당했습니다. 보안 스타트업을 1,000억 원에 인수한 것을 시작으로 개발자들에게 사랑받는 오픈소스 공유 플랫폼 '깃허브'를 약 8조 원, 구인·구직 소셜미디어 '링크드인'을 약 31조 원에 인수했습니다. 마이크로소프트는 자금력과 기존에 가지고 있던 기술력을 바탕으로 클라우드 서비스 Azure를 업계 2위의 자리까지 올려놓았습니다. 현재 시장 점유율은 약 20% 정도이지만, 성장 속도는 매년 50~60%에 달할 정도로 무섭게 아마존을 추격하고 있습니다.

구글의 클라우드 서버 서비스도 매년 폭발적인 성장률을 보이며 그 뒤를 매섭게 쫓는 중이죠. 이런 시장의 흐름 때문일까요? 아마존은 향후 메타버스의 인프라가 될 클라우드 서버 시장을 놓치지 않기 위해서 통신 위성 개발에 뛰어든 것이죠.

여기서 눈여겨볼 점은 앞서 말한 아마존, 구글, 마이크로소프트

모두 메타버스 산업을 미래 키워드로 점 찍어두고 각자의 방향대로 개발에 박차를 가하는 중이라는 겁니다. 테슬라도 마찬가지로 자사의 자율주행 서비스를 구독경제로 풀어내며 서비스 회사로의 진화를 선언했는데, 여기에서 말하는 자율주행 차량 안의 서비스가 앞서 우리가 맨 처음 소설에서 보았던 라이프로깅, 거울 세계 등의 메타버스 서비스일 가능성이 큽니다. 이미 AI, 위성 등의 기술력을 갖춘 테슬라니까요.

앞으로 메타버스의 인프라를 차지하기 위한 전쟁은 본격적인 장에 돌입하리라 생각합니다. 오히려 글로벌 공룡들이 얽히고설킨 지금의 위성 전쟁은 서막에 불과하다는 생각이 듭니다. 계속해서 클라우드 서버, 통신 네트워크를 둘러싼 기업들의 움직임은 활발해질 것이고, 이 시장을 주도하는 기업은 향후 새로운 디지털 지구의 인프라를 손에 쥘 겁니다.

국내에서도 새로운 시대의 인프라를 차지하기 위한 움직임이 활발합니다. 이 중 특히 이동통신 3사의 움직임이 눈에 띄는데요. 스마트폰 시대가 저물 것을 대비해 SK텔레콤, KT, LG U+ 세 회사는 단순 통신 단말 기업을 벗어나 클라우드와 AI 분야로의 개편을 서두르고 있습니다. 이미 SK텔레콤는 자율주행 차량의 콘텐츠 서비스를 위해 '티맵 모빌리티'라는 회사를 세우기도 했고, 삼성전자, 카카오와 손잡고 AI 플랫폼을 공개할 예정입니다. KT와 SK텔레콤도 각각 AI, 빅데이터와 스마트 헬스, 데이터 사업 등 그 분야를 늘리는 와중입니다.

사실 이동통신 3사를 비롯해 다양한 국내 기업들이 메타버스를 인지하고 부랴부랴 시장을 주도하기 위해 움직이지만, 해외에 비하면 조금 느린 감도 있습니다. 메타버스 그 자체를 인지하는 것도 이제야 시작한 국내 시장인 만큼 기업과 국가 모두 좀 더 과감하게 투자하고 고민했으면 좋겠습니다.

그렇다면 지금부터 메타버스의 인프라와 관련된 기업들이 어떤 모멘텀을 가지고 자신들의 기술을 갈고 닦는지 알아보고 분석해보도록 하겠습니다. 그러다 보면 이 책을 읽고 있는 독자들도 메타버스 기업들을 바라보는 눈이 생기고 투자에도 큰 도움이 되리라 생각합니다.

상상하는 모든 것을 그리는 물감 : 메타버스 3D 엔진

앞서 우리는 메타버스를 이루는 하드웨어 기술과 관련 기업들을 알아봤습니다. 하지만 메타버스는 단순히 하드웨어만으로 이뤄지는 세상이 아니죠. 페이스북의 오큘러스, 마이크로소프트의 홀로렌즈가 하드웨어 플랫폼이라면, 이를 프로그래밍하는 솔루션이 바로 3D 엔진인 셈이죠. 기존에는 3D 엔진 사용처는 주로 게임 시장에 집중되어 있었으며, 3D 렌더링 솔루션 서비스를 제공하는 주요 기업들은 게임개발 엔진을 기반으로 VR/AR을 위한 모델링 비즈니스를 제공하고 있었습니다.

하지만 앞서 소개해드린 대로 다양한 산업군에서 3D 엔진이 활

출처 : 유니티, 에픽게임즈

성화되면서 3D 엔진 기업들은 새로운 국면을 맞이하고 있습니다. 이제는 메타버스 기술이 다양한 분야에 적용되면서 3D 엔진 산업의 전반적인 흐름을 바꿔 가는 시점입니다. 시장 조사 기관인 '그랜드뷰 리서치(Grandview Research)'에 따르면 미국 내 2025년 3D 소프트웨어 시장 규모가 약 40억 달러에 이를 것이라 합니다.

이렇게 시장의 흐름이 좋아지고 영역 자체가 확대되는 상황에서 주목할 만한 기업의 엔진은 둘입니다. 앞서도 언급했던 '유니티 엔진'과 에픽게임즈의 '언리얼 엔진'이죠. 현재 시장은 사실상 과점의 양상을 띠고 있을 정도로 두 기업의 시장 점유율이 높습니다.

-유니티

2020년 9월 나스닥 증권거래소에 상장된 유니티 소프트웨어 (Unity Software: U US)는 실시간 3차원 콘텐츠를 만들고 운영하기 위한 3D 엔진 플랫폼 기업입니다. 그들이 제공하는 3D 엔진은 주로 모바일게임 개발에 사용되고, 인디 게임 개발사들이 가장 많이 사용하는 게임 엔진 플랫폼이죠.

유니티의 성공은 스마트폰과 맥락을 같이 합니다. 사실 2000년

출처 : 유니티

도 초반까지만 해도 스마트폰 공급이 초기 단계라 앱 스토어 시장이 작았기에 모바일보다는 데스크탑과 콘솔 위주로 흘러갈 수밖에 없었습니다. 하지만 애플의 아이폰이 출시되면서 스마트폰 시장이 본격적으로 성장했고, 여기에 유니티는 산업의 흐름에 맞춰 타 기업들이 기존 게임 시장에 집중하던 시기에 스마트폰, 태블릿 등에 최적화된 게임개발 엔진 소프트웨어들을 개발하기 시작했습니다.

2020년 기준 모바일 게임 시장의 매출은 772억 달러에 달하며 전체 글로벌 게임 시장 매출 1,600억 달러 중 약 48%의 비중을 차지할 만큼 고속 성장했습니다. 모바일 게임 시장의 성장은 유니티의 성장과도 일맥상통할 정도로 유니티는 이 시장을 놓치지 않았습니다. 가벼운 게임개발 엔진을 시작으로 유니티는 그 영역을 점차 늘려가며 끝내 모든 게임을 개발할 수 있는 플랫폼으로 성장했습니다. 메타버스 산업이 태동하는 시점에는 게임뿐만 아니라 다양한 산업군에서 3D 엔진 플랫폼이 필요한 만큼 향후가 더 기대되는 기업이죠.

이런 시장의 흐름을 반영해 유니티는 기본적으로 게임 엔진 솔루션뿐 아니라 자동차 제조, 설계와 건축 AR 구현 솔루션, 교육 기술 솔

루션 등을 제공하고 있습니다. 유니티는 획일화된 엔진이 아닌 각 산업의 특성에 맞는 최적의 솔루션 소프트웨어를 제공하고 있기에 향후 여러 산업군에서 러브콜을 받을 확률이 높은 기업입니다.

하나의 예시로 유니티 제품군 중 '유니티 마스(Unity MARS)'는 실제 공간에 완전히 통합되는 지능형 증강현실 경험을 제공하는 서비스입니다. AR 생성을 에디터에서 제공하는 특정 샘플 세트를 사용해서 간편하게 제작하는 것 외에도 AR 콘텐츠와 관련된 다양한 시뮬레이션 툴이 존재합니다. 실제 물리적 공간에 자연스럽게 녹아들고 모든 종류의 데이터와 연동된다는 이유에서 많은 기업의 사랑을 받고 있죠. 그래서 차량이나 건물 디자인 등 다양한 산업에 적용 가능한 유니티 마스는 이미 다양한 AR 프로그램의 뼈대에 해당하는 프로그램으로 사용되고 있습니다.

유니티는 현재 시뮬레이션을 이용한 AI 솔루션 개발에도 발을 들이고 있습니다. 유니티 솔루션의 장점은 AI 회사는 AI를 훈련하는 데 필요한 기능을 만드는 데만 집중하고 나머지는 유니티의 엔진에 맡길 수 있다는 점입니다. 그 결과 제조 과정에서의 안전성을 높일 수 있고 제조 현장에서 사람의 개입을 최소화해서 제품의 품질을 향상시키는 효과가 있죠. 테스트를 진행하고 배포하는 데 드는 시간과 비용을 줄여주는 것은 말할 것도 없죠. 이처럼 유니티의 물리 엔진과 다양한 AI 기능을 활용하면 제조 현장의 모든 측면을 완벽하게 제어할 수 있게 되어 이전과는 비교할 수 없는 정밀하고 우수한 AI 솔루션을 구현할 수 있습니다.

지금까지 유니티를 기술적인 측면에서 살펴봤다면 이번에는 재무적인 측면에서 기업을 분석해보겠습니다. 유니티는 과거에서 현재까지로만 살펴봤을 때 재무적으로는 그리 매력적인 기업이 아닐 수도 있습니다. 영업이익과 순이익은 수년간 지속적으로 마이너스를 기록하고 있고, 미국 나스닥 거래소에 상장된 것도 1년이 채 되지 않는다는 점에서 투자자 입장에선 기업 가치 평가가 쉽지 않기 때문이죠.

같은 맥락으로 시장 조사 평가기관인 스탠더드앤드푸어(Standard & Poor's)는 유니티의 성장성을 높게 평가했지만, 수익성 수준이 낮은 편에 속한다고 평가한 바 있죠. 그래서 향후 세부적인 비즈니스와 연관하여 기업 밸류에이션 재평가가 필요해 보이며, 장기적으로 바라볼 필요가 있는 기업이기도 합니다. 장기적으로 게임 시장이 지속적으로 성장할 것이고 다양한 산업 분야에서 유니티의 실시간 3D 렌더링 플랫폼이 활용되는 사례가 증가할 것이라는 데는 의심할 여지가 없습니다.

이 점을 염두에 두고 유니티의 매출액을 살펴보겠습니다. 2020년 3분기 실적발표 기준으로 전체 매출액은 전년 같은 분기 대비 53% 성장했습니다. 가장 큰 매출 비중을 차지하는 오퍼레이트 솔루션 사업부의 전년 대비 매출 증가율은 45%, 크리에이트 솔루션의 전년 대비 매출 증가율은 72%를 기록했죠. 우리가 눈여겨볼 부분은 매출 총 이익(전체 매출액에서 매출원가를 뺀 금액)률이 80%에 달한다는 점입니다. 이는 유니티의 제품들이 원가가 많이 들지 않는 고부가 가치 산업이라는 말로 재무적 강점으로도 작용합니다.

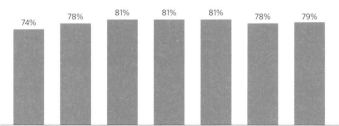

유니티 분기별 매출 총 이익율

74%　78%　81%　81%　81%　78%　79%

2019년 1분기　2019년 2분기　2019년 3분기　2019년 4분기　2020년 1분기　2020년 2분기　2020년 3분기

출처 : 유니티 IR

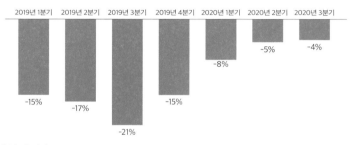

유니티 분기별 영업이익률

2019년 1분기　2019년 2분기　2019년 3분기　2019년 4분기　2020년 1분기　2020년 2분기　2020년 3분기

-15%　-17%　-21%　-15%　-8%　-5%　-4%

출처 : 유니티 IR

　그리고 영업이익은 지속해서 손실을 기록하고 있지만, 영업이익률 손실폭이 점차 줄어들고 있다는 점은 고무적입니다. 높은 매출 총이익 마진율을 고려했을 때 올 하반기 혹은 내년에는 흑자 전환을 기대해볼 수 있습니다. 또한 현재 유니티는 연간 지출 10만 달러 이상을 지불하는 고객으로부터 발생하는 매출이 전체 매출의 약 70%

대를 차지하고 있습니다. 이 고객들의 매출액이 점차 증가 추세에 있는 것은 향후 이익 개선이 빠르게 이루어질 것이라 예상하고 있습니다.

다음으로 유니티의 현금흐름을 살펴보면 계속해서 마이너스를 그리는 모습을 볼 수 있습니다. 현금흐름표에서는 기업의 투자 활동에 의한 보유 현금 금액을 나타내는 '순투자현금흐름'을 보면 2020년 12월 기준 약 5억 7천만 달러의 마이너스를 기록한 것을 알 수 있습니다. 이는 유니티가 여러 VR, AI 기업들을 인수하면서 고속 성장을 위한 기반을 다지는 것이라 해석하는 게 옳습니다. 고속 성장하는 기업의 재무제표에서 투자활동 현금흐름 손실이 발생하는 것은 자연스러운 현금흐름이며 이를 영업활동현금으로 얼마만큼 상쇄할 수 있냐가 안정적인 현금흐름의 핵심입니다. 그런 의미에서 기말 현금흐름에 가장 많은 영향을 미치는 영업활동 현금흐름이 약 9천만 달러 손해에서 약 4천만 달러 손해로, 잉여현금흐름(FCF)이 약 1억 2천만 달러 마이너스에서 약 2천만 달러 마이너스로 계속해서 마이너스 수치가 감소하고 있는 것은 긍정적인 신호라고 볼 수 있습니다.

-에픽게임즈

앞에서 설명한 유니티와 시장을 양분한 기업이 있죠. 에픽게임즈의 언리얼 엔진은 유니티의 최대 경쟁사로서 3D 엔진 솔루션을 제공하는 대표적인 플랫폼 기업입니다. 언리얼 엔진은 게임 제작에 필요한 오픈소스를 유저들에게 제공하고 있다는 점에서 세계에서 가장 개방적이고 진보된 실시간 3D 창작 플랫폼이라 불러도 무방합니다. 언리얼 엔진은 완벽한 확장성과 유연성으로 다양한 산업에 걸쳐 크리에이터들이 최첨단 콘텐츠, 상호작용형 경험, 몰입형 가상세계를 개발할 수 있는 자유도 높고 창의적인 3D 엔진을 제공하고 있죠.

언리얼 엔진의 최대 강점은 게임 엔진 사업부에서 두드러집니다. 언리얼 엔진은 블록버스터 게임을 제작하는 데 가장 선호되는 게임 엔진 개발 솔루션 플랫폼으로, 고성능 게임을 구동하는 콘솔 게임기인 소니 엔터테인먼트사의 플레이스테이션, 마이크로소프트사의 엑스박스 플랫폼 게임들은 언리얼이 제공하는 게임 엔진을 주로 사용하고 있습니다. 최근 에픽게임즈는 새로운 모델 '언리얼 엔진 5'를 공개해 업계의 관심을 받고 있습니다. 이번 차세대 엔진의 목표 중 하나는 영화 CG를 실사와 동일한 수준으로 구현하고 생산성 높은 툴과 콘텐츠 라이브러리를 통해 모든 규모의 개발팀이 실제 개발에 사용할 수 있도록 하는 것입니다. 에픽게임즈는 언리얼 엔진 4를 활용해서 차세대 게임을 개발하려는 콘솔 제조사와 다수의 게임 개발사, 퍼블리셔들과 긴밀하게 협업하고 있죠.

언리얼 엔진 5를 이용한 그래픽 화면 (출처 : 언리얼)

언리얼 엔진 5의 장점은 자신들의 기존 플랫폼과 상위호환을 염두에 둔 설계 방식입니다. 만약 현재 언리얼 엔진 4로 차세대 게임개발을 시작하는 개발사라면 언리얼 엔진 5가 출시했을 때 큰 어려움 없이 엔진을 변경할 수 있다는 장점이 있습니다.

언리얼 엔진은 게임뿐만 아니라 초고해상도 실시간 3D 엔진 구현 기술을 활용하는 유저들을 위해 완벽한 개발 툴 세트를 제공하고 있습니다. 그 쓰임새를 보면, 건축, 자동차 및 운송, 방송과 라이브 이벤트, 영화 및 TV, 훈련과 시뮬레이션 등등 분야를 한정 짓기 어려울 정도죠.

역시 메타버스의 하드웨어 기술인 XR 솔루션 분야에도 언리얼 엔진이 빠질 수 없습니다. 앞서 언급한 페이스북의 오큘러스, 마이크로소프트의 홀로렌즈를 포함한 다양한 플랫폼의 뼈대 부분에는 여지없이 언리얼 엔진이 사용되고 있죠.

그런 흐름 때문인지 언리얼 엔진은 공연 프로덕션, 방송 환경에서도 큰 역량을 발휘하고 있습니다. 언리얼 엔진의 디스플레이 시스템은 어떤 해상도에서도 실시간으로 콘텐츠를 렌더링하고, 파워월, 돔, CAVE(Cave Automatic VR Environment), LED 벽과 같은 다수의 디스플레이에 출력할 수 있습니다.

그뿐만 아니라 언리얼 엔진은 자동차 산업에서도 디스플레이 HMI(Human Machine Interface) 개발에 적용되고 있습니다. 디자이너들이 시뮬레이션을 통해 차량의 설계를 빠르게 반복 작업하고 기능을 적용해보며 역동적인 프로젝트 수행이 가능합니다. 이미 미국 자동차 제조회사인 GM을 비롯한 다양한 모빌리티 기업들과 협업하고 있죠.

에픽게임즈의 언리얼 엔진에 대해 알아가다 보면 의아한 부분이 분명 존재할 겁니다. 그들의 현재 산업 부문이 앞서 언급한 유니티와 흡사하기 때문이죠. 사실 두 기업은 현재 다른 3D 엔진들이 따라오기 힘들 정도로 시장에서 앞섰다고 봐도 무방합니다.

분명 두 기업 간에 성격의 차이는 존재합니다. 유니티는 비교적 다루기 쉬운 소프트웨어 솔루션을 제공하는 것이 장점이고 언리얼 엔진과는 다르게 큰 전문성 없어도 쉽게 소프트웨어를 개발할 수 있는 솔루션을 제공하죠. 이런 탓에 고속 성장하는 모바일 게임 시

상단: 언리얼 엔진을 이용한 영상
중단: 가상현실에서 진행된 콘서트
하단: 언리얼의 3D 엔진 이용 화면
(출처 : 언리얼)

장에서는 유니티 소프트웨어가 언리얼 엔진보다 높은 경쟁력을 갖췄다고 평가받고 있으며, AR/VR 하드웨어 시장에서도 범용성이 매우 높다는 점으로 인해 좋은 평가를 받고 있습니다.

하지만 반대로 고성능 게임과 초고화질 3D 렌더링 엔진을 요구하는 산업 분야에서는 언리얼 엔진이 유저들에게 큰 지지를 받고 있습니다. 물론 전문가가 아니면 다루기 힘든 C++ 언어로 소프트웨어 개발을 해야 한다는 점에서 유니티 솔루션을 사용하는 것에 비해 좀 더 전문성을 요구되기는 하죠. 이런 탓에 그들의 주 고객들은 대형 게임사인 경우가 많습니다. 그래서 시장에 등장하는 굵직한 게임 타이틀은 언리얼 엔진의 손을 거친다고 보면 되죠. 작업물의 자체 수준을 높이고자 하는 경우 언리얼을 주로 선호합니다.

현재는 유니티가 범용성 덕택에 시장 점유율이 약간 높기는 하지만, 이는 아직 모바일 게임 시장이 전체 게임 시장에서 많은 부분을 차지하기 때문이죠. 지금부터가 더 중요하다고 볼 수 있습니다. 이들에게 앞으로 메타버스로의 게임체인지가 매우 중요합니다. 메타버스 플랫폼이 현실이 될수록 기존 시장 영역은 움츠러들 것이고 향후 메타버스 콘텐츠들이 어떤 수준의 그래픽이 사용할지가 둘의 성패를 가르리라 봅니다.

이렇게 서로가 추구하는 소프트웨어 솔루션의 방향성과 가치가 조금씩 다르지만, 소비자가 요구하는 프로젝트에 따라 활용되고 있는 언리얼 엔진과 유니티 소프트웨어는 큰 관점에서 봤을 때 같은 방향으로 갈 수밖에 없습니다. 바로 메타버스죠. 확실한 것은 한동안은 3D 엔진 시장에서 이 둘을 넘어설 기업이 나오기는 힘들어 보입니다. 그런 이유로 이 두 기업이 만들어가는 생태계가 앞으로 게임을 포함한 다양한 산업 분야와 메타버스와의 접점을 만들어가고 성장시킬 것이라는 점에는 이견이 없을 듯합니다.

현실과 가상을 연결하는
: 데이터센터 & 리츠 산업

지금까지 메타버스 세계에서 필요한 하드웨어, 소프트웨어 등 다양한 방면의 시장을 알아봤습니다. 다만 아직도 조금 허전한 느낌이 듭니다. 뭐가 빠졌을까요? 정답은 이런 다양한 산업의 뼈대가 되는 데이터를 처리하는 기술과 산업입니다. 메타버스는 분야를 막론하고 많은 정보가 움직이는 만큼 빅데이터 처리 기술은 필수입니다. 사실 이것은 단순히 메타버스만의 일이 아니라 현재진행형인 4차 산업 기술에 공통으로 해당하는 이야기기도 하죠.

현대 사회에서 데이터(Data)는 가장 중요한 디지털 원자재이자 4차 산업혁명의 필수 영양소입니다. 누가 더 많은 데이터를 축적해서

가지고 있으며 그것을 어떻게 가공하고 활용하는지가 산업을 성장시키는 데 핵심적인 요소입니다. 그만큼 데이터를 처리하는 방법이 점점 중요해지고 있죠.

사실 플랫폼에서 수집된 가공되지 않는 데이터 자체로는 서버의 공간만을 차지할 뿐 산업에 큰 의미가 없습니다. 하지만 이런 날것 상태의 데이터를 분석 기술을 이용해 가공하면 산업 전반에 활용되는 귀중한 자료가 되고 경제적인 부가가 가치를 올리는 자산이 됩니다. 시장 조사 기관인 IDC에 따르면, 인터넷 플랫폼에서 생성되는 데이터 중 기업에 의해 수집되는 데이터는 전체의 약 56% 수준입니다. 나머지 약 43%의 데이터는 활용되지 못하고 사라져 경제적 부가 가치를 가지지 못한다고 합니다. 자료에 따르면 디지털화된 콘텐츠를 생성, 캡쳐, 복사하는 등의 과정에서 발생하는 모든 데이터를 뜻하는 '데이터스피어(Datasphere)는 2025년 175제타바이트 수준까지 증가하리라 예상됩니다. 이 수치는 약 192조 기가바이트에 해당하는 데이터양으로 2021년과 비교해서 약 2배가량 증가한 수치입니다.

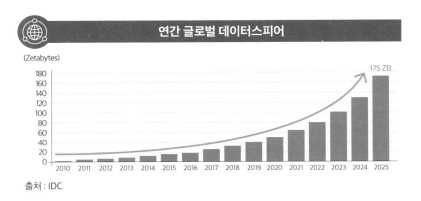

연간 글로벌 데이터스피어

(Zetabytes)

175 ZB

출처 : IDC

이처럼 현대 사회에선 SNS, 유튜브, 넷플릭스와 같은 영상 콘텐츠 소비 증가와 IoT, 전기차, 5G 그리고 현재 태동하고 있는 메타버스 산업 등 4차 산업 혁명으로 데이터 사용량은 급속도로 늘어나는 추세입니다. 자연스럽게 데이터를 가공하고 처리하는 시장의 가치도 빠르게 상승하고 있습니다. 2019년부터 2025년까지 글로벌 데이터스피어 시장의 연평균 성장률은 약 26%에 달한다고 합니다.

관련된 기업을 살펴보면 데이터와 클라우드 컴퓨팅 소프트웨어와 관련된 기업 중 '세일즈포스(Salesforce, CRM US)'라는 기업이 있습니다. 이 기업은 2020년에 글로벌 종합 에너지 기업인 '엑슨모빌

(ExxonMobil)'을 밀어내고, 미국 내 오랜 역사와 전통을 자랑하는 30개의 대표종목 기업을 평균한 다우존스 산업평균지수에 편입됐습니다. 그만큼 주식 시장에서도 소프트웨어 시장의 영향력이 점점 커지고 있음을 알 수 있는 대목입니다.

이렇게 미국 내 산업 중 지난 10년간 강한 퍼포먼스를 보이는 업종이 바로 소프트웨어 업종입니다. 소프트웨어 업종은 컴퓨팅 기술 업종이 가장 발달한 미국에서 고속 성장을 해왔으며 다우존스소프트웨어 업종 지수는 지난 10년간 약 8배 이상이 올라 그야말로 4차 산업 시프트의 수혜를 누리고 있는 업종이기도 하죠. 그중 클라우드 컴퓨팅이 대세가 되면서 이 소프트웨어 업종 지수에서 시총 상위를 차지하고 있는 퍼블릭 클라우드 관련 기업들이 이 산업의 중심이 되고 있습니다.

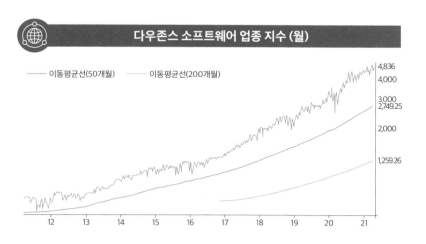

다우존스 소프트웨어 업종 지수 (월)

2021년도에도 이런 양상은 비슷합니다. 아니 앞으로 제법 오랜 시간 동안 이런 추세로 흐를 것으로 생각합니다. 이런 소프트웨어 시장의 가장 큰 부분을 차지한 산업이 바로 클라우드 서버 시스템입니다. 클라우드 서버 시스템의 정의는 앞 파트에서 자세하게 다뤘으니 넘어가도록 하고 지금은 클라우드 서버 시스템의 종류와 장점 그리고 향후 방향을 알아보겠습니다.

클라우드 서버 시스템에는 크게 두 가지 시스템이 존재합니다. 먼저 '프라이빗 클라우드(Private Cloud)'는 다른 기업과 시스템을 공유하지 않고 오로지 하나의 사용자만을 위한 클라우드 서비스를 일컫습니다. 주로 보안이 중요한 기업들이 사용하는 방식이죠

이런 프라이빗 클라우드와 반대되는 개념으로는 클라우드 서버 제공업체가 불특정 다수의 기업이나 개인에게 서버를 제공하는 퍼블릭 클라우드 서비스가 있습니다. 이 퍼블릭 클라우드는 다시 SaaS(Software as a Service), PaaS(Platform as a Service), IaaS(Infrastructure as a Service)로 세 가지 유형으로 나눕니다.

먼저 SaaS는 클라우드 환경에서 운영되는 앱 서비스로 설치할 필요 없이 인터넷을 통해 소프트웨어를 빌려오는 것을 말합니다. 예를 들면 이메일이 있죠. 이메일을 사용하기 위해서는 굳이 소프트웨어를 다운로드하지 않아도 괜찮습니다. 이처럼 SaaS 모델의 장점은 비용만 내면 어디서든 바로 사용할 수 있다는 점이죠. 대표적인 서비

스는 MS오피스, 앞서 말한 세일즈포스의 솔루션이 있습니다.

　PaaS는 주로 소프트웨어를 개발할 때 사용하는 플랫폼 클라우드 서비스입니다. 개발자가 필요한 도구와 환경만을 선택적으로 사용하는 방식인 만큼 비용의 부담이 적은 모델이기도 합니다. 물론 단점도 있습니다. 개발에 필요한 플랫폼을 빌리는 만큼 PaaS 모델을 사용해서 만든 서비스는 기존 플랫폼에 종속될 가능성이 있습니다. 예를 들면 PaaS의 대표적 모델인 구글의 '앱 엔진(App Engine)'을 사용해서 앱을 만들었을 때 업데이트나 보수와 같은 사후 처리에도 앱 엔진을 사용해야 하죠.

　마지막으로 IaaS는 서버와 저장소 등 데이터센터 자원을 빌려 쓰는 서비스를 말합니다. IaaS의 대표적인 사례는 아마존의 서비스를 이용하는 넷플릭스입니다. 넷플릭스는 자신들의 데이터센터를 구축하지 않고 아마존의 AWS를 활용해서 자신들의 콘텐츠와 서비스를 소비자에게 제공합니다. 왜 이런 IaaS를 사용할까요? 통상적으로 데이터센터에 들어가는 설비와 네트워크가 만만치 않기 때문입니다. 데이터센터를 구축하기 위해서는 보통 축구장 크기의 토지가 필요하고 24시간 관리 및 운영해야 하며 안전장치와 보안시설도 요구되는 만큼 엄청난 비용이 발생하죠. 사용자들은 제공자로부터 딱 필요한 만큼만 서비스를 사용하고 비용을 지불하면서 여러 혜택을 얻고, 제공자는 자신들의 데이터센터를 이용해 이윤을 추구하는 겁니다.

이처럼 보통 우리가 사용하는 클라우드 서비스는 퍼블릭 클라우드 서비스를 말합니다. 그렇다면 퍼블릭 클라우드의 장점은 무엇이길래 여러 분야에서 각광받고 있을까요?

첫 번째 장점은 비용 절감입니다. 기업은 퍼블릭 클라우드를 사용하면 IT 운영비를 절감할 수 있습니다. IT를 더욱 효율적으로 처리할 수 있는 전문 기업에게 IT 운영을 맡기고 기업은 자신들이 필요한 IT 자원만을 골라 사용합니다. 이로써 공급자는 이윤을 얻고, 소비자는 비용을 줄일 수 있는 시스템이죠.

두 번째 이유는 서버 관리의 효율성 때문입니다. 앞서 언급한 바와 같이 서버를 운용하기 위해서는 다양한 설비와 시스템이 필요합니다. 데이터센터를 구축할 땅은 둘째 치더라도 관리하는 인력에 소모되는 비용과 시간도 만만치 않죠. 하지만 퍼블릭 클라우드 서비스를 사용하면 비용만 지불하면 그만입니다.

셋째는 보안 이슈 때문입니다. 사실 대기업이야 앞서 말한 서버

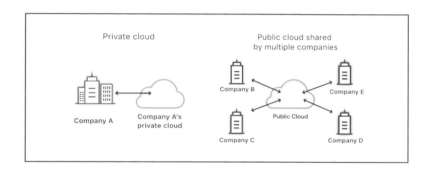

도 효율적으로 관리할 수 있고, 인력 충원도 부담스럽지 않지만 중소기업은 그렇지 않죠. 게다가 더 중요한 점은 대부분 중소기업은 보안에 큰 힘을 들이기 어려운 경우가 많다는 겁니다. 애써 노력해서 만든 기술과 서비스를 보안이 미비해 날린다면 너무 안타깝겠죠. 하지만 믿고 맡길 수 있는 큰 기업의 클라우드 서비스를 사용하면 이 부담을 줄일 수 있죠. 그만큼 IT 산업에서 보안은 중요한 이슈인데요. 그래서 Azure를 운용하는 마이크로소프트가 한동안 보안 관련 업체들을 닥치는 대로 인수한 것이기도 하죠.

사실 이런 장점들은 세 가지 클라우드 서비스 모델에 모두 해당하는 이야기입니다. 이 세 가지 모델 중에도 최근 이 퍼블릭 클라우드 기업들의 가장 핵심축이 되는 서비스가 바로 IaaS입니다. IaaS를 사용하면 사용자 자체의 물리적 서버와 기타 데이터센터 인프라를 구입하고 관리하는 과정에서 발생하는 비용과 복잡성을 줄일 수 있습니다.

마이크로소프트가 공개한 가상 데이터센터 외부 (출처 : 마이크로소프트)

아마존의 AWS, 마이크로소프트의 Azure와 클라우드 컴퓨팅 서비스가 대표적인 IaaS의 예시죠. 물론 그들은 글로벌 공룡답게 단순히 IaaS 모델만을 운용하지는 않지만 많은 사용자가 그들의 IaaS 모델을 사용하는 것은 확실한 사실이죠. 이렇게 대표적인 기업이 세계에서 크기로 손에 꼽히는 기업들인 이유는 앞서 말한 데이터센터 구축에 들어가는 비용과 향후 관리 시스템 구축의 스케일 때문이죠.

최근 마이크로소프트는 자사 데이터센터 내부를 최초로 메타버스를 통해 공개했습니다. 최고 수준의 보안은 기본이고 정확한 데이터센터의 위치도 알 수 없지만, 마이크로소프트는 자사 클라우드 서비스 Azure 위에 가상 데이터센터를 새로 구축해 언론에 공개했죠. 아마존은 자신들의 데이터센터를 공개하지는 않았지만, 현재 세

마이크로소프트가 공개한 가상 데이터센터 내부 (출처 : 마이크로소프트)

계 1위를 달리고 있는 만큼 그 규모가 어마어마하리라 예상할 수는 있죠.

두 기업은 모두 기술 최강국 미국의 기업인 것도 공통점인데, 인터넷의 보급과 함께 혜성처럼 등장한 데이터센터는 미국에서 가장 큰 혁신을 맞이했습니다.

이러한 데이터센터를 운영 중인 클라우드 관련 기업들은 고객 자체 서버에 데이터를 모두 통합하여 데이터 웨어하우스, 데이터 사이언스, 데이터 교환 등의 서비스를 제공하며 고객이 '데이터 사일로'를 해체하여 다양한 유형의 분석을 가능하게 만듭니다. 데이터 사일로란 업무 효율화 측면에서 조직 단위로 IT 인프라 자체 솔루션을 구축하는 것을 말하는데 일종의 벽을 세워둔다고 생각하면 됩니다. 앞으로도 데이터 및 클라우드 산업은 고성장에 따른 수혜가 기대되는 섹터입니다. 주요 클라우드 기업들이 대형 IT 벤더사들을 고객으로 두고 가격 경쟁력(스토리지와 데이터 처리 분리) 및 멀티 클라우드 환경에서 유리한 사업 환경을 만들어가고 있다는 것이 핵심입니다. 관련 투자자라면 클라우드 산업 관련 기업과 ETF 투자 자산에도 주목할 필요가 있죠.

 클라우드 산업 관련 기업 및 ETF

구분	기업명	티커
ETF	아이셰어즈 익스팬디드 테크	IGV US
	퓨어펀즈ISE사이버시큐리티ETF	HACK US
	SPDR S&P 소프트웨어 & 서비스	XSW US
	뱅가드 인포메이션 테크놀로지	VGT US
	퍼스트트러스트클라우드컴퓨팅	SKYY US
	Global X Cloud Computing ETF	CLOU US
	Global X China Cloud Computing ETF	9826 HK
	인베스코 다이내믹 미디어 ETF	PBS US
IaaS	마이크로소프트	MSFT US
	오라클	ORCL US
	아마존 닷컴	AMZN US
	알리바바 그룹 홀딩	BABA US
	알파벳	GOOGL US

	세일즈포스닷컴	CRM US
SaaS: CRM, ERP	서비스나우	NOW US
	SAP	SAP US
	허브스팟	HUBS US
	젠데스크	ZEN US
	쇼피파이	SHOP US
	줌인포메이션	ZI US
	인튜이트	INTU US
	페이콤	PAYC US
	페이저듀티	PG US
SaaS: 커뮤니케이션	줌비디오	ZM US
	박스	BOX US
	드롭박스	DBX US
	아틀라시안	TEAM US
	링센트럴	RNG US
	아바야	AVYA US

출처 : 미래에셋대우

 데이터센터 산업이 갑작스럽게 폭발적인 관심을 받고 성장하면서 자연스럽게 같이 부상한 산업이 있습니다. 바로 데이터센터를 건설하고 유지 및 보수를 하는 '데이터센터 리츠(REITs: Real Estate Investment Trusts)' 산업입니다. '리츠'란 투자자로부터 자금을 모아 부동산이나 부동산 관련 자본·지분에 투자해 발생한 수익을 다시 투자자에게 배당하는 부동산 투자신탁을 의미합니다. 일종의 부동산 공동구매인 셈이죠. 타 업종 대비 비교적 높은 연간 배당 수익률(평균 배당 수익률 약 3.6%)에 주가까지 상승하면 시세차익도 노릴 수 있다는 장점이 뚜렷한 투자 섹터입니다.

2016년 다우존스지수와 MSCI는 증권시장에 상당된 리츠 종목과 기타 상장 부동산 회사를 금융업종에서 부동산 업종으로 전환해서 분류했습니다. 그 결과 지난 25년간 상장된 미국 리츠의 시가총액 규모가 약 90억 달러에서 현재 약 1조 2,800억 달러 이상으로 증가했습니다. 증권시장에서 부동산은 11개 업종 중 10번째 크기의 업종이며 여기서 리츠는 부동산 업종 시가총액의 약 97%에 해당하는 압도적인 비중을 차지하고 있습니다.

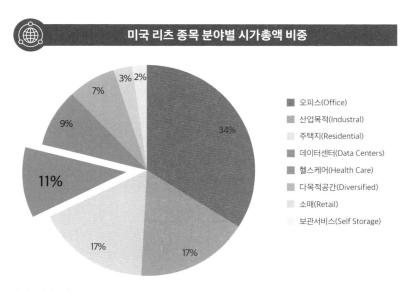

미국 리츠 종목 분야별 시가총액 비중

- ■ 오피스(Office)
- ■ 산업목적(Industral)
- ■ 주택지(Residential)
- ■ 데이터센터(Data Centers)
- ■ 헬스케어(Health Care)
- ■ 다목적공간(Diversified)
- ■ 소매(Retail)
- ■ 보관서비스(Self Storage)

34%
17%
17%
11%
9%
7%
3% 2%

출처 : 대신증권

이중 데이터센터 리츠는 미국의 리츠 종목의 시가총액 중 약 11% 비중(2020년 4분기 기준)을 차지하고 있습니다. 데이터센터 임대, 고객 데이터 저장 공간 및 관련 서비스 제공, 가상 저장 공간(Cloud server & Storage)과 서버/하드웨어 관리 서비스(Co-location)를 통해 임대 수익을 얻는 구조를 통칭해서 말이죠.

작년 코로나19가 산업 전반에 끼친 영향의 핵심 키워드를 하나만 꼽으라면 바로 언택트(Untact)입니다. 이 기간 사람들이 개인 공간에 머무르는 시간이 많아지면서 게임을 하는 시간이 늘어나고 메타버스에 가장 가까운 세계를 구현한 게임인 로블록스의 하루 평균 사용시간과 게임 내에서 월별 사용액이 늘었다는 것은 앞에서 다룬 이야기죠. 이처럼 코로나19는 언택트 관련 산업들의 성장 궤도에 증폭제 역할을 하였고, 이로 인해 더 많은 디지털 데이터를 처리해야만 하는 상황이 됐습니다. 이미 성장 중이었던 데이터센터 리츠 섹터는 중장기적인 산업 변화에 맞춰 수요 증가가 일어났고, 이에 큰 확장으로 대응해서 장기성장성을 확보하고 있다는 것은 두말할 필요 없는 이야기죠.

사실 데이터센터의 장기적인 전망은 코로나19 이전에도 긍정적이었습니다. 시장 조사 기관인 마켓앤드마켓에 따르면 콜로케이션 시장 규모가 2017년 315억 달러에서 2022년 623억 달러로 연평균 14.6% 성장할 것으로 전망했죠. 시장의 규모 증가와 이익 성장세가 핵심 펀더멘털로 작용하면서 계속 성장을 예견하는 상황에서 어찌 보면 코로나19가 성장의 증폭제 역할을 한 셈입니다.

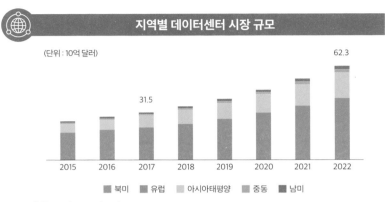

지역별 데이터센터 시장 규모

(단위 : 10억 달러)

62.3

31.5

2015 2016 2017 2018 2019 2020 2021 2022

■ 북미 ■ 유럽 ■ 아시아태평양 ■ 중동 ■ 남미

출처 : Marketsandmarkets

산업별 데이터센터 콜로케이션 시장은 은행, 금융 서비스 및 보험(BFSI), IT 및 통신, 미디어 및 엔터테인먼트, 운송 및 물류, 정부 및 국방 정보 보안 등으로 다양한 산업군과 관련 있습니다. 이렇게 수요는 많지만 공급은 아무나 할 수 있는 산업이 아닙니다. 데이터센터 건설 산업은 초고가 IT 장비 구매로 인해 초기에 필요한 비용이 상당히 많고 기술적 하드웨어 인프라를 갖추어야 하므로 진입장벽이 매우 높은 산업입니다. 시장에 진입한 기업들의 숫자보다 수요가 많은 현재 상황 역시 콜로케이션 산업의 전망이 밝음을 나타내는 지표기도 하죠.

높은 진입장벽으로 노하우를 가진 데이터센터 리츠 기업은 경제적 이점을 바탕으로 시장에 진입할 수 있습니다. 현재는 자산

메타버스 새로운 기회

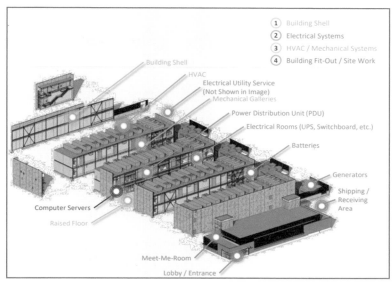

디지털 센터 가상 도면 (출처 : 디지털 리얼티)

을 기초로 한 임대 매출이 아닌 IT서비스라 할 수 있는 상호연결 (Interconnection) 매출성장률이 20~30%에 달하는 선두기업들이 등장하는 추세입니다. 이는 클라우드 서버 사용 증가, IT 인프라 아웃소싱, 5G, 인공지능, 가상 및 증강 현실을 유지해야 하는 VR/AR 기반의 XR 미디어 엔터테인먼트 등 많은 분야의 지속적인 성장으로 데이터 저장 수요가 가속화되고 있기 때문이죠. 데이터센터는 선점효과가 뚜렷한 플랫폼의 속성을 띠고 있어 현재의 선두 데이터센터 리츠가 앞으로도 시장 점유율을 유지하거나 더 늘려나갈 가능성이 큽니다. 그런 이유로 기업 가치가 IT 기업과 비슷하게 높은 밸류에이션이 형성됐습니다. 이런 데이터센터 리츠의 대표 기업으로는 '에쿼닉스 (Equinix: EQIX US Equity)'와 '디지털 리얼티(Digital Realty Trust: DLR US Equity)'가 있습니다.

-에쿼닉스

이 중 에쿼닉스는 데이터센터 리츠 중 시가총액이 가장 큰 기업으로 시가총액이 약 71조에 달하는 기업입니다. 에쿼닉스가 고객으로 둔 기업들의 면면도 화려합니다. 구글, 마이크로소프트, 아마존, 알리바바, 세일즈포스, 오라클 등 세계에서 내로라하는 대형 IT 기업들을 고객으로 두고 있습니다.

2020년 4분기 기준 총 227개의 데이터센터를 운영 중이고 전체 기업 고객은 1만 개가 넘어갑니다. 데이터센터는 미주 지역, 아시아 태평양, 유럽, 중동 등 전 세계에 존재하며 이 중 미국지역의 비중이 46%로 가장 많은 부분을 차지하고 있습니다. 국내에서는 대표적으로 네이버가 비즈니스 플랫폼으로 에쿼닉스의 데이터센터 플랫폼을 활용하고 있다고 합니다.

에쿼닉스는 상호연결 서비스 분야에서 가장 강한 사업자임과 동시에 에쿼닉스는 다양한 인프라와 자체 플랫폼 내 1,600개가 넘는 비즈니스를 서로 연결하고 있습니다. 에쿼닉스는 이를 '에코시스템'이라고 지칭하는데, 고객들이 시스템에 참여해 서로 맞는 파트너사나 서비스 제공업체를 찾고 그들끼리 정보를 공유하거나 다른 데이

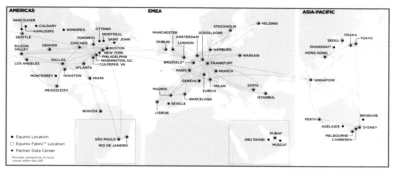

에퀴닉스의 로케이션 지역 (출처 : 에퀴닉스)

터센터와의 연결을 꾀하는 등 다양한 상호연결 서비스를 이용할 수 있는 환경이라고 합니다. 그래서인지 에코시스템에 한번 들어오면 기존 고객은 에퀴닉스를 떠나서는 데이터센터 운영이 어려워지고 기존에 진행하던 협업에 금이 가기 때문에 계약 해지를 할 생각을 못 하게 만듭니다. 이는 에퀴닉스의 강한 시장 경쟁력으로 작용하고 있죠. 그래서 데이터센터를 운영하는 후발 주자들은 에퀴닉스의 강력한 에코시스템을 견제하고 벤치마킹하려 하고 있습니다.

에퀴닉스의 사업구조를 좀 더 자세하게 살펴보면, 데이터센터 사업 카테고리 중 콜로케이션 사업 부분이 약 74%로 높은 비중을 차지하고 있습니다. 에퀴닉스가 발표한 2020년 4분기 매출액은 15.6억 달러로 지난 분기 대비 3%, 전년 같은 분기 대비 10% 증가하면서 72분기 연속으로 매출이 성장했습니다. 2020년 결산 매출액은 약 60

억 달러로 전년 대비 8% 증가했습니다. 기업의 상황이 좋은 탓인지 배당금도 나쁘지 않은 수준으로 2020년 4분기 주당 배당금은 2.87달러, 2020년 연간 누적 배당금은 10.85달러로 2019년 배당금 (9.84달러)과 시장 예상치(10.64달러)를 뛰어넘었습니다. 이런 성장을 기반으로 현재 약 70조 원에 달하는 기업으로 평가받고 있죠.

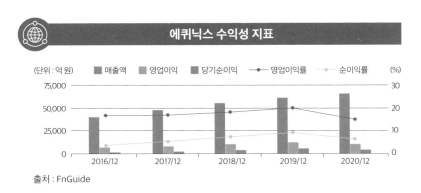

출처 : FnGuide

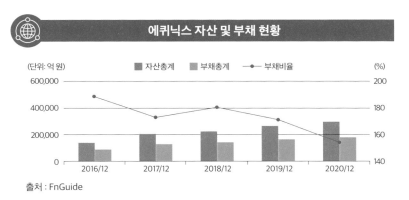

출처 : FnGuide

게다가 에퀴닉스는 새로운 성장동력을 얻기 위해 적극적인 인수

합병 투자 전략을 취하고 있습니다. 2020년 에퀴닉스의 영업수익이 적극적인 인수합병에 따른 지출 비용 증가로 전년 대비 약 10% 감소한 것에 주목할 필요가 있습니다. 1월에는 지난 2019년 연말 진행되었던 멕시코의 데이터센터 인수를 마무리 지었으며 같은 달 배어메탈 자동화 플랫폼 업체인 '패킷(Packet)' 인수를 발표하고 3억 3,500만 달러에 달하는 인수합병을 마쳤습니다. 6월에는 캐나다 3대 통신사업자인 '벨 캐나다(Bell Canada)'로부터 13개 콜로케이션 데이터센터를 7억 5천만 달러에 인수했고 마지막으로 8월 인도 데이터센터 진출의 핵심역할을 할 것으로 기대되는 'GPX 글로벌 시스템즈'의 인도 사업부를 약 1억 6천만 달러에 인수하며 공격적인 영역 확대를 노리고 있습니다. 패킷 인수를 기반으로 2020년 10월 론칭한 '에퀴닉스 메탈(Equinix Metal)'은 완전 자동화와 상호연계된 서비스형 구축 방식으로 디지털 기업이 기본 인프라를 구축하고 에퀴닉스 플랫폼에서 클라우드 소프트웨어를 활용할 수 있게 됐습니다.

이런 공격적인 확장 덕인지 에퀴닉스는 2021년 예상 매출액으로 전년 대비 10% 증가한 약 66억 달러, 배당금으로는 8% 증가한 주당 11.48달러(연간 기준)를 제시했죠. 2020년 적극적인 인수합병을 통해 새로운 성장 기반을 마련한 에퀴닉스는 2021년 더 큰 이익 성장세가 기대되는 기업입니다. 리츠의 가치 평가 척도가 되는 'AFFO(Adjusted Funds From Operation)'는 해당 리츠를 운영하면서 얻는 이익 즉, 임대료의 가치를 산정하는 지표인데 데이터센터 리츠를 임대하는 에퀴닉스도 이를 기업 가치에 반영합니다. 에퀴닉스의 내년의 AFFO 성장 전망치는 9~11%입니다. 이처럼 다양한 지표와 모멘텀이 에퀴닉스의 성장을 가리키는 지금 우리가 주목해야 메타버스 관련 기업이라고 생각합니다.

AFFO

리츠 산업만의 특성을 담은 지표. Adjusted FFO의 약자로 우선 FFO에 대해 알아보자. FFO는 리츠 관련 종목이 진짜 이익을 내고 있는지, 현금을 창출하고 있는지를 나타내는 지표로 공식은 다음과 같다.

FFO = 순이익 + 부동산 감가상각액 - 부동산 매각차액

AFFO는 FFO보다 정확한 운영자금을 파악하기 위해 일상적으로 사용되는 임대료 수익, 자본 지출, 유지 보수 비용 등의 항목을 더한 지표로 실질적인 리츠 종목의 운영자금을 알 수 있는 지표다.

AFFO= FFO+ 임대료 인상분 - 기타 지출 비용(자본지출,유지 보수 비용 등)

-디지털 리얼티

2004년에 설립된 데이터센터 리츠 기업 디지털 리얼티는 전 세계 24개국, 276개 데이터센터를 운영하며 약 2천 개 이상의 고객 기업을 둔 글로벌 기업입니다. 시가총액 기준으로는 에퀴닉스에 밀리지만, 운영하는 데이터센터 개수로는 글로벌 1위 사업자입니다. 주요 고객은 VR 하드웨어 플랫폼의 선두주자인 페이스북, IBM, 오라클, 버라이즌, 우버 등이 있으며, 매년 평균 임대료 상승률은 2~4% 수준입니다. 시가총액은 약 48조 원 규모로 주요 글로벌 ICT 포춘 선정 소프트웨어 테크 기업과 14개

사 기업 고객들에게서 나오는 매출 비중이 전체의 48.8%를 차지합니다.

디지털 리얼티 TOP 20 고객 리스트		
고객 순위	지점수	% of ARR
1. Fortune 50 Software Company	53	9.5
2. IBM	40	4.7
3. 페이스북	36	4.3
4. 오라클	29	2.9
5. 에퀴닉스	26	2.8
6. Fortune 25 Investment Grade-Rated Company	25	2.5
7. Global Cloud SaaS Provider	48	2.3
8. 링크드인	8	2.1
9. 사익스테라	17	2
10. Fortune 500 SaaS Provider	13	1.9
11. 랙스페이스	19	1.9
12. 센츄리링크	129	1.8
13. Fortune 25 Tech Company	36	1.7
14. Social Content Platform	8	1.6
15. 버라이즌	101	1.4
16. 컴캐스트	27	1.2
17. AT&T	71	1.1
18. DXC 테크놀로지	19	1.1
19. JP모건	16	1.1
20. Zayo	117	1
전체 고객 중 TOP 20 고객이 차지하는 비중		48.8

출처 : 디지털 리얼티

이처럼 매출의 2/3가 B2B 대상 도메인 사업이라는 한계를 극복하려 하기 위해 2015년 'Telx', 2017년 'DFT', 2018년 'Ascenty', 2020년 들어 글로벌 8위 데이터센터 사업자인 '인터시온'을 인수하며 공격적으로 기업의 몸집을 불려왔습니다.

그 결과 매출은 꾸준히 상승해 2020년 4분기 기준 실적은 매출액 10억 6천만 달러로 전 분기 대비 4%, 전년 같은 기간 대비 35% 상승했습니다. 조정 EBITDA는 5.8억 달러를 기록하며 전년 같은 기간 대비 22%의 높은 성장세를 보이며 시장 기대치를 모두 상회했습니다. 동사의 배당 재원인 주당 'Core FFO'는 1.61달러를 기록하며 마찬가지로 시장 기대치 1.53달러를 5%가량 상회한 것으로 나타났죠. 배당 성장률은 2005~2021년까지 10% 수준의 성장을 보이고 있고, 배당 수익률이 3~3.5%(주가 변동에 따라 달라질 수 있음)에 달해 배당 투자 매력도가 높은 종목이라 할 수 있습니다.

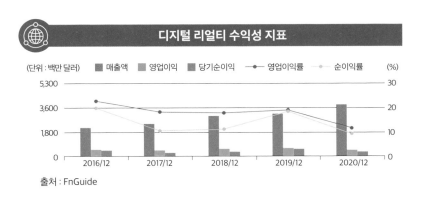

출처 : FnGuide

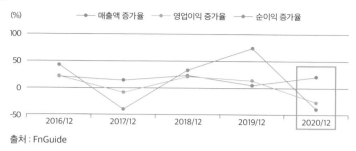

디지털 리얼티 수익성장성 지표

(%) ● 매출액 증가율 ● 영업이익 증가율 ● 순이익 증가율

출처 : FnGuide

성장세를 기록한 디지털 리얼티는 2021년의 매출액을 전년 대비 +10%, 주당 'Core FFO' 수치를 전년 대비 +4%로 제시했고 이는 기존 시장 기대치가 전망치 밴드 상단에 위치하는 수준입니다. 자본적 지출(CAPEX)의 경우 전망치의 중간값이 시장 기대치와 유사한 상황이고, 현재 Core FFO 대비 주가는 약 20배로 업종 평균을 유지하고 있습니다. 2021년 매출의 두 자릿수 성장 가능성에도 불구하고 주당 배당 재원이 한 자릿수 중반대 성장을 보이는 이유는 2020년 3월 유럽 데이터센터 운영업체 인터시온 인수를 목적으로 진행한 증자와 기타 투자가 증가한 영향을 받은 것으로 판단됩니다.

빅데이터 시장 조사 기관인 IDC에 따르면 향후 2024년까지 빅데이터 산업에서 가장 많은 비중을 차지하는 데이터 카테고리가 바로 엔터테인먼트 분야입니다. VR/AR을 위시한 메타버스가 미디어 엔터테인먼트 속한다는 것에 그 의미가 있습니다. 향후 디지털 산업 혁명의 한 축을 담당할 메타버스 산업은 가상현실 세계에 머무르는 시간의 증가, 관련된 하드웨어와 소프트웨어 플랫폼 판매와 사용 증가 등의 이유로 빠르게 대중에게 다가올 겁니다.

　자연스럽게 메타버스 세계를 지탱할 인프라 시설이 필수로 요구되겠죠. 가상현실이 구현해내는 세상이 현실 세계를 최대한 반영한다 해도 그 안에서 만들어지는 세상은 '0'과 '1'로 만들어내는 방대한 데이터의 홍수입니다. 그 데이터를 분석하고 시각화하여 가상현실을 구현해야 한다면 데이터센터가 단순히 데이터 허브로서 역할만을 하는 것은 아닐 겁니다. 물리적 데이터센터 공간을 넘어 메타버스 플랫폼과 현실을 잇는 가교로 작용할 데이터 처리 기술을 주목할 필요가 있습니다.

반도체 산업 슈퍼 사이클, 메타버스와 함께 간다

마지막으로 알아볼 인프라는 반도체입니다. 반도체는 전자공학의 폭발적인 발전을 견인한 핵심 재료입니다. 반도체는 메타버스에서도 중요한 핵심 재료로 사용됩니다. AI, VR 등에 들어가는 것은 말할 것도 없고, 아바타를 그리기 위한 그래픽 처리 부품에도 반도체는 필수적이기 때문입니다. 사실 반도체가 관여되지 않은 분야는 최신 기술 중에는 찾기 어려울 정도로 반도체는 다양한 기술의 기반이 됩니다. 메타버스에서도 역시 반도체는 기본 인프라로 작용합니다.

　반도체가 현대 사회에서 갖는 힘을 알기 위해서는 아직까지 현재 진행형으로 벌어지고 있는 미국과 중국 간 무역 전쟁에 대해서 알아볼 필요가 있습니다.

　미중 무역분쟁은 21세기 냉전(Cold War)으로 불릴 정도로 패권을 지키려는 미국과 그 패권을 가져오려는 중국 사이에서 이루어지는 총성 없는 전쟁입니다. 과거 미국의 패권에 도전했던 1950년대 소련, 1980~90년대 독일, 일본 등은 미국 GDP의 70%를 넘지 못하며 글로벌 패권 전쟁에서 패하고 말았습니다. 지난 1980년대 달러와 엔화의 가치를 두고 벌인 협약인 '플라자 합의'는 유명한 이야기죠. 물론 이 협정에 관한 다양한 음모론과 견해들이 존재하지만, 벌어진 현실은 명확합니다. 이후 일본 엔화의 가치가 하락하며 '잃어버린 20년'을 겪었다는 사실 말입니다. 그 이후 미국의 패권에 도전하는 국가는 자취를 감췄죠.

하지만 도전할 사람이 없으리라 생각했던 미국의 패권에 거침없이 도전하는 국가가 있습니다. 우리에게 가깝고도 먼 나라 중국이죠. 2020년 기준 중국의 GDP 규모는 미국 GDP 대비 73%를 넘어서며 향후 두 국가의 글로벌 경제 패권 분쟁은 더욱 심화될 예정입니다. 세계에서 가장 강력한 기술국인 미국과 이런 미국을 위협하는 거대한 국가 중국의 패권 분쟁 안에는 반도체라는 작은 크기의 칩이 존재합니다.

플라자 합의

1985년 미국의 플라자 호텔에서 프랑스, 독일, 일본, 미국, 영국으로 구성된 G5 재무장관들이 맺은 합의. 주요 내용은 기축 통화인 달러의 강세 현상을 시정하기 위해서 일본 엔화와 독일 마르크화의 평가절상을 유도하는 것이다.

당시 일본은 가전제품을 비롯한 다양한 제조 분야에서 엔화 약세를 바탕으로 수출 이점을 살리던 중이었다. 플라자 합의 후 엔화의 가치가 오르고 수출의 이점이 사라지자 물가 안정을 위해 금리를 하락시켰다. 이후 일본은 버블 붕괴 등의 타격을 받고 2010년대까지 경제 후유증에 시달렸다.

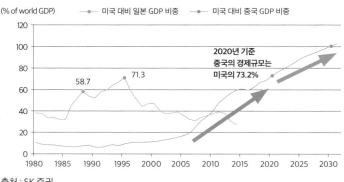

미국 대비 일본, 중국 GDP 비중

(% of world GDP)　　●─ 미국 대비 일본 GDP 비중　　●─ 미국 대비 중국 GDP 비중

58.7

71.3

2020년 기준
중국의 경제규모는
미국의 73.2%

출처 : SK 증권

　현재 미국과 중국 이 두 국가 간 기술 패권의 중심에 있는 반도체 산업은 각 국가의 가장 강력한 무기고 역할을 맡고 있습니다. 반도체 제조는 아시아에 편중되어 있지만, 반도체 산업의 전반적인 기술 원천은 미국에 있습니다. 이 기술의 원천을 가지고 미국은 중국의 반도체 산업 성장에 혹독한 제재를 가하는 중입니다.

　대표적으로 반도체 제조 과정 중 미세공정에 사용되는 EUV 제조 회사인 ASML(ASML US)은 극자외선을 이용해서 반도체를 생산하는 장비인 노광장비 분야에서는 독점적 지위를 가지고 경제적 해자를 누리는 기업입니다. 본사는 네덜란드에 있지만, 그 핵심 기술은 미국이 가지고 있어 중국의 최대 반도체 파운드리 기업인 SMIC에 장비 구입을 제한하기도 합니다. 이는 반도체 기술이 정치, 경제적으로 패권을 지키는 데 사용되는 하나의 예시일 뿐입니다. 그만큼 반도체 산업이 미중 무역분쟁에서 차지하는 비중은 절대적이라 할 수 있습니다.

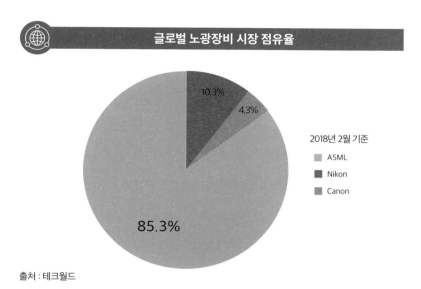

글로벌 노광장비 시장 점유율

10.3%
4.3%

2018년 2월 기준
ASML
Nikon
Canon

85.3%

출처 : 테크월드

　노광장비의 수출 제한은 단순히 하나의 기업 제품을 막는 의미가 아닙니다. 미세공정에 들어가는 이 기술과 제품을 구비하지 못하면 장기적인 관점에서 하이엔드 반도체 제조가 불가능해집니다. 그 말은 곧 국가의 반도체 기술 개발에 큰 기술적, 시간적 손해를 본다는 말과도 같고, 반도체 같은 하이테크 기술은 뒤처지면 기술의 효용성이 떨어진다는 측면에서 봤을 때도 국가 산업의 큰 손실을 의미합니다. 반도체가 가지는 경제적 힘 자체가 거대한 상황에서 얼마나 미국이 중국을 견제하고 있는지를 확실히 보여주는 대목입니다.

미국이 반도체를 이용해서 중국을 견제하는 모습은 분야를 막론하고 여러 곳에서 벌어지는 중입니다. 미중 무역분쟁에 관심이 없는 사람들도 언론에서 '화웨이(Huawei)'는 들어본 경험이 있을 겁니다. 화웨이는 중국의 기업이자 글로벌 통신 장비 1위 업체입니다. 사실 화웨이를 둘러싸고 중국의 정부조직이 아니냐는 의심의 눈초리가 끊이질 않습니다. 이런 의혹 탓인지 미국은 중국을 견제할 무기로 화웨이를 선택했습니다. 그동안 화웨이는 자사의 스마트폰에 들어가던 반도체 칩을 대만의 반도체 제조업체 TSMC(TSM US)에 의뢰했으나, 미국의 입김이 작용하자 TSMC는 화웨이와의 반도체 위탁 생산 거래를 중단했죠. 당연히 화웨이 스마트폰 사업부의 발등에 불이 붙었고, 이후 삼성전자에도 도움을 요청했으나 거절당하면서 화웨이의 위기는 심해졌습니다.

최신 공정의 반도체 수급을 막자 글로벌 스마트폰 시장 점유율에서 상위권을 차지하던 화웨이의 모바일 사업부는 존폐 위기에 빠졌습니다. 화웨이는 스마트폰 분야뿐만 아니라 5G 기술에 대한 지적 재산권만 100개가 넘을 정도로 글로벌 통신 시장을 선도하던 기업이었습니다. 하지만 반도체 인프라가 뒷받침되지 못하면서 향후 미래가 불투명해졌습니다. 미국이 원하는 바는 여기에 있습니다. 미국은 중국 대표 테크 기업들을 블랙리스트로 지정하고 강력하게 통제하고 있습니다. 반도체라는 기술을 무기로 말이죠.

이런 상황에서 미국은 반도체 분야에서 패권을 놓지 않기 위해서 투자를 게을리하지 않는 중입니다. 최근 미 상원에서 정부가 반도체를 포함한 미국의 최첨단 기술에 투자하는 법안을 발의하였는데, 그 규모는 5년 동안 총 1,000억 달러에 이릅니다. 그중 반도체가 차지하는 부문은 무려 250억 달러 규모로 전체 비용의 25%를 차지합니다. 이 금액은 다양한 반도체 분야에 투자될 예정이며, 이 중에서도 반도체 제조 패권을 아시아 지역으로부터 가져오기 위해 반도체 팹 설비 확충과 핵심 생산 기술 R&D에 250억 달러를 투자하는 "American Foundries Act"를 발표했습니다. 아무래도 이면에는 반도체 파운드리 시장에서 두각을 드러내는 대만이 중국에 흡수될 가능성을 견제하는 것으로 보입니다.

이처럼 현재 반도체 산업은 단순히 기업의 미래 먹거리가 아니라 국력을 좌우하는 국가적 산업이 됐으며 미래 인류가 한 단계 나아간 기술을 만드는 데 반드시 필요한 산업으로 자리 잡았습니다. 컴퓨터에서부터 스마트폰을 거치며 이제는 더 큰 시장이 되리라 생각하는 인공지능, 5G(통신기술), 데이터센터, 사물인터넷, 자율주행 자동차, 서버 네트워크 등의 고도화로 인해 고성능 반도체의 수요는 점점 더 증가할 것으로 보입니다.

반도체의 중요성은 메타버스에서도 돋보입니다. 메타버스도 일종의 디지털 산업이며, 메타버스의 기술적 베이스는 디지털 지구를 구축하는 데 필요한 디지털 언어를 기반으로 하는 산업입니다. 하지만 만약 디지털 언어를 사용해서 좋은 알고리즘을 만들어낸다 하더라도 디지털 언어를 처리할 전자공학 제품이 없다면 그 사업이 성공할 수 있을까요? 그렇기에 디지털 언어를 고도의 기술로 처리하는 반도체 인프라가 반드시 갖춰줘야 합니다.

그리고 반도체가 중요 부품이 되는 그래픽 처리장치 GPU는 메타버스 세상을 그리는 붓과도 같기에 반도체와 메타버스는 서로 뗄 수 없는 부분입니다. 시각적인 정보도 메타버스에는 중요하기 때문이죠.

그렇다면 지금부터 현재 시장에서 어떤 기업들이 GPU 분야를 주도하는지 알아보고 그 기업의 미래를 분석해보도록 하겠습니다. 설계 반도체 분야에서 GPU를 제조하는 기업 중에서는 엔비디아(NVDA US)와 AMD(AMD US)가 단연 돋보이는 기업입니다. 메타버스의 가상 디지털 세계에서 3D 그래픽 구현이 필수입니다. 게다가 게임을 포함한 메타버스 관련 플랫폼별로 수억 명 유저들의 데이터를 유지하는데 필요한 서버 프로세서도 제조하는 두 개의 메이저 기업들은 향후 메타버스 세계에서 큰 주목을 받을 기업들임이 분명합니다.

-엔비디아

먼저 엔비디아를 분석해보겠습니다. 엔비디아는 세부적으로는 데이터센터, 게이밍, 프로페셔널, 자율주행 4개 핵심 사업부로 나뉘는데 전부 GPU를 납품함으로써 얻는 매출이 대부분입니다. 2021년 2월 기준으로 데이터센터 매출(비중 45%)이 게이밍 사업부 매출을 넘어서며 엔비디아는 새로운 국면을 맞이했습니다. 기존 게이밍 분야에 비중이 컸던 엔비디아지만 이제는 두 가지 측면에서 기업의 성장을 바라볼 수 있는 역량이 생긴 것이죠. 그만큼 엔비디아의 현재 성장동력은 데이터센터와 게이밍에 집중되어 있습니다. 두 기술 분야 모두 메타버스와 깊게 연관된 사업인 만큼 향후 메타버스 관련 플랫폼 사업자들이 시장의 메인스트림에 편승한다면 엔비디아가 최고의 수혜기업 중 하나가 될 수 있습니다. 이는 엔비디아가 고성능 네트워크 기술을 보유한 '멜라녹스(Mellanox)'의 인수로 데이터센터 매출 비중이 늘어나면서 생긴 변화입니다.

엔비디아 사업 부문별 매출 비중

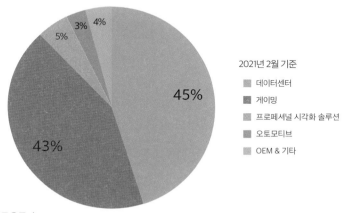

2021년 2월 기준
- 데이터센터
- 게이밍
- 프로페셔널 시각화 솔루션
- 오토모티브
- OEM & 기타

45%
43%
5%
3%
4%

출처 : 신한금융투자

최근 엔비디아를 둘러싼 이슈 중에도 인수 합병과 관련된 이야기가 뜨겁습니다. 2020년 9월 엔비디아는 영국 반도체 기업인 ARM의 인수를 발표했습니다. ARM은 반도체 설계 전문 기업으로 다양한 하드웨어와 소프트웨어의 라이센스를 가진 기업입니다. 엔비디아가 ARM을 인수하려는 이유는 간단하지만, 그 이유를 알려면 잠시 클라우드 서버에 관한 이야기를 먼저 해야 합니다.

보통 클라우드 서버 시스템은 지금까지 중앙 집중형 서버를 사용했습니다. 다양한 이점이 있지만 아무래도 개인 정보와 같은 민감한 정보들을 클라우드 서버를 제공하는 기업의 서버에 저장하는 것은 그 자체로 위험성을 내포한 행동입니다. 그렇기에 '엣지 컴퓨팅'이라 부르는 탈중앙화 클라우드 기술이 최근에 각광받고 있습니다. 엔비디아도 이에 발맞춰 엣지 컴퓨팅 시대를 위한 준비를 위해 데이터 센터 플랫폼 구축, 가속 서버 도입 등 다양한 방법들을 마련하는 중입니다.

여기서 ARM 인수가 빛을 발합니다. 현재 엔비디아의 대표적인 엣지 플랫폼들인 Jetson, Isacc, Drive, Clara, Metropolice까지 모든 플랫폼이 ARM을 기반으로 구축돼 있습니다. 엔비디아의 ARM 인수는 자사의 플랫폼에 들어가는 설계 기술까지 품겠다는 의지인 셈입니다. 이처럼 엔비디아는 막강한 GPU와 서버 하드웨어 매출을 앞세움과 동시에 함께 인공지능 솔루션과 플랫폼 서비스를 제공하며 소프트웨어에 강점을 보이는 기업으로 성장하고 있습니다.

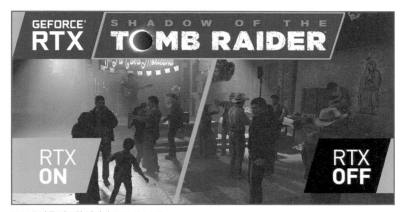

RTX 효과를 비교한 이미지 (출처 : 엔비디아)

　　물론 아직은 엔비디아의 ARM 인수는 규제 당국 및 같은 업종에 종사하는 사업자들의 동의를 얻는 등 수많은 장애물이 있어 성사될지 미지수지만 인수 후에는 자사의 차세대 플랫폼을 강화와 ARM 기반 데이터센터 플랫폼과 연결할 수 있으므로 엔비디아의 강력하고 새로운 성장동력이 될 수 있습니다.

　　또한 앞서 우리는 엔비디아 CEO 젠슨 황이 메타버스에 지대한 관심이 있다는 사실을 알아봤습니다. 엔비디아의 GPU 플랫폼인 RTX 시리즈는 로블록스와 함께 샌드박스 게임 양대 산맥인 마인크래프트의 게임 엔진으로 활용되고 있다는 것은 엔비디아의 CEO 젠슨 황이 메타버스에 대한 언급이 단순히 립서비스가 아닌 자사의 매출을 올려줄 기대 산업으로 평가하고 있다는 것을 알려주는 단면이라 생각합니다.

이번에는 엔비디아를 투자 관점에서 분석하는 시간을 갖겠습니다. 우선 향후 엔비디아의 매출 성장세는 연평균 성장률(CAGR)이 20~30%대에 달할 전망이며, 영업이익 및 순이익 마진율은 각각 40%, 20%를 유지해나갈 것으로 전망하고 있습니다.

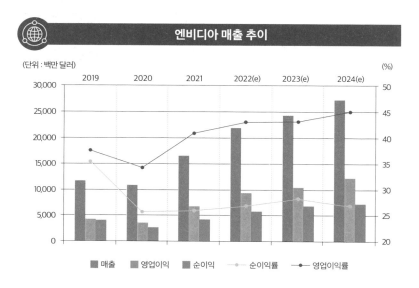

특히 이익 마진율이 높아 FCF(잉여현금흐름)은 70~80억 달러에 이를 가능성이 큽니다. 게다가 ROE(자기자본 이익률)를 30~40%대로 높게 유지하고 있어 재무적으로 매우 안정적인 흐름을 보이는 기업이 엔비디아입니다.

기업의 재무적 안정성, 성장성, 수익성은 곧 주가로 반영되는데 엔비디아의 주가 흐름을 보면 다음과 같습니다. 이처럼 엔비디아의

메타버스 새로운 기회

주가와 글로벌 범용성이 높은 엔비디아의 제품군을 볼 때, 엔비디아는 메타버스를 언급할 때 빠질 수 없는 기업입니다.

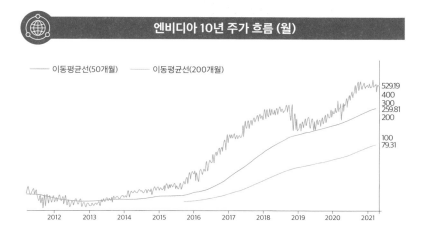

-AMD

AMD는 불과 수년 전까지만 해도 인텔에 이어 만년 2등에 시달린 기업이지만 CEO를 엔지니어 출신의 대만계 미국인인 '리사 수(Lisa Su)'로 교체하며 기업의 체질을 지속적으로 바꿔가고 있습니다. 그 결과 AMD는 핵심 기술 경쟁력을 갖춘 기업으로 탈바꿈했습니다. 물론 아직 시장 점유율은 인텔과 엔비디아에 한참 못 미치지만, 기술적으로는 CPU 부분에서 인텔의 최대 경쟁자이며, GPU 부분에서는 엔비디아를 바짝 뒤쫓고 있는 모습입니다. 매출 비중은 CPU와 GPU 판매가 전체 매출의 약 70%를 차지하고 기업 대상 전문 컴

퓨팅 제품군이 나머지 30%를 차지하는 설계 반도체 회사입니다.

　　주요 제품군은 CPU & APU 플랫폼인 라이젠 시리즈, GPU 플랫폼인 라데온 시리즈, 데이터센터에 이용되는 서버 CPU 및 GPU 플랫폼인 에픽(Epyc)과 인스팅트(Instinct) 제품군이 있습니다. 특히 메타버스 산업의 성장과 관련한 게이밍 산업, 증강 현실 등에 사용될 고성능 CPU와 GPU는 엔비디아와 함께 AMD가 시장을 이끄는 모양새입니다. 또한, AMD의 데이터 처리 반도체 칩 제품 중에는 AWS, Azure, 구글 클라우드 등 세계에서 가장 많이 사용되는 클라우드 서버 플랫폼에 들어갑니다. 즉 향후 빅테크 기업들의 데이터센터 건립에 있어 큰 수혜를 볼 가능성이 많은 기업이 AMD입니다.

　　게다가 AMD는 메타버스 산업에서 핵심 기술 중 하나인 3D 렌더링 기술에 최적화된 반도체 기술을 갖고 있습니다. AMD의 3D 모델링 및 애니메이션에 이상적인 '라이젠 PRO 프로세서' 시리즈는 성능 면에서 인텔 'Xeon 8280'을 뛰어넘는다는 평가를 받고 있습니다. 이 제품은 현재 출시된 제품 중 가장 고난도의 디자인 프로젝트를 수행할 수 있도록 만들어준다고 합니다.

　　최근에는 AMD의 최신 GPU 중 하나인 '라데온 RX 6700 XT'

초기 물량이 부족한 현상
이 심화되고 있는데, 이는
AMD 내에서만 국한된 일
은 아닙니다. 반도체 수퍼
사이클이 돌면 제조사들은
공급 부족에 시달리게 됩
니다. 이는 코로나19로 인
한 컴퓨터 시장의 재성장, 빅테크 기업들의 데이터센터 증축, 암호화
화폐 채굴에 필요한 막대한 고성능 GPU 수요, 자동차 전장 산업에
서 하이테크놀로지에 의한 수요 증가 등이 겹친 것으로 반도체 산업
이 디지털 인프라의 핵심이 될 수밖에 없음을 증명하는 단서라고 봅
니다.

이번에는 AMD의 재무적 지표들을 살펴보겠습니다. AMD는
2020년 하반기에 30% 이상의 자체 매출성장을 기록했으며, 이는 동
종기업 중 가장 높은 매출성장입니다. AMD의 성장세는 2021년에
도 무섭습니다. 전문가들은 AMD의 2021년 자체매출성장 예상률은
20% 이상으로 보고 있으며, 이런 경향은 신형 게임콘솔이 출시되면
서 AMD에 대한 투자 매력도 또한 높아지는 추세입니다. 특히 가장
매출 비중이 큰 컴퓨팅 및 비디오 게임 시장에서 매력적인 수요 추
이가 나타나고 있다는 것은 고무적입니다.

경쟁사인 인텔이 7나노 이하 신규공정 개발에 난항을 겪고 있는 반면에 AMD는 확고한 신제품 로드맵을 제시하고 있습니다. 게다가 세계적인 반도체 제조업체 TSMC가 최대 고객을 애플 다음으로 AMD를 리스트에 올려놓고 있는 만큼 칩 납품과 수율에도 큰 악재가 없는 상황입니다.

앞서 우리는 엔비디아가 반도체 설계 기업 ARM을 인수하려는 상황을 알아봤습니다. AMD도 마찬가지로 프로그래머블 설계 반도체(FPGA) 업계에서 최고의 기업인 자일링스를 인수하려는 움직임을 취하는 중입니다. 이런 움직임은 AMD의 최대 숙적인 인텔이 과거에 보였던 비슷한 행보가 생각납니다. 인텔은 2015년에 자일링스에 이어 업계 2위인 프로그래머블 반도체 설계 회사인 알테라를 160억 달러에 인수했습니다. 이 인수합병을 통해 인텔은 한동안 CPU 분야에서 확고한 선두를 달릴 수 있었죠.

AMD의 자일링스 합병도 비슷한 맥락입니다. CPU, GPU 두 분야에서 모두 각각 인텔과 엔비디아와 경쟁하는 중인 AMD는 자일링스를 350억 달러에 인수하며 AI 컴퓨팅 시장에서 선두로 올라서겠다는 야심을 내비치고 있습니다. AMD가 인공지능 가속기 시장에 승부수를 띄운 것이죠.

물론 인수 합병에 보수적인 반도체 시장(반독점법 위반, 국가 및 규제 정책 등 인수 합병이 성사되려면 많은 장애물이 존재한다.)의 특성상 아직 확답을 내리기는 힘들어 보입니다. 반도체 시장은 기술업종에서 가장 진보한 시장이며 국가 기간 산업으로서의 산업 보호 정책과도 맞물리기 때문에 인수 합병이 쉽지 않은 시장입니다. 그래도 엔비디아보다 상황이 좋은 것은 AMD와 자일링스는 같은 미국 태생 기업이며 자일링스의 대표 '빅터 펭(Victor Peng)'이 AMD의 부사장 출신이라는 점입니다. 이런 사항들을 고려했을 때 두 회사의 인수 합병이 허무맹랑한 뜬 소문은 아닐 가능성이 큽니다. 설령 인수 합병이 물거품 된다 하더라도 두 회사가 긴밀한 관계를 맺으리라 생각합니다.

사실 AMD도 엔비디아와 함께 주가 가치에 대한 논란도 있긴 합니다. 12개월간 자료를 기준으로 보면 인텔의 당기순이익 대비 시가 총액을 나타내는 수치인 P/E는 10배가 채 안 되는 반면, AMD의 P/E는 현재 기준 40~50배 수준입니다. 쉽게 설명하면 이 수치만 봤을 때는 AMD의 가치가 고평가됐다고 볼 수 있습니다.

하지만 수치 하나로 기업의 가치를 모두 평가할 수도 없고, 주식 시장이라는 곳은 과거의 영광보다는 미래의 성장 가능성을 평가하는 곳이기에, 이러한 측면에서 R&D 부문이 약해진 인텔보다는 R&D 강화를 기반으로 게이밍 및 데이터센터 산업 분야에 유연한 전략을 구사하고 있는 AMD에 더 높은 점수를 주고 싶습니다.

AMD 기업가치 평가

	2018	2019	2020	2021	2022	2023
시가총액 (단위 백만 달러)	17,889	53,093	110,546	99,974		
EV	17,983	52,076	108,586	95,637	92,203	89,864
PER(주가수익비율)	55.9	155	44.6	49.2	37.7	31
배당수익률	-	-	-	0.24%	-	
시가총액/매출	2.76	7.89	11.3	7.5	6.46	5.47
EV/ Revenue	2.78	7.74	11.1	7.17	5.96	4.91
EV/ EBITDA	22.4	49	55.1	30.7	23.8	-
PBR (주가장부가치비율)	15	18.5	19	11.4	8.16	7.38

출처 : marketscreener.com

AMD 30년 주가 흐름 (월)

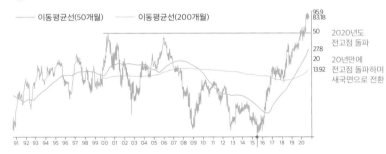

메타버스 새로운 기회

이처럼 메타버스의 인프라가 되는 반도체 산업은 많은 기업이 얽히고설켜 있습니다. 메타버스 시대가 오면서 점점 반도체는 수요가 증가할 겁니다. 지금도 그런 전조 현상이 조금씩 보이는 중이죠. 그만큼 효율이 좋은 반도체 설계는 미래산업을 주도할 수 있는 키 카드가 될 가능성이 큽니다. 앞서 언급한 엔비디아, AMD와 같은 기업들이 반도체 설계에 치중하는 팹리스(Fabless) 반도체 기업의 대표적인 예시라고 할 수 있죠.

하지만 이럴 때일수록 투자자들이 눈여겨봐야 할 기업들이 있습니다. 바로 파운드리 기업들입니다. 파운드리 기업은 다른 기업이 설계한 반도체를 제조해서 공급하는 기업들을 말합니다. 아무리 뛰어난 반도체 칩을 설계한다 해도 제조 공정에서 차질이 생기면 의미가 없죠. 국내에서 가장 큰 기업인 삼성전자와 대만의 TSMC가 대표적인 파운드리 기업입니다. 현재 엔비디아는 삼성전자와 협약을 맺고 있으며, AMD는 TSMC와 협약을 맺고 있죠.

아직은 삼성전자보단 TSMC의 약진이 눈에 띄기는 합니다. TSMC는 시장 점유율 54%로 글로벌 1위 기업이며 반도체 부족 현상이 심해진다면 최대 수혜를 볼 기업 중 하나라는 것이 전문가들의 소견입니다. 삼성전자도 파운드리 글로벌 시장 점유율 2위로 TSMC를 맹추격하고 있습니다. 삼성전자는 기존에 영위하던 D-RAM 메모리 분야 글로벌 1위라는 시장 지배력을 바탕으로 시스템 반도체 분야까지도 R&D 투자를 늘리는 중입니다. 지금은 삼성전자가 파운드리 패권과 함께 시스템 반도체 분야에서도 경쟁력을 갖추어 종합 반도체 기업으로 발돋움하는 과정이라 생각합니다. 물론 아직은 미세공정 부분의 경험 부족으로 TSMC보다 밀리는 상황이지만, 향후 수주 단가 경쟁력을 통해 시장 지배력을 늘린다면 분위기가 반전될 가능성이 큽니다.

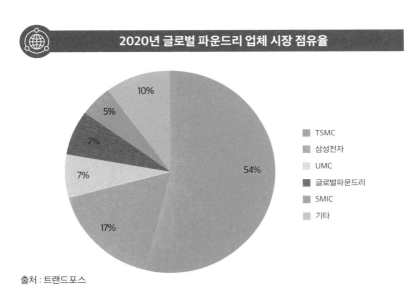

2020년 글로벌 파운드리 업체 시장 점유율

출처 : 트랜드포스

　　글로벌 파운드리 업체 시장 점유율을 보면 아직은 TSMC와 삼성전자의 격차가 조금 벌어져 있습니다. 하지만 절대 뒤집지 못할 수치는 아닙니다. 2021년 초에 삼성전자가 인텔과 파운드리 계약을 맺었다는 소식이 들린 적이 있습니다. 인텔의 PC 메인보드 칩셋을 삼성전자가 생산하기로 한 것이죠. 물론 관심이 쏠렸던 인텔의 GPU 생산은 TSMC가 맡게 되면서 관련 투자자들의 아쉬운 탄식이 들리기도 했지만, 이 파운드리 계약은 후발주자인 삼성전자에는 의미 있는 수주 실적입니다. 앞으로 두 회사의 실적 경쟁이 더 치열해지리라 예상되는 가운데 투자자들은 신경을 곤두세우고 삼성전자와 TSMC의 소식에 귀 기울여야 합니다.

반도체의 중요성은 경제와 기술이 발전함에 따라 더욱 강조되고 있습니다. 다양한 4차 산업 기술의 근간이 되는 반도체 기술은 당연히 미래 기술의 중심인 메타버스와의 연관성도 매우 깊죠. AR, VR 적용 플랫폼의 확장, 사용 유저의 증가, 적용 산업 어플리케이션 확장, 데이터 보안 및 처리에 사용되는 퍼블릭 클라우드 플랫폼의 사용량 증가 등 많은 영역에서 메타버스는 반도체와 손잡고 있습니다. 이런 다양한 흐름과 상황을 종합했을 때, 메타버스의 발전은 반도체 시장에 다시 한번 큰 성장의 기회를 줄 가능성이 매우 큽니다.

METAVERSE

PART 7

상상하는 모든 것
: 메타버스 콘텐츠 산업

팬덤을 사로잡는 마력

앞서 우리는 메타버스 산업을 이루는 다양한 시장과 구조를 살펴봤습니다. 하지만 아무리 기술이 좋고 플랫폼이 튼튼해도 그 안에 담긴 콘텐츠가 별로라면 사람들은 외면할 겁니다. 메타버스에서 콘텐츠 산업이 차지하는 비중은 그만큼 큽니다.

흔히 우리는 지금을 콘텐츠의 시대라 부릅니다. TV는 과거에 누렸던 영광만 못하지만, 대신 유튜브, 틱톡, 팟캐스트 등 다양한 플랫폼이 존재합니다. 1인 미디어의 시대라고도 부르는 지금은 유튜브에만 1분에 500시간 분량의 영상이 업로드된다고 합니다. 유튜브에 하루 업로드된 동영상을 한 사람이 다 보려면 18년이 걸린다고 합니다.

콘텐츠의 홍수라고 불러도 과언이 아니죠.

기술이 발전하고 새로운 세계가 오면서 이런 경향은 더 커질 겁니다. 기술이 발전함에 따라 현대인들의 노동 시간은 줄어들고 있습니다. 과거 '노동'에 대한 관점은 회사가 잘되기 위해 당연히 감내해야 할 본분으로 여겨졌습니다. 노동자는 자신의 개인적인 일보다 무조건 회사의 일을 우선해서 생각해야 했으며, 야근과 주말 출근은 너무나도 당연시 여겨지던 일이었죠. 이는 비단 국내만의 이야기가 아닙니다. 노동법이 자리 잡기 이전 유럽에선 '노동'이란 기독교적 가치관에 따라 '신성한 것', '힘들어도 당연히 감내해야 하는 것'으로 여겨졌습니다.

하지만 이런 가치가 기술이 발전하면서 점점 변하고 있습니다. 이미 유럽권에선 주 4일 근무가 진행되는 기업들이 많고 정부 차원에서도 지지하고 있습니다. 국내에서도 몇 년 전 '주 52시간 근무제'를 도입하면서 일에 대한 시선이 점점 변하는 중입니다. 아마 이런 추세는 4차산업 혁명이 진행될수록 가속화될 가능성이 큽니다. 사람의 노동력으로 제품을 생산하는 시기가 지나고 점점 모든 산업 분야에서 자동화에 대한 목소리가 커지고 있습니다. 바꿔 말하면 점점 사람이 일하는 시간은 줄어들고, 그 시간은 다른 활동들로 채워질 겁니다.

호모 루덴스

'노는 인간' 또는 '놀이를 즐기는 인간'을 뜻하는 말이다. 이 단어를 처음 언급한 '요한 하위징아(Johan Huizinga)'는 놀이는 문화의 한 요소가 아니라 문화 그 자체라고 말했다.

그는 생각하는 것이나 만드는 것만큼 중요한 기능이 '놀이'라고 말했다.

이 관점에서 놀이는 단순히 논다의 개념이 아니라 정신적인 창조 활동을 가리킨다. 음악, 미술, 연극, 스포츠, 문학 등이 여기에 포함된다.

과연 어떤 활동들이 그 자리를 차지할까요? 바로 콘텐츠입니다. 앞서 우리는 생리학, 심리학적 측면에서 사람의 본질에 대해 알아봤습니다. 그렇게 찾은 본질 중 하나는 바로 '재미'입니다. 이를 잘 나타내주는 단어가 바로 '호모 루덴스'입니다. 그만큼 재미를 추구하는 놀이는 인간과 떼놓을 수 없습니다. 콘텐츠의 본질도 이런 호모 루덴스와 맥을 같이하죠.

기술의 발전은 결과적으로 사람들을 이런 놀이를 추구하는 방향으로 이끌 겁니다. 그중 메타버스는 콘텐츠의 끝판왕이라고 할 수 있습니다. 물론 생산성을 높여주는 다양한 산업적 기술들도 메타버스에 포함되지만, 기본적으로 애초에 공상과학에서 시작할 때부터 메타버스의 본질은 콘텐츠와 재미 추구입니다. 그만큼 콘텐츠가 메타버스 세계에서 차지하는 비중은 적지 않습니다. 그래서인지 다양한 콘텐츠와 엔터테인먼트에 관련된 기업들은 앞다퉈 메타버스로 시선을 돌리는 중입니다.

국내에도 메타버스 콘텐츠와 밀접하게 연관 있는 기업이 있습니다. 바로 우리 모두가 검색 엔진으로 잘 알고 있는 네이버입니다. 네이버는 처음 검색 엔진으로 사업을 시작해서 지금은 쇼핑, 마케팅 등 다방면에 손을 뻗고 있는 대한민국 IT 업계의 거목입니다. 네이버 포털 외에도 우리가 가장 잘 아는 네이버의 사업 부문은 바로 웹툰인데요. 네이버는 웹툰과 소설, 공연 등 다양한 콘텐츠를 기반으로 해외에도 진출할 만큼 콘텐츠에 빠삭한 기업입니다. IT기업이면서 콘텐츠에 빠삭한 네이버가 절대 메타버스를 놓칠 일은 없겠죠.

네이버는 자회사 네이버Z를 통해 거대한 메타버스 플랫폼을 운영하고 있습니다. 네이버Z가 운영하는 '네이버 제페토(이하 제페토)'는 증강현실 아바타 서비스 플랫폼입니다. 가입자들은 제페토를 기반

네이버 제페토 이미지 (출처 : 제페토 공식 인스타그램, 네이버)

으로 AR 콘텐츠, 게임, SNS 기능 등을 이용할 수 있습니다. 사실 제페토의 운영 팀은 기존에 사진 보정 앱을 서비스한 스노우 팀입니다. 스노우 팀에서 한 부분을 차지했던 사람들이 제페토의 개발진이죠. 그래서인지 제페토의 기반에는 스노우 팀의 철학이 녹아들어 있습니다. 그들은 스노우 앱을 서비스하면서 한 가지 생각을 하게 됩니다. '사람들이 자기의 얼굴을 바꿔서 소통하는 거에 대해 이상하게 생각하지 않네?'가 바로 그것이죠. MZ세대는 AR 기술이나 보정을 통해 다른 사람과 소통하는 것을 대수롭지 않게 생각합니다. 아바타의 개념도 마찬가지로 자신을 나타내는 특정한 상징을 그 사람이라고 인정해주는 것이죠. 현실에선 눈이 좁쌀처럼 작은 사람이 보정 앱을 통해 왕방울 같은 눈을 달고 자신의 앞에 나타나도 신경 쓰지 않습니다. 이미 하나의 문화가 된 것이죠.

제페토는 이보다 한발 더 나갔습니다. 내 얼굴을 찍은 사진이 아니라 아예 다른 3D 데이터로도 서로 소통할 수 있다고 생각한 그들은 제페토 개발에 매진하죠. 여기에 증강현실을 가미했습니다. 그렇게 만든 아바타를 현실 공간에 끄집어내서 사진도 찍고 다른 사람의 아바타와 춤을 추게 하기도 합니다. 심지어 자신의 아바타가 아니라 친구의 아바타를 AR 앱으로 불러올 수도 있죠. 제페토는 현재 10대들 사이에서 선풍적인 인기를 끌고 있습니다. 네이버Z는 2021년 기준으로 전 세계 2억 명이 넘는 제페토 서비스 가입자를 보유했습니다. 이는 국내 인구에 거의 4배에 가까운 숫자입니다.

네이버Z의 주 수입원은 이런 아바타를 꾸미는 게임 속 아이템을 판매하는 데서 발생합니다. 소위 말해 '현질'이라 부르는 행위로 현실의 재화를 사용해서 제페토의 아이템을 구매하는 행동입니다. 여기서 재밌는 점은 단순히 회사에서 제공하는 아바타만 사용하는 것이 아니고 자신의 감각대로 창작하는 것도 가능하다는 점입니다. 자신이 창작한 아바타를 다른 사람에게 코인을 받고 판매하기도 하는 등 코인을 벌 수 있는 경제시스템도 장착돼 있죠. 한 이용자는 제페토 안에서 패션 아이템을 팔아 한 달에 300만 원이 넘는 수익을 올리기도 했습니다. 이처럼 제페토는 메타버스의 특징 중 하나인 경제성이 탑재된 플랫폼인 겁니다.

이렇게 경제 흐름이 발생하는 곳에 빠지지 않는 사람들이 있죠. 바로 기업가들입니다. 2억 명이 넘는 가입자에 향후 주 소비층이 되리라 예상하는 MZ세대가 대거 포진한 제페토는 그들에게 군침이

도는 시장입니다. 이미 나이키와의 협업을 통해 출시한 제페토 운동화 아이템은 500만 개가 넘게 팔렸다고 합니다. 헬로키티와 같은 귀여운 브랜드는 물론, 구찌와 같은 명품 브랜드들도 앞다퉈 제페토에 입성하고 있습니다. 제페토에서 구매하는 명품 브랜드들은 현실에서는 사용할 수 없지만 개당 5천 원 정도의 매우 싼 가격에 구매할 수 있습니다. 그걸로 아바타를 자신만의 취향대로 꾸미는 거죠. 어찌 보면 소비 여력은 떨어지지만, 또래 친구들 사이에서 자신의 모습을 뽐내고자 하는 어린 소비자층을 정확히 공략한 셈이죠.

이런 흐름에 네이버Z는 제페토 안에서 하나의 맵을 하나의 세상처럼 꾸미는 '월드 크리에이션(World Creation)' 기능을 과거에 선보였습니다. 맵 제작 툴을 사용해서 하나의 세상을 창조하는 것이죠. 다양한 기업들이 이 기능에 주목하고 있습니다. 기업이나 기관은 코로나19로 인해 이벤트나 행사를 진행하지 못하는 현재 상황을 타파하는 매개체로 제페토를 선택합니다. 작년에는 3D 게임 엔진 기업인 유니티의 '유나이트 서울 2020' 행사도 제페토 가상 공간에서 진행했으며, 이미 문화재단 같은 다양한 기관들이 전시회도 열고 있습니다. 네이버Z는 이와 관련해 전문적으로 월드를 만들어주고 이윤을 남기는 팀을 운영 중이라 합니다.

유나이트 2020 서울 전시회 사진
(출처: 유니티 코리아 유튜브)

사실 일반적으로 제페토에서 월드를 만드는 데는 돈이 들지 않습니다. 마치 무한정으로 공급되는 나무와 돌이 있고 우리는 그저 짓기만 하면 되는 거죠. 하지만 현재 기득권인 중년층에게는 너무 어려운 일입니다. 그렇다면 왜 그들은 이해도 잘 안 되는 새로운 세계에 발을 들이려고 할까요? 바로 마케팅 효과 때문입니다. 앞서 우리는 제페토의 가입자가 2억 명을 넘었다는 이야기를 했습니다. 그중 90%가 외국인이랍니다. 국내만을 취급하던 기존과 시장의 크기부터가 다른 셈이죠.

제페토는 단순히 증강현실을 통한 가상세계 놀이로 자신들의 서비스를 한정 짓지 않고 SNS, 마케팅 등 라이프로깅 메타버스까지 플랫폼 안에 녹아들도록 만들었습니다. 그래서인지 다양한 엔터테인먼트 회사에서도 관심이 많습니다. YG엔터테인먼트의 세계적으로 유명한 아이돌 그룹 블랙핑크 팬들 사이에서는 제페토 안에 지어둔 '블핑월드'를 방문하는 게 일종의 루틴처럼 자리 잡았답니다. 이에 다른 엔터테인먼트 회사들도 다양한 방식을 활용해서 자신들의 아이돌 그룹을 메타버스 세계로 집어넣고 있습니다.

이뿐만 아니라 제페토는 사용자들에게 자유도 높은 환경을 제공해 자신들의 콘텐츠 영역을 늘려가고 있습니다. 그 움직임 중 하나가 '제페토 드라마'입니다. 유명 인터넷 소설이나 시놉시스를 바탕으로 10대들이 직접 제페토 앱을 통해 만든 드라마를 뜻하는 단어로 10대들 사이에서 큰 인기를 끌고 있습니다.

제페토 드라마는 기존 영상 콘텐츠들과 무엇이 다르기에 인기를 끌까요? 일단 만드는 과정이 매우 간단하다고 합니다. 제페토가 제공하는 AI 기술을 통해 자신의 얼굴을 기반으로 캐릭터를 쉽게 만들 수 있습니다. 그리고 포즈까지 완성된 캐릭터를 제페토가 제공하는 영상 편집 시스템을 사용해서 드라마를 완성시킵니다.

인기를 끄는 다른 이유로 제페토 앱이 가진 '자유도'라는 특성이 있습니다. 가상세계에선 자신의 스타일대로 캐릭터를 탄생시킬 수 있으므로 창작자의 아이덴티티를 한껏 살린 드라마를 만들 수 있습니다.

제페토 드라마 이외에도 Z세대들은 제페토를 이용해 다양한 콘텐츠와 새로운 놀이 문화를 만들어나가고 있습니다. 사실 이런 2차 창작물들은 네이버Z에서 직접 제공하는 시스템은 아닙니다. 하지만 결과적으로 제페토 이용자들에게 다양한 툴과 자유도를 제공했기에 일어날 수 있는 일이기도 합니다. 이런 움직임을 보면 앞으로 제페토는 성장기 청소년들에게 있어 당연히 거주해야 할 메타버스가 되기 위해 분주히 움직인다는 생각이 듭니다.

사실 이런 흐름은 네이버에서만 일어나는 현상은 아닙니다. 여러분은 '하이브'라는 엔터테인먼트 회사를 아시나요? 설령 회사를 모르더라도 '방탄소년단'이란 아이돌 그룹은 들어봤을 겁니다. 2019

출처 : 하이브

년에는 방탄소년단이 약 5조 원에 달하는 국내총생산을 창출한다는 기사까지 보도되었고, 미국 CNBC 기사에 따르면 방탄소년단은 향후 10년간 한국 경제에 37조 원 이상의 가치를 이바지할 거라 합니다. 이런 경제적 가치를 제쳐두더라도 세계적으로 가장 공신력 있다고 인정받는 음원차트 '빌보드 핫'에서 한국인 최초로 1위를 하는 모습은 한국인들에게 자부심을 주기 충분한 업적입니다.

하이브는 이런 방탄소년단을 앞세워 기존 메이저 3사로 대표되던 엔터테인먼트 회사들을 제치고 업계 1위로 자리 잡았습니다. 또한 하이브는 현재 연예 기획사를 탈피하고 엔터테인먼트 라이프스타일 플랫폼 기업으로 도약하려 합니다. 그 시도 중 눈에 띄는 한 가지는 바로 가수와 팬을 이어주는 소셜 네트워크 메타버스 플랫폼 '위버스(Weverse)'입니다. 라이프로깅 메타버스의 일종인 위버스는 아티스트와 글로벌 팬이 함께 만드는 공간을 표방하며, 아티스트가 직접 남긴 이야기에 소통하고 티켓팅, 굿즈 등 다양한 부가가치를 창출하는 플랫폼입니다. 이때 우리가 주목할 점은 그들이 풀어내는 이야기입니다. 사실 위버스는 다른 메타버스 플랫폼과 비교했을 때 기술적인 부분이 뛰어나다고 말하기는 어렵습니다. 하지만 진솔한 이야기가 담긴 그들의 말은 팬들에게 큰 호응을 얻습니다. 그 때문인지 2020년 가입자는 전 세계 1,500만 명에 가깝고, 229개의 지역에서 일 평균 약 140만 명이 방문한다고 합니다. 2021년에는 네이버가 4,000억 원이 넘는 돈을 들여 위버스컴퍼니의 주식을 취득했다는 공시도 등장하면서 세간의 관심은 더욱 커져갔습니다.

위버스가 내러티브를 바탕으로 승승장구하고 있을 때, 이와 반대의 모습을 보이는 플랫폼이 있습니다. 바로 NC소프트가 만든 '유니버스(Universe)'라는 플랫폼이죠. 유니버스는 위버스와 마찬가지로 팬과 아티스트를 이어주는 팬덤 플랫폼입니다. 사실 기술적인 측면에서 보면 유니버스가 위버스보다 뛰어납니다. 애초에 유니버스를 서비스하는 NC소프트 자체가 수십 년간 국내 게임업계를 들었다 놨다 한 테크 기업인 만큼, IT분야 기술력은 비교하기가 민망한 수준이죠. 하지만 도리어 이용자들은 유니버스보다 위버스에 손을 들어주고 있습니다. 왜 그럴까요? 결론부터 말하면 NC소프트는 유니버스를 너무 기술적인 부분에서만 접근했기 때문입니다. 팬들과 아티스트의 1대1 대화를 실현하겠다는 그들의 선전은 처음에는 소비자에게 먹히는 듯했습니다. 하지만 이내 자신의 제품을 구매하라는 아티스트의 목소리만 들리자 팬들은 분노했습니다. 분노의 화살은 고스란히 유니버스 플랫폼으로 향했습니다. 메타버스에서 내러티브가 얼마나 중요하고 기술적인 부분이 전부가 아니란 사실을 다시

출처 : 유니버스

한번 일깨워주는 사례가 아닌가 싶습니다.

　물론 앞으로 유니버스의 전망이 어둡냐고 묻는다면 아직 판단을 내리기는 이르다고 대답하고 싶습니다. 유니버스는 2020년 말 CJ E&M과 합작 회사 설립을 발표했습니다. CJ E&M은 국내 콘텐츠 업계의 큰손으로 연예 기획, 게임, 케이블 TV 등 손이 안 닿는 부분이 없을 정도로 거대합니다. 우리가 흔히 알고 있는 종합 채널 tvn, 음악 전문 채널 Mnet, 만화 채널 투니버스 등 다양한 케이블 채널들이 CJ E&M의 종속 채널입니다. 연예 기획에도 CJ의 입김이 닿는 부분이 많습니다. 자회사에 소속된 연예인들만 해도 쟁쟁하죠.

　그래서인지 2021년 초에 유니버스에서 서비스한 온라인 콘서트는 그 라인업이 화려했습니다. 국내 유명 아이돌 그룹을 포함해 총 14팀이 참여한 온라인 콘서트는 전 세계 164개국에서 260만 명이 시청했다고 합니다. 이런 이벤트를 지속적으로 진행하면서 NC소프트

다양한 팬덤 플랫폼

의 게임에서 그랬듯 인터페이스 기반을 재정립한다면 앞으로 유니버스도 팬덤 네트워크 메타버스에서 당당히 한 자리를 차지할 수 있지 않을까 점쳐 봅니다.

이외에도 대형 기획사 SM엔터테인먼트가 출시한 '리슨', 네이버가 운영하는 'V Live', 가수와 팬이 1:1 메시지로 대화를 나누는 구독형 플랫폼 '버블' 등 다양한 팬덤 네트워크 서비스가 있습니다. 아마 이 중 일부는 자사의 앱에 메타버스의 특징인 SPICE 요소를 잘 담아서 메타버스로 진화할 것이며, 일부는 기존의 방식대로 스마트폰앱에 머물 겁니다. 어떤 플랫폼이 진화하고 살아남을지를 벌써 정하기엔 너무 이른 감이 있습니다. 하지만 확실한 것은 시대에 맞춰 변화하지 않는 플랫폼은 마치 '이땐 이런 것도 있었지.'라며 추억할 수 있는 회상 속 이미지로만 남을 겁니다.

여러분의 추억 속의 가수와 노래는 무엇입니까? 이 질문에 누군가는 고 김광석의 '너무 아픈 사랑은 사랑이 아니었음을'의 쓸쓸하면서도 슬픈 음률을 흥얼거릴 것이며, 누군가는 혼성 그룹 거북이가 부른 '비행기'를 떠올리며 따라부를 겁니다. 사람마다 떠올리는 가수가 다르고 노래가 다를 겁니다. 하지만 공통적인 것은 그 시절은 다시 오지 않는다는 사실이죠. 누구나 지나간 시간 속 추억은 빛이 나는 법입니다. 어쩌면 다시는 오지 않기에 더 아름다운 걸지도 모릅니다. 그래도 한 번쯤은 다시 그 순간이 돌아오면 어떨까 하는 생각을 해본 적 있을 겁니다.

현실에선 불가능한 일이지만 메타버스에선 불가능하지 않습니다. 앞서 한번 언급했지만, AI 기술을 사용하면 불가능하리라 생각했던 장면들을 재현할 수 있습니다. 사실 김광석 씨와 거북이 리더 터틀맨의 공통점은 안타깝게도 고인이 된 분이라는 것입니다. 많은 사랑을 받던 그룹 거북이의 리더 터틀맨도 병으로 인해 세상을 떠났죠.

현실적으로 이제는 볼 수 없으리라 생각한 두 사람의 노래는 한 TV 프로그램을 통해 재탄생했습니다. 한 케이블 채널에서 방영한 <다시 한번>이란 프로그램에선 이미 고인이 된 터틀맨이 나와 노래를 부르는 장면이 화제가 됐습니다. AI를 통해 재현한 목소리는 터틀맨 특유의 허스키한 목소리와 떨림까지도 완벽하게 재현했고, 증강현실을 활용해서 다시 우리 앞에 등장한 그의 모습은 너무나도 똑같아 많은 팬들의 눈물샘을 자극했습니다.

이렇게 AI는 사람의 기억, 습관까지도 재현하고 이를 콘텐츠로 다시 태어나게 합니다. 과거 SF 영화에서 보던 나와 똑같이 생기고 똑같이 행동하는 AI가 이제는 영화 속 몽상이 아니게 된 거죠.

　이렇게 불가능하다고 생각했던 일들도 메타버스를 만나면 현실이 되곤 합니다. 사람은 디지털화가 되기 어렵다는 기존의 통념을 완벽하게 깨부순 것이죠. 이제 메타버스 세계에선 모든 것들이 디지털 변환할 수 있습니다. 단순히 테크 기업이나 콘텐츠 기업에만 새로운 세계가 아니라 모두에게 기회가 주어진 셈이죠. 예를 들어 화장품 기업의 경우를 들면, 화장품은 디지털 변환할 수 없다고 생각하는 게 일반적이라서 화장품 기업은 메타버스와 연관 없다고 생각하지만 메타버스에서 풀어낼 수 있는 가치는 무궁무진합니다. 메타버스 내의 아바타를 꾸미는 아이템을 제작하거나 화장품이 가진 감성이나 자사의 브랜드 가치를 메타버스 세계에서 공간, 놀이 등 다양한 방법으로 변환하는 것이 가능하죠.

　메타버스 세계에서 콘텐츠의 범위는 광활합니다. 그리고 그 가치도 절대 적지 않습니다. 도리어 때론 테크 기업의 기술보다 더 높은 부가가치를 창출하곤 합니다. 새로운 디지털 지구는 머지않아 우리의 앞에 등장할 겁니다. 아니 이미 여러분도 모르게 시나브로 자리를 잡아가고 있죠. 이제부터라도 늦지 않았습니다. 여러분은 새로운 디지털 지구 메타버스에서 어떤 이야기를 풀어내고 싶으신가요? 지금부터라도 고민해보시길 바랍니다.

메타버스의 고전, 게임 산업

코로나19로 인한 세상의 변화는 많은 산업에서 업계의 흥망성쇠를 다시 쓸 만큼의 변화를 가져왔습니다. 그중 게임 산업은 포스트 코로나 시대에 다시 한번 도약한 대표적인 산업군입니다. 2020년 상반기 글로벌 모바일 게임 시장은 전년 동기 대비 21% 성장하여 2019년의 전년 대비 산업성장률인 +13%를 가뿐히 뛰어넘었습니다. 이는 팬데믹으로 인해 전반적으로 게임 산업 이용시간이 증가했기 때문입니다.

단기적인 매출 이익 증가뿐 아니라 장기적인 기업 펀더멘털이 될 수 있는 게임 시장의 변화도 눈에 띕니다. 바로 새로운 시대라 부르는 메타버스와의 연관성이죠. 게임 산업은 어찌 보면 메타버스의 한 부분이라 해도 무방할 정도로 메타버스와 깊게 얽혀 있습니다.

메타버스는 현실 세계가 아니지만, 현실 세계를 반영하여 이를 디지털화한 하나의 사회를 형성합니다. 그러므로 디지털 인구를 모으고 가상의 커뮤니티를 형성하는 것은 메타버스의 기본 제반 조건이라고도 볼 수 있죠. 바로 이 '사회'라는 가치에서 게임 산업을 포함한 메타버스의 경제적 가치는 값이 매겨지기 시작합니다.

메타버스 공간에서 검색, 정보 교환, 기업들의 광고 활동 등이 시작되고 경제적 가치를 형성해서 보상 시스템이 갖춰진다면 현실 세계를 초월한 또 다른 자본경제를 만들 수 있다는 것이 핵심 논지죠. 그렇기에 게임 제작사와 배급사에 있어 사회를 구성하는 인구의 숫자가 중요합니다. 당연히 사회 구성원이 많을수록 창출되는 경제적 가치는 커지기 때문입니다. 앞으로 점차 확장되고 있는 메타버스 개념을 탑재한 게임 시장에서는 디지털 인구 확보를 많이 할 수 있는 게임 제작사가 큰 흐름의 패권을 잡게 되겠죠.

그렇다면 어떻게 해야 기업들은 자신들의 게임에 사람을 모을 수 있을까요? 다양한 견해가 있지만 대부분 전문가가 고개를 끄덕이는 사항은 바로 '그래픽'입니다. 앞서 우리는 VR이 가지는 가치 중에 시각정보에 관한 이야기를 한 바 있습니다. 사람은 시각정보에 민감하고 이는 곧 메타버스 세계의 '실재감'과 이어져 있죠.

　게임 산업에서 그래픽이 갖는 역할도 마찬가집니다. 이 분야에서 현재 강점을 보이는 기업은 어디일까요? 바로 엔비디아와 AMD입니다. 두 기업이 너무 자주 등장하는 느낌이 들긴 합니다만, 그만큼 메타버스와 밀접하다고 보시면 됩니다. 가상세계뿐만 아니라 비주얼 그래픽 요소는 2D, 3D 게임을 가라지 않고 중요한 요소입니다. 그렇기에 그래픽 연산 장치인 GPU가 중요하죠. 역시 이 분야에 강점이 있는 기업은 엔비디아와 AMD죠.

　그렇다고 게임 산업 자체를 두 기업이 좌지우지할 수 있다는 말은 아닙니다. 단순히 그래픽 요소만 가지고는 게임 시장에서 살아남을 수 없습니다. GPU가 그림을 그리는 붓이라면 서버라는 캔버스 위에 그릴 대상이 있어야죠. 게임 산업은 기본적으로 콘텐츠 산업이기 때문에 그 안에 품고 있는 내용이 그럴 듯해야 사람들의 마음을 움직일 수 있습니다.

　하나의 예를 들어보겠습니다. 2020년 출시한 '사이버펑크 2077'은 1990년대 유행한 '사이버펑크 2020'의 50년 뒤를 표현한 작품으로 2077년을 배경으로 컴퓨터 기술에 의해 지배당하는 억압적인 사회와 무법지대를 그린 '사이버펑크(Cyberpunk)' 세계관을 그린 게임입니다. 게임사에 길이 기억될 '위쳐(The Wicher)' 시리즈를 배급한 폴란드 최고의 게임 제작사 'CD PROJEKT(이하 CDPR)'에서 출시했기에 전 세계 게이머들의 기대를 한 몸에 받은 게임입니다.

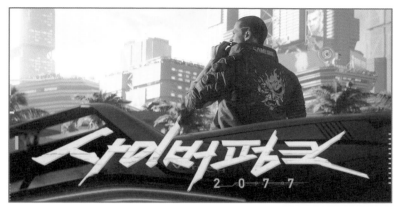

출처 : 사이버펑크 2077

사이버펑크 2077은 1인칭 오픈 월드 액션 장르 게임으로 엔비디아의 최고급 GPU 라인업인 RTX 3070이 권장 사양일 정도로 3D 엔진과 그래픽 디자인에 공을 들인 작품입니다. 출시 전만 해도 게임을 향한 호평이 지배적이었습니다. 공개한 트레일러 영상의 그래픽은 대단했고 사이버펑크 장르가 그리는 세계관의 느낌과 흡사했습니다. 게다가 원작자인 사이버펑크 2020 제작자 '마이크 폰드스미스'가 본 게임에 대해 기술과 게임성보다는 핵심은 게임에 대한 느낌에 있다고 강조하면서 어둡고, 불쾌하고, 비에 젖은 거리의 느낌 등을 유저들이 실제로 느끼며 플레이하기를 원한다고 말하자 기대감은 두 배로 커져만 갔습니다. 이 인터뷰를 보고 사람들은 게임형 메타버스 세계에서 현실 세계에서는 경험하기 힘든 판타지적 세계관의 기분을 느낄 수 있으리라 생각했죠.

하지만 뚜껑을 열자 사람들의 기대감은 이내 실망감으로 변하기 시작했습니다. 마이크 폰드스미스의 말처럼 기술과 게임성을 너무 등한시한 나머지, 게임은 오류투성이였습니다. 그래픽만 좋다거나 껍데기만 번지르르하단 말도 많이 나왔고, 게임 웹진에서의 평가도 엉망진창이었습니다. 한 전문가는 마치 개발 도중에 게임을 출시한 듯한 느낌이라고도 말했죠.

물론 이런 평가를 받는 이유 중 하나는 오랜 시간 과대 마케팅을 통해 사용자들의 기대감을 한껏 불어넣어 실망이 커졌다는 이야기도 있지만, 기본적으로 게임형 메타버스 콘텐츠에 접근하는 방식이 틀렸다는 목소리가 많습니다. 일차적으로 게임이라는 메타버스 세계 안에 사회를 만드는 게임형 가상세계는 조금 특이한 형질을 띕니다. 바로 '운영진'이라는 그룹이 존재한다는 것이죠.

얼핏 보면 게임의 방향을 결정짓는 초월자 같은 느낌도 들지만 반대로 말하면 잘못하면 세계관 자체를 망하게 할 수도 있다는 말이기도 합니다. 사이버펑크 2077이 혹평을 받게 된 데는 운영의 부분도 한몫했습니다. 오류를 사용자들이 인지하자 빠르게 수정했다고 하지만 좀처럼 수정되지 않았고, XBOX와 플레이스테이션 같은 플랫폼에서는 환불이 어렵다는 점을 이용해 오류투성이 게임을 환불 처리하지 않은 채 외면했습니다.

그런 탓인지 폴란드에 상장한 CDPR은 사이버펑크 2077 출시 후 주가가 이전 고점 대비 50%가 넘게 하락한 후 지금까지도 올라올

기미가 보이질 않습니다. 이처럼 게임의 흥망성쇠는 단순히 그래픽이 모든 것을 정하지 않습니다. 게임 산업을 단순히 기술이나 경제적으로만 접근하면 어떻게 되는지를 보여준 대표적 사례라고 생각합니다. 이는 메타버스에도 통용되는 문법이죠.

결은 조금 다르지만, 구성원 간 소통을 중요시하는 게임에서 운영 미숙의 문제는 국내에서도 별반 다르지 않습니다. 2021년 초, 시가총액 32조 원으로 국내에서 세 손가락 안에 꼽히는 게임 제작사 '넥슨(NEXON)'의 게임 '메이플스토리'에서도 여전히 운영 문제로 인해 유저와 게임사 간 갈등이 뜨겁습니다.

모든 내용을 서술할 수 없지만, 일부 중요 사항만을 두고 보면 다음과 같습니다. 메이플스토리는 F2P(Free to Play: 부분 유료화) 모델을 도입한 게임입니다. 수익 창출을 위해 게임 안에는 현금을 사용해서 구매할 수 있는 다양한 아이템이 존재합니다. 이중 확률형 아이템인 '큐브'는 게임에서 중요한 2차 재화 중 하나로 아이템의 능력을 랜덤하게 변경시켜 주는 아이템입니다. 이 시스템은 2011년 도입된 시스템으로 약 10년이 넘도록 유지됐고 메이플스토리라는 게임의 매출 중 상당 부분을 차지했습니다.

2021년 초 이 큐브라는 아이템에서 나오는 옵션 중 일부가 시스템상 막혀 있다는 사실을 게임사는 발표했고, 유저들은 분노했습니다. 이에 유저들은 게임사 앞에서 트럭 시위를 벌이기 시작했고, 이

들불은 다른 게임사로 번져나갔습니다. 결국, 유저 간담회까지 벌어졌으나 게임 제작사는 끝까지 오류라고 일축하며 보상에 대한 요구를 무시했습니다. 이 사태를 겪으며 국내 RPG 분야에서 PC방 점유율 1위를 자랑하던 메이플스토리의 점유율은 대폭 줄어들었고, 많은 사용자가 그 세계관을 떠났습니다.

이 두 가지 게임의 사례는 앞으로 게임형 메타버스가 나아갈 방향을 반면교사 형태로 보여준다고 생각합니다. 단순히 유저간 소통만이 중요한 것이 아니라 게임 제작사까지도 그 메타버스 세계관의 구성원으로 봐야 하는 것이죠. 그리고 게임을 단순히 수익을 창출하는 부문만 생각하면 어떤 사태가 벌어지는지 적나라하게 보여준 사례가 됐죠.

사실 게임 제작사 입장에서 생각하면 수익 창출 모델을 고민하지 않을 수 없습니다. 기업의 본질은 이윤을 창출하는 것이기 때문이죠. 게임의 메타버스화가 진행되면서 비즈니스모델에 대한 고민은 더욱 커질 수밖에 없습니다. 기본적으로 데이터 처리와 그래픽 등 인프라에 해당하는 부문의 사용 비용이 증가할 가능성이 크기 때문입니다.

그렇다면 메타버스 시대가 오면서 앞으로 게임 산업에서 사용하는 비즈니스모델은 어떻게 변할까요? 우선 F2P 게임이 점차 늘어나

동물의 숲 속에 구현된 발렌티노
모자 (출처 : 닌텐도)

출시했으나 XBOX와 플레이스테이션에 밀려 한동안 부진하던 게임기 '닌텐도 스위치(Nintendo Switch)'를 단숨에 끌어 올린 게임 '모여봐요. 동물의 숲'에서는 세계적인 명품 브랜드 '발렌티노'와 '마크 제이콥스' 등 다양한 패션 브랜드와 협업을 통해 만든 아이템이 존재합니다.

이처럼 유명 패션 브랜드들이 수천만 혹은 수억 명의 유저를 가지고 있는 게임의 생태계를 마케팅 도구로 활용하는 모습은 향후 게임형 메타버스 내에서의 경제 활동이 앞으로는 더 활성화될 것을 시사한다고 생각합니다.

2억 명이 넘는
사람들이 사는 세상

-로블록스

게임 중 메타버스의 가치를 가장 잘 구현한 플랫폼은 역시 로블록스입니다. 로블록스에 관한 일반적인 이야기는 책 전반에 걸쳐 다뤘으니 이번에는 투자자의 관점에서 이야기를 해볼까 합니다. 2020년 3월 10일 뉴욕 증권 거래소에 처음 상장한 로블록스는 이미 상장 전부터 뜨거운 감자로 주목받았죠. 로블록스는 3D 엔진 플랫폼과 게임 개발사로 코로나19의 여파로 이미 미국 초등학생들의 디지털 놀이터로서 역할을 하고 있습니다. 미국의 어린 학생들의 하루 평균 로블록스 이용시간은 약 156분에 달한다는 시장 조사 결과가 있을 정도로 유명한 플랫폼이죠. 로블록스의 수익 모델과 사업 전략을 살펴보면 향후 메타버스 전환을 노리는 게임 제작사와 VR/AR 콘텐츠 관련 기업들의 표준이 될 수 있을 정도로 매력적인 사업을 영위하고 있다는 것을 알 수 있습니다.

로블록스는 단순히 3D 그래픽으로 하는 게임이 아니라 게임 개발자들에게 오픈소스 플랫폼을 제공하고 게임 안에서 발생하는 수익을 공유하는 시스템을 가진 플랫폼입니다. 직접적인 수익이 발생하므로 개발자들의 자발적인 참여가 이뤄지고 제작 플랫폼 자체가 비교적 다루기 쉬운 탓에 많은 제작자가 로블록스 세계관에서 살고 있죠. 로블록스의 모토는 수십억 명의 사용자가 함께 배우고, 소통하고, 탐색하고, 우정을 확장할 수 있는 인간 공동 경험 플랫폼 구축입니다. 그들의 모토가 대중들의 마음을 움직인 탓인지 월평균 방문자와 소요 시간을 기준으로 18세 미만의 유저들을 위한 최고의 온라인 엔터테인먼트 플랫폼 중 하나로 선정되기도 했습니다.

이 중 로블록스의 실시간 게임 엔진은 그들이 제공하는 가상세계를 경험할 수 있는 핵심동력입니다. 여러 운영체제에서 이용 가능한 고성능 크로스 플랫폼이자 실시간 시뮬레이션 엔진으로 기기의 스펙에 맞게 게임 최적화를 유연하게 조정할 수 있습니다. 최신 모바일 기기부터 게임용 PC까지 다양한 하드웨어 플랫폼에 적용되는 엔진으로 로블록스만의 단일 코드를 사용하는 것이 특징입니다. 특히 최근에는 고객에게 VR 하드웨어 플랫폼에 최적화된 구동이 가능하게 만드는 솔루션을 제공하는 것은 메타버스 생태계 성장에 큰 경쟁력으로 작용하고 있습니다. 또한, 로블록스는 2D/3D 상호작용의 경계를 허물고 2D 앱 스타일의 인터페이스와 몰입감 넘치는 3D 환경이 원활하게 전환되는 경험을 강조하고 있죠.

로블록스는 게임 자체로만 보면 2006년 9월에 정식 발매된 게임으로 역사가 꽤 긴 게임입니다. 당연히 게임이 요구하는 최소 컴퓨터 사양도 그렇게 높지 않고 누구나 플레이할 수 있는 진입장벽이 낮은 게임입니다. 사실 재미있는 게임이었다면 오래전부터 유명했겠지만, 로블록스는 팬데믹 상황에서 가장 큰 수혜를 입고 2020년부터 큰 인기를 누리고 있습니다. 왜 그럴까요? 여기서 로블록스의 노림수를 하나 엿볼 수 있습니다.

로블록스는 기실 게임 엔진과 게임을 개발하는 개발사라기보다는 오히려 소셜미디어 플랫폼 기업으로 부르는 것이 더 나을지도 모릅니다. 이미 게임업체를 넘어 플랫폼 기업으로 가는 과도기에 있는 기업이라 할 수 있고 가상의 현실 속에서 하나의 사회를 이루는 개념으로 보면 기존의 페이스북, 인스타그램 등에서 더 진화할 수 있는 잠재력을 지녔습니다. 이 부분 때문에 팬데믹 상황에서 특별한 플랫폼으로 취급받은 거죠. 기본적으로 소통이란 가치 발현이 어려워진 상황에서 다른 게임과 달리 사회적 성향이 강한 로블록스가 대중의

사랑을 받은 겁니다. 로블록스는 이런 경향을 더 발전시켜 메타버스 세계의 대표 소셜미디어로의 발걸음을 내딛고 있는 셈이죠.

로블록스는 로블록스가 제공하는 게임보다 이용자가 만들어내는 'UGC (User Generated Content)'가 더 많습니다. 이런 유저 참여형 콘텐츠는 메타버스 세계에서 하나의 강력한 무기가 될 수도 있죠.

UGC의 활성화를 위해 게이머가 직접 콘텐츠를 만들어내고 그 콘텐츠는 가상화폐 (로벅스)로 거래될 수 있는 시스템을 로블록스는 제공하고 있습니다. 가상통화를 매개로 유통이 일어나고 화폐 간 교환을 하고 가상세계 내에서 경제 활동을 가능케 한다는 것에 큰 의미가 있습니다. 바꿔 말하면 로블록스 플랫폼은 메타버스의 특징을 가장 잘 구현하고 있는 게임이라고 볼 수 있죠.

로벅스가 로블록스에서 갖는 의미는 매우 큽니다. 사용자는 로벅스로 '아바타 마켓플레이스'에서 아바타를 꾸미기 위한 의류, 제스처, 이모션 등을 구매할 수 있고, 이때 게임 개발자는 판매 금액의 70%를 수익으로 배분받습니다. 아바타의 경우 판매 금액의 30%를 수익으로 받죠. 이렇게 모은 로벅스가 10만 로벅스 이상 쌓이면 페이팔을 통해 실제 화폐로 환전 (10만 로벅스 = 350달러)이 가능합니다. 게임 개발자는 로블록스 가상화폐인 로벅스를 이용하여 자신의 게임을 홍보하고 또 광고를 붙여(스폰서 게임) 수익 창출을 더 크게 할 수 있는 수단으로 사용하기도 하죠.

이는 자연스럽게 로블록스 생태계의 선순환으로 작용합니다. 유저 게임 개발자들은 자신의 수익을 위해 로블록스의 플랫폼을 활용해 계속해서 콘텐츠를 생산하고, 그것을 최대한 많은 유저들이 플레이하게 만들고자 홍보를 진행합니다. 로블록스로서는 자연스럽게 콘텐츠 개발과 마케팅을 유저에게 맡겨버린 것이죠.

아주 단순한 원리지만 매우 효율적입니다. 현재 8백만 명이 넘는 개발자와 회사가 수익을 나눠 갖는 '수익 공유 시스템'이라 봐도 무방합니다. 바꿔 말하면 수백만 명의 외부 개발자를 로블록스가 보유한 것이죠.

이런 선순환은 자연스럽게 로블록스의 수익성 증가로 이어집니다. 앞으로 로블록스가 만들어가는 가상세계 속에서 사람들이 보내는 시간이 늘어날수록 로벅스 화폐 수요도 증가하게 되겠죠. 이는 당연히 로블록스의 지갑으로 들어갑니다. 그 결과 글로벌 판데믹의 기저효과와 함께 2020년은 로블록스에서 발생한 개발자의 누적 수익이 약 2억 5,000만 달러에 달하리라 예상되는 상황입니다. 이것은 2019년 로블록스에서 발생한 수익과 비교해서 2배가 넘는 액수기도 합니다.

이처럼 게임 개발자들이 로블록스를 선호하는 이유는 게임개발에 있어 편리하고 유연성이 높은 자체 플랫폼 때문이기도 하지만, 현실 세계의 화폐로 환전이 가능한 로벅스의 역할이 매우 큽니다. 가상세계와 현실 세계를 잇는 것이 결국 경제 활동을 할 수 있는 매개체가 되는 '화폐'인 점을 봤을 때, 로블록스의 핵심 경제시스템은 다른 메타버스 콘텐츠 기업들이 벤치마킹해도 좋아 보입니다.

이처럼 로블록스를 사용하는 시간이 점차 증가하게 된다면 로블록스는 현재의 게임 유통뿐만 아니라 장기적으로 다양한 콘텐츠를 유통하는 게임 기반의 플랫폼화, 즉 메타버스의 주요 플레이어로 부상할 가능성이 다분합니다. 예를 들면 차세대 대형 게임을 기반으로 한 광고 플랫폼으로서의 역할을 맡을 가능성도 존재하는 것이죠.

현재는 사업 대비 매출은 매우 작은 수준이지만 장기적으로 로블록스는 기존의 온라인 광고 플랫폼 (페이스북과 같은 소셜미디어)과 같이 온라인 광고지면을 확대해서 마케팅 플랫폼으로서 경쟁력을 키워가고 있습니다. 마케팅 플랫폼으로서 역할이 가능하면 로블록스의 경쟁사는 그때부터 게임개발 회사 정도가 아니라 소셜미디어 플랫폼으로 확장하게 될 겁니다. 따라서 현재 게임 인앱 결제 (IAP: In-app Purchase)에 국한되어 있는 1인당 매출은 광고 매출로 재무적으로 영역을 늘려갈 가능성이 농후하죠. 결국, 게임만 하는 것이 아닌 광고주-로블록스-유저들의 연결고리 역할을 하는 '광고 플랫폼'으로서 로블록스는 더 강한 경쟁력을 보유하게 되겠죠.

이번에는 로블록스를 재무적인 요소를 살펴보겠습니다. 로블록스의 2020년 4월 기준 시가총액은 약 40조 원이 넘습니다. 상장한 초창기부터 수십 조가 넘는 기업으로 주목받았습니다. 매출성장률은 향후 2023년까지 25~30%에 이를 것으로 전망됩니다. 폭발적인 성장이 점쳐지고 있는 셈이죠.

그런 시점에서 현재 시장에서 주목하고 있는 것은 과연 올해 로블록스의 영업이익이 적자 지속이냐 흑자전환이냐 여부입니다. 현재로선 흑자로 전환될 가능성이 조금 더 신뢰를 받는 중입니다. 흑자 전환의 가능성이 더 큰 이유는 현금흐름과 손익계산서를 살펴보면 그 근거를 마련할 수 있습니다.

2020년 영업활동 현금흐름이 5,867억을 기록하여 2018년 대비 5배 이상이 증가했고 수익성 지표로 볼 때 매출 총이익률이 약 70%로 높은 수준을 유지하고 있어 기업의 판매, 관리, 유지에서 발생하는 비용인 판관비와 투자비용의 과도한 지출이 발생하지 않는다면 2021년 영업이익의 흑자 전환에는 큰 어려움이 없으리라 판단됩니다. 다만 로블록스의 부채 총액이 2019년 약 7,675억 수준에서 2020년 1조 9,417억 수준까지 증가했고, 이로 인해 유동 및 비유동 부채 비율이 지속 증가했다는 점이 마음에 걸리기는 합니다. 그러므로 기업의 재무 안정성에 대한 리스크를 생각하면 순이익 측면에서는 흑자를 보기 쉽지 않을 전망입니다.

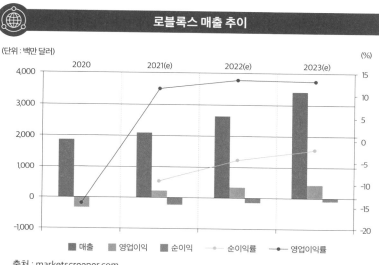

로블록스 매출 추이

(단위 : 백만 달러)

출처 : marketscreener.com

로블록스 재무제표

(단위 : 억 원)

손익계산서	2018	2019	2020	2021(e)
매출액	3,636	5,688	10,337	21,173
매출총이익	2,819	4,319	7,653	17,369
판매비와관리비	3,799	5,174	10,631	
영업이익	-980	-855	-2,978	3,411
당기순이익	-985	-794	-2,834	3,540
현금흐름표				
CAPEX	739	948	1,266	1,662
Free Cash Flow	391	162	4,601	5,080
수익성지표				
영업이익률	-26.94	-15.04	-28.81	16.11
순이익률	-27.10	-13.99	-27.89	16.72
ROE	-238.03	-114.57	-355.89	-99.69

출처 : FnGuide

물론 로블록스의 성장지표가 되는 DAU(Daily Active Users)가 지속 증가 추세를 유지하고 있다는 점에서, 과거와 현재 기준으로 로블록스의 기업 내재가치를 평가하기에는 다소 무리가 있어 보입니다. 현재 유저와 게임 개발자는 증가하는 추세며 매우 가파른 증가세를 유지하고 있을 뿐 아니라 하루 실질 유저 평균이 2021년 1분기 기준 약 3,960만 명을 넘어섰습니다. 손익계산서상으로는 적자와 흑자를 넘나들지만, 과거보다는 미래의 성장을 담보로 주가를 만들어가는 로블록스의 핵심 경쟁력을 분석해보면 그들의 비즈니스가 가지는 내재가치는 다르게 보일 수 있습니다.

-ETF

로블록스의 사례처럼 메타버스 생태계를 만들어가는 데 가장 유리한 구조인 게임 시장을 향한 투자는 개별 기업 투자도 가능하지만, 뉴욕 증시에 상장되어 있는 ETF 투자도 가능합니다. 이 중 눈여겨볼 ETF는 미래에셋 자산운용사에서 발행한 'Global X Video Games & Esports ETF (HERO)'입니다. 게임 산업의 전통 강자 기업인 SEA, 닌텐도, 넷이즈, EA, 액티비전 블리자드 등이 편입되어 있는 ETF입니다. 이 기업들의 성장 퍼포먼스는 정도의 차이가 있지만 향후 발매될 게임 리스트들은 메가트렌드인 메타버스라는 흐름과 궤도를 완전히 달리하지는 않으리라 판단되는 이 시점에서 이 ETF는 상당히 매력적인 종목이라 볼 수 있습니다.

Global X Video Games & Esports ETF 주가 (Ticker: HERO)

(단위 : 달러)

40
35
30
25
20
15

2019 2020   2021

Global X Video Games & Esports ETF 포함 종목

NVIDIA	6.57%
SEA LTD (Singapore) Sponsored	6.48%
Activision Blizzard, Inc.	6.38%
Eletronic Arts Inc.	6.10%
NetEase, Inc Sponsored ADR	5.88%
Nintendo Co., Ltd	5.50%
Embracer Group AB Class B	5.07%
Zynga Inc. Class A	4.91%
NEXON Co., Ltd	4.60%
Capcom Co., Ltd	4.55%
상위 10개 기업 합산 비중	56.02%

출처 : ETF.com

메타버스를 주제로 이야기를 나누다 보면, "그래도 매트릭스는 불가능하겠지요? 블랙미러처럼 되지는 않겠지요?"라는 질문을 받는 경우가 많습니다. 기술의 발전 속도에 관한 기대감과 두려움이 깊게 스며있는 질문입니다.

올해 1월 미국 특허청에서는 매우 독특한 기술에 관한 특허 승인을 발표했습니다. 마이크로소프트사가 2017년에 출원한 내용입니다. 바로 다른 사람의 이미지, 음성 기록, 소셜미디어 기록물, 문자 메시지 등을 바탕으로 그 사람처럼 행동하는 챗봇을 생성하는 방법에 관한 특허입니다. 넷플릭스의 SF 드라마 <블랙미러>를 보면, 죽은 연인을 챗봇으로 재현하는 에피소드가 등장하는데, 이제 마이크로소프트는 우리 눈앞에 그런 챗봇을 보여주려 합니다. 내가 좋아하는 아티스트, 역사적 인물 또는 먼저 떠나간 가족을 메타버스에서 만날 수 있는 날이 머지않습니다. 그 외에 장갑 형태로 착용하면 촉감을 재현해주는 장치, 촉감에 더해서 온도까지 느끼게 해주는 장치, 입에 물고 있으면 미각세포를 자극해서 맛을 전해주는 장치, 콘택트렌즈처럼 눈에 착용하는 투명한 증강현실 장치 등의 프로토타입이 나오고 있습니다. 미국기업인 밸브코퍼레이션은 인간의 뇌, 신경과 메타버스를 직접 연결하는 BCI(Brain Computer Interface)에 많은 관심을 보입니다. 다양한 응용처가 있겠으나, 게임 개발자들에게 꼭 필요한 장치라고 언급하고 있습니다. 플레이어가 언제 슬퍼하고, 놀라고, 흥분하고, 지루해하는지 등을 이 장치로 정밀하게 읽어내서 만족감을 주는 콘텐츠를 개발하는 데 활용할 것을 제안합니다. 기술적으로 보면 실재와 가상, 현존하는 존재와 재현 존재, 인간의 사고와 컴퓨터 프로세싱이 뒤엉키는 세상이 점점 더 다가오고 있습니다.

"충분히 발전한 기술은 마법과 구분되지 않는다(Any sufficiently advanced technology is indistinguishable from magic)." 영국의 SF 작가인 아서 C. 클라크가 남긴 말입니다. 충분히 발전한 기술은 이미 우리를 마법 같은 메타버스로 이끌고 있습니다. 당신은 그 세계에서 누구를 만나고 싶으신가요? 어떤 경험을 하고 싶으신가요? 무엇을 얻고 싶으신가요? 우리가 함께 결정할 몫입니다. 마법처럼 발전하는 기술에 이런 질문에 관한 해답을 맡기시지는 말기 바랍니다. 메타버스 빅뱅으로 격변하는 세상, 그 중심에서 인류가 나아갈 길을 여러분이 함께 고민해주시면 좋겠습니다.

2021년 5월

Mind Mover 김상균

메타버스와 연결되는 필연적인 글로벌 금융 투자

우리나라의 대표 기업인 삼성그룹, SK, LG, 네이버, 포스코, 현대/기아차, LG, SK, CJ 등 글로벌 기업들은 이제 해외 매출이 점차 증가하는 재무제표를 가지고 있는 기업들이다. 즉, 범세계적인 소비 및 수요와 연관된다는 말이며, 특히 글로벌 경기의 영향을 많이 받는 기업들이 시가총액 상위를 차지하면서 세계 경기에 민감한 경제 구조를 가지게 됐다. 스마트폰을 이용하고, 차를 사고, 기름을 넣고, 음식을 먹고, 가전제품 등을 사는 주체가 우리나라에만 국한되어 있는 것이 아니라 고객의 주체가 전 세계인들이 되고 있다는 의미다.

글로벌 최대 경제 규모를 가진 미국, 이를 따라가고 있는 중국. 한국, 대만, 러시아와 같은 신흥국들과 인구 대국인 인도, 인도네시아, 방글라데시, 베트남 등의 개발 도상국들의 소득이 증가하는 것에 비례하여 소비도 증가한다. 그 후 국가는 번영하게 되고 또 그 번영 안에서 성장의 기회를 잡으려는 기업들은 무수히 많다. 특히 글로벌 사업을 하거나 첨단 기술이 집약되어 있으며, 가장 진보된 산업의 패러다임을 이끌고 끊임없이 성장하는 국가라면 그 국가가 만드는 자산은 반드시 자신의 투자 포트폴리오에 편입할 수 있어야 한다. 글로벌 경제가 계속 성장한다는 의미에서 그 결실의 열매를 받으려면 경제성장의 기여도가 큰 국가 또는 기업의 주식을 가져가야 한다. 첨단 기술에 대한 패권을 가진 미국이 그 대표적인 예가 될 수 있으며 그래서 미국 내에서 산업을 선도하는 기업의 주식을 지속적으로 매입해 보유하는 것이다. 단순히 한국 사람이 아닌 지구촌 주민이라 생각하고 최대한 넓은 시야를 가지려고 노력하길 바란다. 결국, 그 기술들이 메타버스를 구현하는 도구가 된다면, 투자자들은 그 기술을 연구하고, 개발하는 기업들의 성장을 공부하고 자신의 자산을 해당 기업에 투자하는 것을 진지하게 고민해야 마땅하다.

현재 메타버스와 관련된 플랫폼들은 이를 사용하는 유저들에게 현실을 초월하는 몰입형 경험을 선사하는 데 집중하고 있다. 본문의 내용처럼 메타버스는 3D 렌더링 엔진 기업의 성장, 첨단 통신 장비 인프라, 미세 공정 반도체 설계 및 제조, 기하급수적으로 증가하는 데이터를 처리하기 위한 메가 스케일의 데이터 센터 등 최첨단 기술을 집중하여 구현되는 플랫폼 및 산업이 되어가고 있다. 관련 서비스 솔루션 및 재화를 제공하는 플랫폼 유저들의 폭발적 증가는 현재 진행형이다. 최종적으로 메타버스 안에서 인류의 또 다른 삶이 펼쳐진다면 투자자들은 스스로 주요 관련 기업들이 앞으로 얼마나 더 큰 성장을 할지 상상해보고 또 미래를 그려보게 될 것이다. 메타버스가 현실을 초월한 다양한 세계관의 확장이라면, 투자자 또한 지리적 한계를 초월해 투자의 영역을 확장해서 바라볼 필요가 있는 셈이다.

이제는 모바일 기기로 해외에 본사를 두고 있는 기업에 대한 투자 정보도 어렵지 않게 확인이 가능한 시대다. 페이스북, 마이크로소프트, 구글, 아마존, 엔비디아 등과 같은 글로벌 빅테크 기업들과 가상 현실을 가장 잘 구현해내고 있는 각 글로벌 게임사들은 넥스트 제네레이션을 위한 메타버스 생태계를 만들어가고 있다. 그들로 인해 만들어지고 또 우리가 상상하는 그 이상의 디지털 세상을 창조해낼 메타버스. 사람들은 이미 현실 세계에서의 욕망을 다른 곳으로 이전할 또 다른 세상을 원하고 있고, 그와 연동된 메타버스 패러다임 시프트가 멀지 않았다고 생각한다. 이 큰 흐름의 맥을 짚어주는 이 책이 앞으로 여러분들의 상상력을 키워주고, 또 투자 자산도 메타버스로 잘 인도하길 간절히 바란다.

2021년 5월

신병호 (벵골호랑이)

메타버스 새로운 기회

초판 1쇄 인쇄 2021년 5월 14일
초판 9쇄 발행 2021년 9월 2일

지은이 김상균 · 신병호
펴낸이 권기대

펴낸곳 베가북스 **출판등록** 2004년 9월 22일 제2015-000046호
주소 (07269) 서울특별시 영등포구 양산로3길 9, 2층
주문·문의 전화 (02)322-7241 팩스 (02)322-7242

ISBN 979-11-90242-86-8

* 책값은 뒤표지에 있습니다.
* 잘못된 책은 구입하신 서점에서 바꾸어 드립니다.
* 좋은 책을 만드는 것은 바로 독자 여러분입니다.
  베가북스는 독자 의견에 항상 귀를 기울입니다. 베가북스의 문은 항상 열려 있습니다.
  원고 투고 또는 문의사항은 vega7241@naver.com으로 보내주시기 바랍니다.
* 베가북스에 대한 더 많은 정보가 필요하신 분은 홈페이지를 방문해주시기 바랍니다.

vegabooks@naver.com www.vegabooks.co.kr
 http://blog.naver.com/vegabooks vegabooks VegaBooksCo